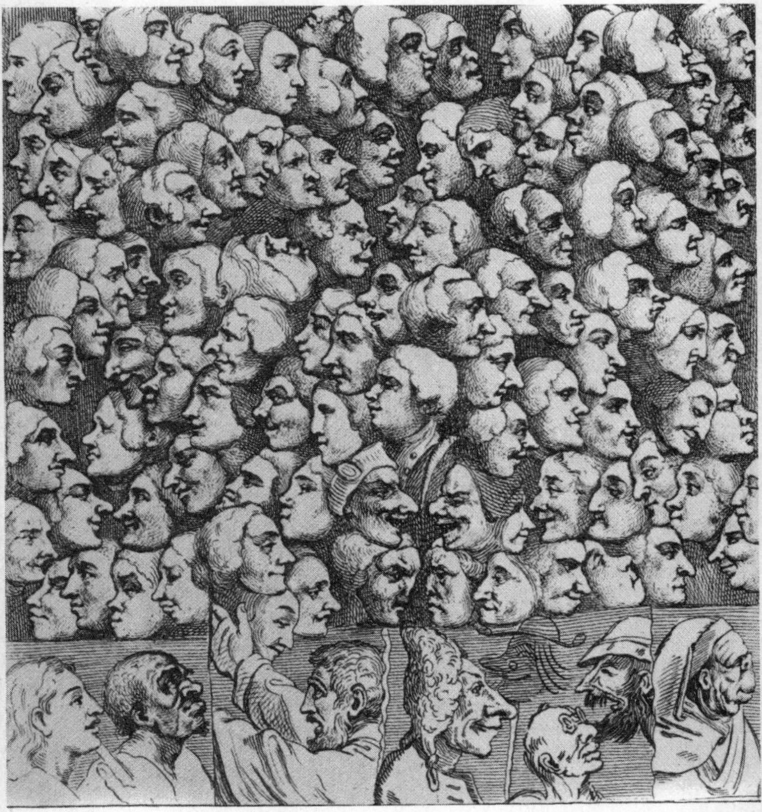

Man hat gesagt, daß das Nachdenken über das Lachen melancholisch macht … Nimmt man das, wovon der triviale Witz und der gewöhnliche Spaß handeln, ernst und d. h. pragmatisch als das, was da wirklich geschieht, so ist der Anblick nicht heiter. Der Mensch erscheint als die geschlagene und gestoßene, als die abirrende und taumelnde Kreatur. Schiffbruch und Bergabstürze, Katastrophen und Zerstörungen, verschwenderische Frauen und trunkene Männer, unsinnige Liebhaber und dürftige Narren bilden die Welt, aus der hier das Lachen zu leben pflegt. Mit der hohen Komödie gesellen sich diesem das Unechte und Scheinhafte, die Heuchelei und die Gier, die Anmaßung und die Verstellung zu. Es erscheint die Torheit des Menschen schlechthin, dem das Niedrige als Hohes, das Barbierbecken als goldener Helm die Illusion des Idealen erzeugt. Es scheint im Lachen immer um Dinge zu gehen, die als solche und pragmatisch genommen genauso den Lebensmächten zugehören können, die der Heiterkeit und dem Glück entgegenstehen und Anlaß auch des Schmerzes, der Melancholie und der Skepsis gegen Größe und Wert des Lebens bedeuten.

(Joachim Ritter)

Luzifer lacht

Philosophische Betrachtungen
von Nietzsche bis Tabori

Herausgegeben von Steffen Dietzsch

RECLAM VERLAG LEIPZIG

Für Christiane Hein

in Erinnerung an das, worüber nur zu lachen war …
also an fast alles

ISBN 3-379-01480-x

© Reclam Verlag Leipzig 1993

Reclam-Bibliothek Band 1480
1. Auflage, 1993
Reihengestaltung: Hans Peter Willberg
Umschlaggestaltung: Friederike Pondelik unter Verwendung
eines Fotos »Das Lachen unterm Förderbagger«
von Olaf Martens
Printed in Germany
Satz: Offizin Andersen Nexö Leipzig GmbH
Druck und Binden: Ebner Ulm
Gesetzt aus Meridien

INHALT

»Das Lachen ist die kleine Theodizee«

Odo Marquard im Gespräch mit Steffen Dietzsch

> Nur mit Komik kann man überleben,
> man braucht das Lachen.
>
> *Mel Brooks*

DIETZSCH: Herr Professor Marquard, wenn es nichts zu lachen gibt, dann entdecken wir Satiriker. So jedenfalls die Erfahrung des polnischen Aphoristikers Stanisław Jerzy Lec. Die Entdeckung Odo Marquards als eines lachenden Philosophen in einigen philosophischen Zirkeln der ehemaligen DDR wäre mit diesem Paradoxon gut beschrieben; wir hatten nichts zu lachen angesichts realsozialistischer Lebens- und Bewußtseinslagen. Aber wir haben auch jetzt nichts zu lachen, da wir wahrnehmen müssen: Zukunft ist Herkunft.

MARQUARD: Jerzy Lec ist einer meiner Lieblingsautoren, von ihm gibt es den schönen Satz: Der Mensch ist die Dornenkrone der Schöpfung.

DIETZSCH: Ich entdeckte Marquard in unserer Leipziger Studentenzeit, Anfang der siebziger Jahre: es war in der alten Universitätsbibliothek, neben mir saß ein Kommilitone, der las die Krings-Festschrift, und er lachte auf einmal laut auf. Alles schaute hoch, und manche gingen zu ihm hin, um den Grund seiner Heiterkeit zu erfahren [es war Ihr Aufsatz »Inkompetenzkompensationskompetenz«]; in dieser Sekunde war eigentlich das geboren, was man einen »Freundeskreis Odo Marquard« nennen könnte. Seither haben wir in Leipzig und dann auch in Berlin mit Freunden immer wieder Ihre Texte gelesen, und diese Texte waren für uns so etwas wie Erkennungszeichen für Eingeweihte. Daran haben wir gemessen, wer zu uns gehörte und wer nie zu uns gehören würde.

So haben Sie uns gewissermaßen resistent gemacht gegen das Todernste, das uns allenthalben begegnete, im Leben genauso wie im Hörsaal, in Dogmatiken und Systematiken. Sie haben uns damit geholfen, so etwas wie eine Reservatio mentalis auszubilden. Das heißt aber nicht, daß wir damals etwa gegen das Projekt »DDR« gewesen wären, natürlich nicht; wir haben uns auch durchaus im Denkkreis des Zweiflers Karl Marx gesehen. Das Lachen schloß sich für uns augenfällig problemlos an dessen Denkform an.

Herr Marquard, Sie sind Schüler von Joachim Ritter; eine ganze Reihe maßgeblicher Repräsentanten der deutschen Philosophie nach dem zweiten Weltkrieg waren Ritter-Schüler. Und die Ritter-Schule in Münster vereinigte die unterschiedlichsten Denkstile in sich, es war eine außerordentliche Vielfalt.

MARQUARD: Wir waren tatsächlich eine unglaublich bunte Gruppe. So hat es einmal Robert Spaemann, der auch zu uns gehörte, in einem Vortrag an der Sorbonne Mitte der fünfziger Jahre ausgedrückt. Zu uns gehörten – und damit hatte Spaemann schon sein Pariser Auditorium erstaunt – Thomisten, Logiker, Positivisten, evangelische Theologen, radikale Skeptiker und Marxisten. Wir wollten dann diese Spaemannsche Aussage später in Namen übersetzen: ja, also evangelische Theologen, das waren offensichtlich Karlfried Gründer und Günter Rohrmoser; Logiker, das waren Heinrich Schepers und Friedrich Kambartel (die waren ursprünglich Scholz-Schüler); Positivisten haben wir nicht mehr zusammengekriegt, wer da gemeint war; beim radikalen Skeptiker war ich gemeint, das war klar. Ich habe Spaemann dann gefragt, mit dem Thomisten hast du dich wohl selbst gemeint? »Nein, nein«, sagte er, »das war Ludger Oeing-Hanhoff.« Ja, und jetzt die große Preisfrage, wer war der Marxist?

DIETZSCH: Ja, wer ist das wohl gewesen?

MARQUARD: Hermann Lübbe.

DIETZSCH: Bitte?   *[Gelächter]*

MARQUARD: Das hing damit zusammen, daß er viel Soziologie machte, er hatte sozusagen Sensorien besonders auch für Probleme, die man seinerzeit einfach in den Umkreis der marxistischen Philosophie zu setzen geneigt war. Selber war Lübbe von dieser Bezeichnung natürlich sehr befremdet.

DIETZSCH: Das zeugt, nebenbei, von einer unglaublichen Berührungsfurcht in jenen Zeiten – aber das kommt wieder, vermute ich.

Ich komme deshalb anfangs auf die Ritter-Schule zu sprechen, weil Sie selbst von Ritter in einer ganz bestimmten Weise nachhaltig »infiziert« wurden. Sie haben das einmal beschrieben, 1981 im »Abschied vom Prinzipiellen«: es war Ritters »Kompensationstheorie des Ästhetischen«, die Sie unmittelbar beeindruckt hatte, und Sie fanden dadurch Ihr Genre – das ist die Transzendentalbelletristik!

Was ist sie und was leistet sie?

MARQUARD: Ja, also, irgendwann fällt einem eine solche Formulierung ein. Das war, glaube ich, in einer Fachbereichssitzung bei unseren [Gießener] Germanisten in den frühen siebziger Jahren; jedenfalls nach '73, denn ich hatte als Motto meiner »Schwierigkeiten mit der Geschichtsphilosophie« geschrieben: »Tristesse oblige«. Mein germanistischer Kollege Ulrich Karthaus zitierte damals den Kalauer: Belletristik – la belle triste. Und ich assoziierte: tristesse oblige, la belle triste, la belle tristesse; und fragte mich zugleich: wozu verpflichtet mich diese schöne philosophische Traurigkeit, literarisch gesehen? Und da kam ich auf die Formulierung: Transzendentalbelletristik! (Das habe ich damals natürlich nicht laut gesagt, denn in Verwaltungssitzungen spricht man nicht über solche Dinge!) Und es stimmt einfach. Ich behandle ernste und traurige philosophische Probleme, aber in einer sehr literarischen Form, womit ich in der Tat dem Heiteren und dem Lachen Raum zu geben in der Lage bin. Hinzu kommt noch: jede publizierte Äußerung ist, will ich einmal sagen, im Grunde eine Weltbelästigung. Und was tut man nun als Buße dafür? Man muß wenigstens so schreiben, daß die Leute sagen: Gut, das habe ich gern gelesen, das überlege ich mir vielleicht noch einmal. Und schließlich, und für mich das Wichtigste, ist, daß man bestimmte Dinge, die besonders ernst sind, fast nur scherzhaft sagen kann; denn nur so hält man sie aus.

DIETZSCH: Mit der Transzendentalbelletristik bewegen Sie sich natürlich in einem akademischen Grenzterrain – im Grunde weisen Sie doch damit der Philosophie den Weg ins Exil. Und Sie haben es selbst so gesagt: Wer sich mit Ihnen einließe, ginge mit Ihnen »ins Exil der Heiterkeit«. Augenscheinlich findet man sich hier in bester Gesellschaft – mit den Griechen, mit manchem Aufklärer, mit Kant, den Romantikern, Nietzsche, um nur bei den Älteren zu bleiben. Auch mit dieser Idee sind Sie, Herr Marquard, Joachim Ritter verpflichtet; Ritter hatte um 1940 einen Aufsatz geschrieben über das Lachen [der dann 1974 noch einmal publiziert wurde in seinem Band »Subjektivität«].

MARQUARD: Ich halte dies für den Schlüsseltext Joachim Ritters überhaupt.

DIETZSCH: Können Sie diesen Aufsatz Ritters in einen Zusammenhang mit einem anderen Text über das Lachen bringen, nämlich mit dem von Helmut Plessner im selben Jahr (oder ein Jahr später) veröffentlichten Band über »Lachen und Weinen«?

MARQUARD: Plessners Buch ist 1941 erschienen [in Bern], Ritters Aufsatz ist von 1940 [in den »Blättern für deutsche Philosophie«]. Ich habe schon sehr viel Grund gehabt, über beide nachzudenken, eben als Ritter-Schüler und als Mitherausgeber der »Gesammelten Schriften« Plessners; und ich muß sagen, beide Arbeiten haben mich unglaublich fasziniert. Ich habe beides aber zu ganz unterschiedlichen Zeiten wahrgenommen. Ritter habe ich sehr früh in meinem Leben kennengelernt, das war 1947. In seinen Ästhetik-Vorlesungen kam Ritter auch auf Gedanken dieses Aufsatzes zurück. Die entscheidende These von Joachim Ritter über das Lachen ist dabei diese: Weil und wo die offiziell herrschende und geltende Wirklichkeit andere Wirklichkeiten ausgrenzt oder ausschließt

11

oder als nichtig setzt, ist es das Lachen, das geltend macht, daß dieses offiziell Nichtige dennoch zu unserer Wirklichkeit gehört. Dem Lachen gelingt es, die Identität des Ausgegrenzten mit dem Ausgrenzenden wiederherzustellen; im Lachen zeigt sich, so könnte man es sagen, die Zugehörigkeit des Ausgeschlossenen. Im Lachen öffnet man sich diesen ansonsten tabuisierten Tatbeständen.

Plessner habe ich erst ganz spät kennengelernt, erst in dem Augenblick, als seine Werk-Ausgabe geplant und ich – wegen meiner Arbeiten zur Geschichte der Anthropologie – hinzugezogen wurde. Und mich hat natürlich beschäftigt, wie diese beiden Schriften zusammengehören.

Bei Plessner ist es so: Wir lachen, weil wir mit etwas nicht fertig werden. Das Lachen ist eine Möglichkeit der Distanz zu Situationen, in denen der Mensch keine Antwort mehr findet. Und dann übernimmt teilweise der Leib, gewissermaßen eine Antwort zu versuchen, nämlich durch dieses Gelächter, was ja zunächst eine physiologische Angelegenheit ist, ein Kitzel; und im Grunde bedeutet das Lachen Anerkenntnis, daß man mit einer Situation nicht fertig wird, nicht fertig werden kann. Also: das Lachen ist eine So-ist-es-Reaktion; man muß im Grunde die Waffen strecken, auch jene Waffen, die die Selbstbornierungen sind. Ritter meint, zum Lachen zwingt das, was im offiziell Geltenden das Nichtige und was im offiziell Nichtigen das Geltende sichtbar werden läßt. Also, die Verhältnisse werden in gewisser Hinsicht über den Haufen geworfen, kurz: Das Lachen ist die kleine Subversion. Und im übrigen steckt da ja schon der Grund, warum alle großen Weltverbesserer mit dem Lachen so wenig anfangen können. Die sagen: Uns ist diese Subversion zu klein. Ich würde umgekehrt sagen: diese kleine Subversion ist sozusagen das, was beim Fortschritt die kleinen Schritte sind. Es ist an sich die vernünftige Subversion.

DIETZSCH: Deshalb hatte auch der Realsozialismus mit dem Lachen nie etwas im Sinn; die Auflösung von dessen ernster Ideologie (und die Abwicklung ihrer ehernen Institutionen) geschah dann in einer Weise, die alle Eigenschaften eines Witzes hatte: »Das Lachen ist ein Affekt aus der plötzlichen Verwandlung einer gespannten Erwartung in nichts« [Immanuel Kant].

MARQUARD: Also, wer lacht, ist ein Abweichler! Ich muß sagen, daß dieses Phänomen des Superernstes, also auch der Humorlosigkeit, bei Weltverbesserungstheorien gar nicht marginal ist; alle diese finalisierenden Theorien, die immerfort den Abstand zum Ziel messen müssen, der noch zu überwinden ist, und die immer beschleunigen müssen, können das Lachen nur als retardierendes Moment wahrnehmen, und die sagen dann: »Kinder, stört uns nicht, haltet uns nicht auf, lenkt uns nicht ab.«

In der alten Bundesrepublik war das bei der Studentenbewegung der Achtundsechziger etwas, das mich unglaublich gestört hat, nämlich die Unfähigkeit zu lachen. Und ich hatte gemerkt, wer nicht lachen kann, muß Geschichtsphilosophie treiben. Die standen alle irgendwie unter Gottwerdungsdruck, und es ist ja eine alte theologische Streitfrage: Lacht Gott oder nicht? Die herrschende Antwort ist: Nein. Und da ist es menschlich, Gott nicht zu kopieren.

DIETZSCH: Wenn Gott nicht lacht, warum nicht?

MARQUARD: Wenn das Lachen das offiziell Ausgeschlossene geltend macht, braucht der nicht zu lachen, der nichts ausschließt. Es gehört zum traditionellen philosophischen Gottesbegriff, daß für Gott alles durchsichtig ist, daß er also nichts ausschließt. Gott verdrängt nichts, darum hat er nichts zu lachen …

Natürlich gibt es philosophische Gottesbegriffe – ich denke an den späteren Schelling, bei dem Gottes Ich es mit Gottes Es sehr schwer hat –, wo diese Argumentation nicht greift. Aber unsere Kulturrevolutionäre von 1968 sahen sich in einer absoluteren Position als der Position dieses nur mühsam lebenden Schellingschen Gottes. Sie spielten totale Allwissenheit und totale Allmacht; darum war das Lachen für sie eine Häresie.

DIETZSCH: Am Rande dieser Bewegung gab es aber doch

Leute, die zum Beispiel den Surrealismus neu entdeckt haben und denen dann wirklich herrliche Paradoxa gelungen sind, also Graffiti, wie »Seien wir Realisten, versuchen wir das Unmögliche!«. Mit ihrem schwarzen Humor waren die doch immer herrlich quer zu allen Gesellschaftstheorien und der Politik.

Octavio Paz hat diese Subjektivität des Lachens einmal sehr schön beschrieben, als er sagte: »Geboren aus der Verneinung des Absoluten endet das Lachen in der absoluten Verneinung.«

MARQUARD: Ja, hier erinnere ich mich auch an wirklich schöne literarische Sachen, wie zum Beispiel die Arbeit von Elisabeth Lenk über André Breton [»Der springende Narziß«, München 1971]. Ein großartiges Buch. Durch Arbeiten wie diese ist uns das Bewußtsein geschärft worden für das andere der Vernunft beziehungsweise die andere Vernunft.

DIETZSCH: Ein neuerdings erhobener ironischer Ton in der Philosophie dringt aus Amerika zu uns, von Richard Rorty. Der hat sich [im Vorwort seiner Essay-Sammlung »Solidarität oder Objektivität?«, 1988] hinsichtlich seiner Anschauung des Wesens der Philosophie und ihrer Grenzen sowie über die Notwendigkeit, sich der Kontingenz zu stellen, ganz mit Ihnen, Herr Marquard, identifiziert. Sind Sie also ein Postmoderner?

MARQUARD: Tatsächlich wird in der Postmoderne-Bewegung die Ironie im Augenblick stark thematisiert; Rorty hat ja dazu kürzlich noch ein Buch [dt. »Kontingenz, Ironie und Solidarität«, 1990] geschrieben. Aber man muß doch die Frage stellen, ob Rorty wirklich ein Postmoderner ist. Ich selber bin kein Postmoderner, habe aber zweifellos bestimmte Motive dieser Mode, wie Gewaltenteilung, Pluralität, Systemzweifel et cetera gepflegt und lanciert; ich bin aber strikt gegen diese Mode. Es gibt wenige Übereinstimmungspunkte mit Habermas bei mir, aber das ist einer. Ich bin für das Projekt »Moderne«, weil ich für die Aufklärung bin und für das Bürgerliche. Die Postmodernen sind angetreten mit der These: Jetzt haben wir die Moderne hinter uns, jetzt kommt eine neue Epoche. Meine Vorstellung dagegen ist: Seit es die Moderne gibt, gibt es auch die Modernitätskritik. Das gibt es bestimmt seit Rousseau. Postmoderne als Kompensationskultur der Moderne gehört gewissermaßen zur Moderne.

Und das Verbindungsstück zwischen Rorty und mir ist eigentlich das Interesse am Kontingenten.

DIETZSCH: Wenn wir noch einmal auf Plessners Ausdruck vom Lachen als einer Grenzreaktion zurückkommen wollen, dann unterscheidet er doch zwei Typen des Lachens – das Auslachen und das humoristische Lachen.

MARQUARD: Ganz recht. Im Auslachen schließt man die Grenzen, im humoristischen Lachen öffnet man sie – hier lacht man nichts weg, sondern (wir haben im Deutschen die schöne Formulierung) man lacht sich etwas an. Man lacht gewissermaßen Wirklichkeit herein. Und das wäre der Schritt, den ich jetzt für bedenkenswert halte, daß man sagt, in der traditionellen Bestimmung dessen, was die Vernunft ist, hat man es im großen und ganzen mit einer gewissen Affektfeindlichkeit zu tun: Lachen, das ist das Störende gegenüber der Vernunft.

Nun aber könnte man, wenn man diese Struktur – Lachen macht die Zugehörigkeit des Ausgeschlossenen geltend – akzeptiert und weiterführt, sagen: Lachen, das ist sozusagen der Modellfall dessen, was Vernunft ist, denn die Vernunft – die merkende Vernunft – macht just dasselbe. Nämlich, bemerken dessen, was auch noch ist, noch dazugehört; also: mehr sehen und überblicken als der Unvernünftige. Das heißt, Vernunft ist der Verzicht auf die Anstrengung, dumm zu bleiben, nicht zu lernen, Wirklichkeiten nicht zu sehen usw. Und wenn man auf das Lachen verzichtet, borniert man sich; die Vernunft aber ist gerade die Entbornierung.

DIETZSCH: Friedrich Nietzsche hat dazu gesagt: Wahr-Lachen; ein schöner Ausdruck, meine ich, und Wahr-Lachen bewahrt vor Totlachen.

MARQUARD: Wir lachen uns lebendig. Das ist der Punkt.

DIETZSCH: Hier könnte man einen weiteren Autor am Beginn der Moderne bemühen, der ebenfalls in bemerkenswerter Weise das Lachen traktiert hat: Henri Bergson. Für ihn ist das Lachen ein Indiz für den Verfall der Lebendigkeit. Also, Lebendigkeit, Vernunft und das Lachen – das sind ganz verwandte Phänomene.

MARQUARD: Bergson hat unglaublich Anregendes zur Gefährdung des Lebendigen gesagt, daß in der Moderne zunehmend Lebendiges zu Unlebendigem gemacht wird. Und daß an diesem Übergang das Lachen eine wichtige Warnfunktion innehat. Also, um beim Menschen zu bleiben, zum Beispiel das Motiv der Liebeskette, auf das einschlägig Harald Weinrich hingewiesen hat, zum Beispiel bei Heine im »Buch der Lieder«: »Ein Jüngling liebt ein Mädchen, / Die hat einen andern erwählt; / Der andre liebt eine andre / … Der Jüngling ist übel dran. / Es ist eine alte Geschichte, / Doch bleibt sie immer neu; / Und wem sie just passieret, / Dem bricht das Herz entzwei.« Das ist traurig, aber man lacht. Oder denken Sie an Arthur Schnitzlers »Reigen«.

Irgendwie ist dieses »Kettenphänomen« ja etwas Mechanisches, und Bergson hat darauf aufmerksam gemacht, daß man das Mechanische belacht. Man lacht also, wenn etwas Lebendiges zu etwas Mechanischem gemacht wird. Die Warnung also: Vorsicht! Hier wird Wirkliches zu Mechanischem verformt. Was Bergson hier beschrieben hat, ist sehr überzeugend. Er hat nur nicht alles beschrieben, was das Phänomen des Lachens ausmacht. Vielleicht ist das eine generelle Grenze der Lebensphilosophie. Hier sind Ritter und Plessner letztlich doch weiter vorgedrungen.

Aber ich bin immer etwas neidisch, wie glänzend Bergson geschrieben hat.

DIETZSCH: Aber, lieber Herr Marquard, ich würde gern noch einmal generell auf eine Bestimmung von Philosophie zurückkommen, die Friedrich Schlegel einmal in dem Diktum zusammengefaßt hat: »Die Philosophie ist die Heimat der Ironie.«

MARQUARD: Und, glücklicherweise, die Heimat auch des Lachens. Und jetzt kommt das Problem: Was hat Lachen mit Ironie zu tun? Bisher hatte ich eigentlich mehr den Humor beim Wickel; und der Humor ist ja sozusagen eher eine versöhnliche Form, eine solche, die ihren Frieden mit der Wirklichkeit macht. Die Ironie als subversive ist es, die gerade nicht ihren Frieden mit der Wirklichkeit schließt. Ich bin mit dem Problem überhaupt nicht fertig, und eine entscheidende Stelle, die man hierzu studieren muß, ist Kierkegaards »Konfinienlehre«. Die These ist ungefähr so: Es gibt drei Existenzformen, das Ästhetische, das Ethische und das Religiöse; und es gibt zwei Konfinien [Abgrenzungen] – das Konfinium zwischen Ästhetischem und Ethischem ist die Ironie, und das Konfinium zwischen Ethischem und Religiösem ist der Humor. Man könnte natürlich nun diese Sphären nicht nur hierarchisch, sondern auch sozusagen kreisförmig verstehen wollen. Dann müßte es drei Konfinien geben, nämlich ein Drittes zwischen dem Ästhetischen und dem Religiösen. Und dieses Dritte, das war Kierkegaard selber, der sich gern als »Magister der Ironie« und als »Schriftstellerexistenz mit Richtung aufs Religiöse« bezeichnet hat. Diese »dritte« Form der Ironie ist allerdings nicht jene der romantischen Ironie. Und die Kritik der romantischen Ironie durch Kierkegaard ist ja im Grunde genommen eine Fortschreibung der Hegelschen Kritik, eine wundervolle Fortschreibung. Dort wird letztlich der Vorwurf erhoben, daß jene Ironiker, die nichts ernst nehmen, sozusagen bloß immer so tun, als ob sie etwas ernst nähmen, und dann darüber hinausgehen und bei dem Neuen wiederum nur so tun, als ob sie es ernst nähmen. Und daß die ja nicht etwa, wie ich früher selber gemeint hatte, sich über die Wirklichkeit immer nur hinwegsetzen und der Wirklichkeit nichts tun. Es gibt ja bei denjenigen, die mit Ironikern dieser Art zu tun haben, immer diejenigen, die darauf hereinfallen, daß eben die Ironiker nur so tun, als ob das ernst sei. Also auch mit dem Kierkegaardschen Beispiel gesagt: Wenn Don Giovanni sozusagen von Frau zu Frau flattert, dann haben die Frauen doch offenbar immer ernst genommen, daß er das ernst meine. Aber er meint es gar nicht ernst. Er läßt zurück – das ist dann jene Kette von zerbrochenen Herzen und zerbrochenen Existenzen. Also, was macht er ? Er greift sehr wohl in die Wirklichkeit ein, und zwar auf sehr negative Weise. Gegen diese romantische Ironie hat Kierkegaard geantwortet mit seiner Ironie, einer Art Ironie als Quarantäne, die – zum Beispiel durch »indirekte Mitteilung« – den Transfer der Vernichtung über die Grenzen des Einzelnen verhindern wollte. Das ist gewissermaßen Ironie als Schonung der Umwelt beim Denken. Die Antwort ist in gewisser Hinsicht folgende: Ich muß sozusagen nicht ernst tun, wo ich eigentlich Scherz meine, sondern umgekehrt. Ich muß etwas scherzend sagen, was ich ganz ernst meine.

DIETZSCH: Gibt es Grenzen des Lachens in der Philosophie?

MARQUARD: Zur Philosophie gehört immer die Distanz, deren Ausdruck auch das Lachen ist. Aber die Menschen bestehen nicht nur aus Distanz, nicht nur aus Philosophie. Es wäre ja wirklich schrecklich, wenn sie nur aus Distanz bestünden. Und eine Philosophie, die die ganze Wirklichkeit sein will, ist einfach schlimm. Es gibt Grenzen der Philosophie, über die übrigens selber gelacht werden kann: »Die Philosophie, das ist, sich über die Philosophie mokieren«, sagte Pascal; und die Anekdote von der Thrakischen Magd haben Philosophen überliefert. In seiner »Negativen Dialektik« schrieb sogar Adorno: »Philosophie ist das Allerernsteste, aber so ernst wieder auch nicht.«

Ich möchte – obwohl die Philosophie auch aufs Schreckliche blickt, über das man nicht lachen kann und darf – die Grenzen des Lachens weniger in der Philosophie suchen, mehr in den Grenzen der Philosophie. Die Philosophie muß menschlich bleiben: Darum hat sie Grenzen, darum hat ihr Lachen Grenzen.

DIETZSCH: Dies scheint mir ein schönes Exempel zu sein für das, was Sie selber mit Spott und Skepsis der Philosophie immer wieder anempfehlen, sie nämlich gewissermaßen an die Kette der Menschlichkeit zu legen. Bei Kant gibt es in einem Nachlaß-Fragment die Bemerkung, daß

es in der Philosophie darauf ankomme, immer auf die Angemessenheit aller Erkenntnis mit der Bestimmung des
Menschen zu achten. Und in diesem Sinne wollten Sie
Philosophie verstehen lernen als Philosophie der Endlichkeit.

MARQUARD: Das finden Sie in meinem wohl verbreitet-
sten Büchlein, dem »Abschied vom Prinzipiellen«; hier
spreche ich gegen sogenannte absolute Positionen. Ich
glaube, daß absolute Positionen die Menschen überfor-
dern und darum nicht akzeptabel sind. Zumindest überlasse ich es anderen zu versuchen, ob es geht. Ich bin
ihnen nicht böse, wenn sie es versuchen, denn in der
Philosophie muß viel versucht werden. Ich sage mir
manchmal: »Wenn die das nicht machen würden, dann
müßte ich das auch noch versuchen.« Gute Arbeitser-
sparnis für mich ist es zum Beispiel, daß es meinen Kollegen Karl-Otto Apel gibt, der sich um Letztbegründungen
kümmert. Das ist natürlich ein Programm, das ich eigentlich für undurchführbar halte. Aber versuchen muß man
das als Philosoph. Und wenn das Apel macht: erstens
macht er das besser als ich, und zweitens brauche dann ich
es nicht zu machen. Auch wenn er mich gelegentlich stra-
fend anblickt, als wolle er sagen: »Herr Marquard, Ihnen
fehlt der sittliche Ernst.« Und das ist dann wieder ein
Punkt, wo ich sage: »Apel kann philosophisch nicht lachen.« Persönlich kann er es sehr wohl, aber philosophisch kann er nicht lachen.

Absolute Positionen zu erstreben, ob das nun die Position des absoluten Subjekts ist, des absoluten Diskurses
oder des absoluten Geschichtstäters, welcher der Mensch
sein soll, überfordert den Menschen. Dabei muß man
wegblicken von einem Teil der Wirklichkeit, einem ganz
entscheidenden Teil der Wirklichkeit des Menschen, der
vergessen werden muß, wenn man diese absolute Atti-
tüde haben will: Fiat utopia, pereat homo. Man übergeht
dann Menschlichkeiten, zu denen auch Allzumenschlich-
keiten gehören.

DIETZSCH: Aber wäre nicht die transzendentale Subjektivität eigentlich genau das, was Sie wollen, da sie kein Absolutum ist?

MARQUARD: Also, ich würde es eigentlich nicht so gern tun. Es gibt ja bei Kant immer zwei Möglichkeiten; dort, wo er etwas als regulative Idee behandelt, kann ich mich relativ gut auf Kant einlassen. Ich komme ja in gewisser Hinsicht durch meine Dissertation [»Skeptische Methoden im Blick auf Kant«, 1958] von Kant her und muß auch sagen, daß ich ihn nach wie vor unglaublich schätze. Besonders sein methodisches, sein analytisches Vermögen, seine Aufrichtigkeit, seinen Sinn für Folgelasten.

DIETZSCH: Und er hatte einen enormen Sinn für das Lachen!

MARQUARD: Ja, erinnern Sie sich an Kants treffliche Bemerkung, die er im Anschluß an ein Voltaire-Zitat gemacht hat [in der »Kritik der Urteilskraft«, § 54], der Mensch habe gegenüber den Widrigkeiten des Lebens drei Dinge zum Schutz: die Hoffnung, den Schlaf und das Lachen. Es gibt aber bei Kant immer auch die andere Möglichkeit, nämlich, daß man Kant so verstehen kann, daß dort in der Transzendentalsubjektivität das Individuum nicht vorkommt.

DIETZSCH: Natürlich, das Transzendentalsubjekt ist ein interindividuelles Ich, kein empirisches.

MARQUARD: Da fangen schon meine Probleme an. Ich bin natürlich nicht der Meinung, daß wir Menschen eine solche interindividuelle Dimension nicht haben, es ist nur ein Zug neben anderen, die wichtig sind. Aber wenn dieser Universalismus dominiert und die Individualität verbietet, dann wird es problematisch.

Hegel ist auch so ein schwieriger Fall, weil er einerseits in der Gesamtkonzeption sicher ein großer Verbieter war; denken Sie an seinen Satz: »Die philosophische Betrachtung hat keine andere Absicht, als das Zufällige zu entfernen.« Andererseits kenne ich kaum einen Philosophen, der soviel Konkretes erfaßt: Er war vor allem ein großer Empiriker.

Aber insgesamt: Wenn der deutsche Idealismus den

Menschen zum Absoluten macht, dann übersieht er, dann vergißt er die Menschlichkeiten, also zum Beispiel, daß er einer ist, der sterben muß. Also das, was vielleicht Heidegger philosophisch am eindrucksvollsten durch die Formel vom »Sein zum Tode« geltend gemacht hat. Dieses Endlichkeitsphänomen des Todes wird nicht gesehen, wenn man den Menschen zum Absoluten macht.

DIETZSCH: Es ist nun aber auch eine Tradition der europäischen Aufklärung, [mit Spinoza] zu sagen: »Der freie Mensch denkt an nichts weniger als an den Tod.«

Aber, Herr Marquard, könnte man vielleicht dahingehend resümieren, daß man sagt: In der Architektonik Ihrer Philosophie der Endlichkeit verbirgt sich ein Schlußstein, der das Lachen ist. Lachen als Bewältigung der Einsicht in das Ende aller Dinge.

MARQUARD: Ja, in dem Sinne des Satzes von Kant, demzufolge das Lachen der plötzlichen Verwandlung einer gespannten Erwartung in nichts entspränge. Das ist ja im Grunde genommen die metaphysische Beschreibung von Ernüchterungsvorgängen und Verschwindensprozessen, die wir ständig erleben und erleiden müssen; immer zum Beispiel, wenn wir Illusionen nachjagen. Und wer täte das nicht? Sie haben das völlig richtig gesehen, daß die Zentralität des Lachens bei mir mit diesem Punkt – dem Punkt der Enttäuschung, der Ernüchterung, der Skepsis – zusammenhängt.

Die Philosophie ist in einer unglücklichen Lage, wenn sie nur ernst machen will, etwa als die bloße Wacht am Nein. Die schöne Formel, Humor ist, wenn man trotzdem lacht, läßt sich übertragen: Philosophie ist, wenn man trotzdem denkt.

(Das Gespräch wurde geführt im Sommer 1992. Eine veränderte Fassung erschien in »Sinn und Form«, 6/1992.)

Aphorismen zum Lachen

1

Ich brauche
[...]
b) Jemanden, der mit mir lachen kann und einen ausgelassenen Geist hat.

2

Herkunft des Komischen. – Wenn man erwägt, daß der
Mensch manche hunderttausend Jahre lang ein im höchsten Grade der Furcht zugängliches Tier war und daß
alles Plötzliche, Unerwartete ihn kampfbereit, vielleicht
todesbereit sein hieß, ja daß selbst später, in sozialen
Verhältnissen, alle Sicherheit auf dem Erwarteten, auf dem
Herkommen in Meinung und Tätigkeit beruhte, so darf
man sich nicht wundern, daß bei allem Plötzlichen, Un-
erwarteten in Wort und Tat, wenn es ohne Gefahr und
Schaden hereinbricht, der Mensch ausgelassen wird, ins
Gegenteil der Furcht übergeht: das vor Angst zitternde, zu-
sammengekrümmte Wesen schnellt empor, entfaltet sich
weit, – der Mensch lacht. Diesen Übergang aus momentaner Angst in kurz dauernden Übermut nennt man das Komische. Dagegen geht im Phänomen des Tragischen der
Mensch schnell aus großem, dauerndem Übermut in große
Angst über; da aber unter Sterblichen der große dauernde
Übermut viel seltener, als der Anlaß zur Angst ist, so gibt
es viel mehr des Komischen, als des Tragischen in der Welt;
man lacht viel öfter, als daß man erschüttert ist.

3

Freude am Unsinn. – Wie kann der Mensch Freude am Unsinn haben? So weit nämlich auf der Welt gelacht wird, ist dies der Fall; ja man kann sagen, fast überall wo es Glück gibt, gibt es Freude am Unsinn. Das Umwerfen der Erfahrung ins Gegenteil, des Zweckmäßigen ins Zwecklose, des Notwendigen ins Beliebige, doch so, daß dieser Vorgang keinen Schaden macht und nur einmal aus Übermut vorgestellt wird, ergötzt, denn es befreit uns momentan von dem Zwange des Notwendigen, Zweckmäßigen und Erfahrungsmäßigen, in denen wir für gewöhnlich unsere unerbittlichen Herren sehen; wir spielen und lachen dann, wenn das Erwartete (das gewöhnlich bange macht und spannt) sich, ohne zu schädigen, entladet. Es ist die Freude der Sklaven am Saturnalienfeste.

4

Ironie. – Die Ironie ist nur als pädagogisches Mittel am Platze, von seiten eines Lehrers im Verkehr mit Schülern irgend welcher Art: ihr Zweck ist Demütigung, Beschämung, aber von jener heilsamen Art, welche gute Vorsätze erwachen läßt und Dem, welcher uns so behandelte, Verehrung, Dankbarkeit als einem Arzte entgegenbringen heißt. Der Ironische stellt sich unwissend und zwar so gut, daß die sich mit ihm unterredenden Schüler getäuscht sind und in ihrem guten Glauben an ihr Besserwissen dreist werden und sich Blößen aller Art geben; sie verlieren die Behutsamkeit und zeigen sich, wie sie sind, – bis in einem Augenblick die Leuchte, die sie dem Lehrer ins Gesicht hielten, ihre Strahlen sehr demütigend auf sie selbst zurückfallen läßt. – Wo ein solches Verhältnis, wie zwischen Lehrer und Schüler, nicht stattfindet, ist sie eine Unart, ein gemeiner Affekt. Alle ironischen Schriftsteller rechnen auf die alberne Gattung von Menschen, welche sich gerne allen Anderen mit dem Autor zusammen überlegen fühlen wollen, als welchen sie für das Mundstück ihrer Anmaßung ansehen. – Die Gewöhnung an Ironie, ebenso wie die an Sarkasmus, verdirbt übrigens den Charakter, sie verleiht allmählich die Eigenschaft einer schadenfrohen Überlegenheit: man ist zuletzt einem bissigen Hunde gleich, der noch das Lachen gelernt hat, außer dem Beißen.

5

Unter das Tier hinab. – Wenn der Mensch vor Lachen wiehert, übertrifft er alle Tiere durch seine Gemeinheit.

6

Witz. – Der Witz ist das Epigramm auf den Tod eines Gefühls.

7

Der Mensch, der Komödiant der Welt. – Es müßte geistigere Geschöpfe geben, als die Menschen sind, bloß um den Humor ganz auszukosten, der darin liegt, daß der Mensch sich für den Zweck des ganzen Weltendaseins ansieht, und die Menschheit sich ernstlich nur mit Aussicht auf eine Welt-Mission zufrieden gibt. Hat ein Gott die Welt geschaffen, so schuf er den Menschen zum *Affen Gottes*, als fortwährenden Anlaß zur Erheiterung in seinen allzulangen Ewigkeiten. Die Sphärenmusik um die Erde herum wäre dann wohl das Spottgelächter aller übrigen Geschöpfe um den Menschen herum. Mit dem Schmerz kitzelt jener gelangweilte Unsterbliche sein Lieblingstier, um an den tragisch-stolzen Gebärden und Auslegungen seiner Leiden, überhaupt an der geistigen Erfindsamkeit des eitelsten Geschöpfes seine Freude zu haben – als Erfinder dieses Erfinders. Denn wer den Menschen zum Spaße ersann, hatte mehr Geist, als dieser, und auch mehr Freude am Geist. – Selbst hier noch, wo sich unser Menschentum einmal freiwillig demütigen will, spielt uns die Eitelkeit einen Streich, indem wir Menschen wenigstens in *dieser* Eitelkeit etwas ganz Unvergleichliches und Wunderhaftes sein möchten. Unsere Einzigkeit in der Welt! ach, es ist eine gar zu unwahrscheinliche Sache! Die Astronomen, denen mitunter wirklich ein erdentrückter Gesichtskreis zu Teil wird, geben zu verstehen, daß der Tropfen *Leben* in der Welt für den gesamten Charakter des ungeheuren Ozeans von Werden und Vergehen ohne Bedeutung ist; daß ungezählte Gestirne ähnliche Bedingungen zur Erzeugung des Lebens haben wie die Erde, sehr viele also, – freilich kaum eine Handvoll im Vergleich zu den unendlich vielen, welche den lebenden Ausschlag nie gehabt haben oder von ihm längst genesen sind; daß das Leben auf jedem dieser Gestirne, gemessen an der Zeitdauer seiner Existenz, ein Augenblick, ein Aufflackern gewesen ist, mit langen, langen Zeiträumen hinterdrein, – also keineswegs das Ziel und die letzte Absicht ihrer Existenz. Vielleicht bildet sich die Ameise im Walde ebenso stark ein, daß sie Ziel und Absicht der Existenz des Waldes ist, wie wir dies tun, wenn wir an den Untergang der Menschheit in unserer Phantasie fast unwillkürlich den Erduntergang anknüpfen: ja wir sind noch bescheiden, wenn wir dabei stehen bleiben und zur Leichenfeier des letzten Menschen nicht eine allgemeine Welt- und Götterdämmerung veranstalten. Der unbefangenste Astronom selber kann die Erde ohne Leben kaum anders empfinden, als wie den leuchtenden und schwebenden Grabhügel der Menschheit.

8

Lachen und Lächeln. – Je freudiger und sicherer der Geist wird, um so mehr verlernt der Mensch das laute Gelächter; dagegen quillt ihm ein geistiges Lächeln fortwährend auf, ein Zeichen seines Verwunderns über die zahllosen versteckten Annehmlichkeiten des guten Daseins.

Der Alte: Freund! Freund! Auch deine Worte sind die des Fanatikers! – *Pyrrhon:* Du hast recht! Ich will gegen alle Worte mißtrauisch sein. – *Der Alte:* Dann wirst du schweigen müssen. – *Pyrrhon:* Ich werde den Menschen sagen, daß ich schweigen muß und daß sie meinem Schweigen mißtrauen sollen. – *Der Alte:* Du trittst also von deinem Unternehmen zurück? – *Pyrrhon:* Vielmehr, – du hast mir eben das Tor gezeigt, durch welches ich gehen muß. – *Der Alte:* Ich weiß nicht –: verstehen wir uns jetzt noch völlig? – *Pyrrhon:* Wahrscheinlich nicht. – *Der Alte:* wenn du dich nur selber völlig verstehst! – *Pyrrhon* dreht sich um und lacht. – *Der Alte:* Ach Freund! Schweigen und Lachen, – ist das jetzt deine ganze Philosophie? – *Pyrrhon:* Es wäre nicht die schlechteste. –

10

[...] Wie dumm, daß ich Niemanden mehr zum Lachen habe! Wäre ich bei besserer Gesundheit und reich genug, so würde ich, nur um noch Heiterkeit zu haben, nach Japan übersiedeln (zu meinem größten Erstaunen fand ich, daß auch Seydlitz inwendig diese Umwandlung durchgemacht hat, er ist artistisch jetzt der erste deutsche Japanese – lies beifolgende Zeitungsberichte über ihn!) Ich bin gern in Venedig, weil es dort leicht japanisch zugehen könnte –, [...]

11

[...] »Fröhliche Wissenschaft«: das bedeutet die Saturnalien eines Geistes, der einem furchtbaren langen Drucke geduldig widerstanden hat – geduldig, streng, kalt, ohne sich zu unterwerfen, aber ohne Hoffnung –, und der jetzt mit einem Male von der Hoffnung angefallen wird, von der Hoffnung auf Gesundheit, von der *Trunkenheit* der Genesung. Was Wunders, daß dabei viel Unvernünftiges

und Närrisches ans Licht kommt, viel mutwillige Zärtlichkeit, selbst auf Probleme verschwendet, die ein stachlich-
tes Fell haben und nicht darnach angetan sind, geliebkost
und gelockt zu werden. Dies ganze Buch ist eben Nichts
als eine Lustbarkeit nach langer Entbehrung und Ohnmacht, das Frohlocken der wiederkehrenden Kraft, des
neu erwachten Glaubens an ein Morgen und Übermor-
gen, des plötzlichen Gefühls und Vorgefühls von Zukunft,
von nahen Abenteuern, von wieder offenen Meeren, von
wieder erlaubten, wieder geglaubten Zielen […] incipit
parodia, es ist kein Zweifel …

12

[…] Über sich selber lachen, wie man lachen müßte, um
aus der ganzen Wahrheit heraus zu lachen, – dazu hatten bisher die Besten nicht genug Wahrheitssinn und die Begab-
testen viel zu wenig Genie! Es gibt vielleicht auch für das
Lachen noch eine Zukunft! […] dazu tritt der ethische Lehrer auf, als der Lehrer vom Zweck des Daseins; dazu erfindet er ein zweites und anderes Dasein und hebt mittelst
seiner neuen Mechanik dieses alte gemeine Dasein aus seinen alten gemeinen Angeln. Ja! er will durchaus nicht,
daß wir über das Dasein *lachen*, noch auch über uns, – noch
auch über ihn, für ihn ist Einer immer Einer, etwas Erstes
und Letztes und Ungeheures, für ihn gibt es keine Art,
keine Summen, keine Nullen. Wie töricht und schwär-
merisch auch seine Erfindungen und Schätzungen sein
mögen, wie sehr er den Gang der Natur verkennt und ihre
Bedingungen verleugnet: – und alle Ethiken waren zeit-
her bis zu dem Grade töricht und widernatürlich, daß an
jeder von ihnen die Menschheit zu Grunde gegangen sein
würde, falls sie sich der Menschheit bemächtigt hätte – immerhin! jedesmal wenn »der Held« auf die Bühne trat,
wurde etwas Neues erreicht, das schauerliche Gegenstück
des Lachens […] Es ist nicht zu leugnen, daß *auf die Dauer*
über jeden Einzelnen dieser großen Zwecklehrer bisher das
Lachen und die Vernunft und die Natur Herr geworden ist:

die kurze Tragödie ging schließlich immer in die ewige Komödie des Daseins über und zurück, und die »Wellen unzähligen Gelächters« – mit Äschylus zu reden – müssen zuletzt auch über den größten dieser Tragöden noch hinwegschlagen. Aber bei all diesem korrigierenden Lachen ist im Ganzen doch durch dies immer neue Erscheinen jener Lehrer vom Zweck des Daseins die menschliche Natur verändert worden […] Und der vorsichtigste Menschenfreund wird hinzufügen: »nicht nur das Lachen und die fröhliche Weisheit, sondern auch das Tragische mit all seiner erhabenen Unvernunft gehört unter die Mittel und Notwendigkeiten der Arterhaltung!« […]

13

Lachen. – Lachen heißt: schadenfroh sein, aber mit gutem Gewissen.

14

Die Ironie des Plato, mit der eine übergroße Zartheit des Gefühls und der Sinne, eine Verletzbarkeit des Herzens sich zu schützen, mindestens zu verbergen weiß, jenes olympische Wesen Goethes, der Verse über seine Leiden machte, um sie loszuwerden, insgleichen Stendhal, Merimée –

15

Kants Witz. – Kant wollte auf eine »alle Welt« vor den Kopf stoßende Art beweisen, daß »alle Welt« Recht habe: – das war der heimliche Witz dieser Seele. Er schrieb gegen die Gelehrten zu Gunsten des Volks-Vorurteils, aber für Gelehrte und nicht für das Volk.

[...] Nicht mehr Hirt, nicht mehr Mensch, – ein Verwandelter, ein Umleuchteter, welcher *lachte*! Niemals noch auf Erden lachte je ein Mensch, wie *er* lachte!

Oh meine Brüder, ich hörte ein Lachen, das keines Menschen Lachen war, – – und nun frißt ein Durst an mir, eine Sehnsucht, die nimmer stille wird.

Meine Sehnsucht nach diesem Lachen frißt an mir: o wie ertrage ich noch zu leben! Und wie ertrüge ich's, jetzt zu sterben! –

[...] Seid guten Muts, was liegt daran! Wie Vieles ist noch möglich! Lernt über euch selber lachen, wie man lachen muß!

Was Wunders auch, daß ihr mißrietet und halb gerietet, ihr Halb-Zerbrochenen! Drängt und stößt sich nicht in euch – des Menschen *Zukunft?*

Des Menschen Fernstes, Tiefstes, Sternen-Höchstes, seine ungeheure Kraft: schäumt Das nicht alles gegen einander in eurem Topfe?

Was Wunders, daß mancher Topf zerbricht! Lernt über euch lachen, wie man lachen muß! Ihr höheren Menschen, oh wie Vieles ist noch möglich!

[...] Wie Vieles ist noch möglich! *So lernt* doch über euch hinweg lachen! Erhebt eure Herzen, ihr guten Tänzer, hoch! höher! Und vergeßt mir auch das gute Lachen nicht!

Diese Krone des Lachenden, diese Rosenkranz-Krone: euch, meinen Brüdern, werfe ich diese Krone zu! Das Lachen sprach ich heilig; ihr höheren Menschen *lernt* mir – lachen!

[...]

Das Gelächter zu heiligen und wie ein buntes Gezelt über die Welt zu ziehn – dazu kam ich: einen neuen Himmel mit Sternen zu schaffen und neue Nacht-Herrlichkeiten, und wenn ich schwärzere Nächte euch schaffen mußte, so brachte ich mich euch.
[...]

Hört ihr Schall und Gelächter dieses Schildes? Der Schönheit heiliges Gelächter ist es: an ihm sollt ihr mir stumm werden!

[...] wir sind das erste studierte Zeitalter in puncto der »Kostüme«, ich meine der Moralen, Glaubensartikel, Kunstgeschmäcker und Religionen, vorbereitet wie noch keine Zeit es war, zum Karneval großen Stils, zum geistigsten Fasching-Gelächter und Übermut, zur transzendentalen Höhe des höchsten Blödsinns und der aristophanischen Welt-Verspottung. Vielleicht, daß wir hier gerade das Reich unsrer *Erfindung* noch entdecken, jenes Reich, wo auch wir noch original sein können, etwa als Parodisten der Weltgeschichte und Hanswürste Gottes, – vielleicht daß, wenn auch *Nichts* von heute sonst Zukunft hat, doch gerade unser *Lachen* noch Zukunft hat!

Was liegt daran, daß *ich* Recht behalte! Ich *habe* zu viel Recht. – Und wer heute am besten lacht, lacht auch zuletzt.

23

Und alle Götter lachten damals und wackelten auf ihren Stühlen und riefen: »Ist das nicht eben Göttlichkeit, daß es Götter, aber keinen Gott gibt?«
Du Schalksnarr Zarathustra, wie göttlich hast du zu dem letzten Menschen geredet, der noch an Gott glaubt!
»Der Mensch ist Etwas, das überwunden werden muß«: das klingt meinen Ohren wie eine lachende tanzende Weisheit. Aber sie meinen, ich heiße sie, – zum Kreuze kriechen!
Freilich, bevor man tanzen lernt, muß man gehen lernen.

24

[...] Nur großgestimmte gespannte Seelen wissen, was *Kunst*, was *Heiterkeit* ist.

25

[...] Vielleicht weiß ich am besten, warum der Mensch allein lacht: er allein leidet so tief, daß er das Lachen erfinden *mußte*. Das unglückliche und melancholische Tier ist, wie billig, das heiterste.

26

Lachen – das ist ungefähr, wenn nicht die klügste, so doch die weiseste Antwort auf solche Fragen ...

27

[...] Die Juden allein haben im modernen Europa an die supremste Form der Geistigkeit gestreift: das ist die geniale Buffonerie. Mit Offenbach, mit Heinrich Heine ist die Potenz der europäischen Kultur wirklich überboten; in dieser Weise steht es den andren Rassen noch nicht frei, Geist zu haben. Das grenzt an Aristophanes, an Petronius, an Hafis. – Die älteste und späteste Kultur Europas stellt jetzt ohne Zweifel Paris dar; l'esprit de Paris ist deren Quintessenz. Aber die verwöhntesten Pariser, solche wie die Goncourt, haben keinen Anstand genommen, in Heine eine der drei Spitzen des esprit Parisien selbst zu erkennen: er teilt die Ehre mit dem prince de Ligne und dem Neapolitaner Galiani. – Heine hatte Geschmack genug, um die Deutschen nicht ernst nehmen zu können; dafür haben ihn die Deutschen ernst genommen, und Schumann hat ihn in Musik gesetzt – in Schumannsche Musik! »Du bist wie eine Blume«, singen alle höheren Jungfrauen. – Heute macht man Heine in Deutschland ein Verbrechen daraus, Geschmack gehabt zu haben – *gelacht* zu haben: die Deutschen selbst nämlich nehmen sich heute verzweifelt ernst. –

28

[…] Im Übrigen ist es meine ehrliche Überzeugung: ein Deutscher, der bloß daraufhin, daß er ein D[eutscher] ist, in Anspruch nimmt, *mehr* zu sein, als ein Jude, gehört in die Komödie: gesetzt nämlich, daß er nicht ins Irrenhaus gehört

29

(Turin,) Am 6 Januar 1889.

Lieber Herr Professor,

zuletzt wäre ich sehr viel lieber Basler Professor als Gott; aber ich habe es nicht gewagt, meinen Privat-Egoismus so weit zu treiben, um seinetwegen die Schaffung der Welt zu unterlassen. Sie sehen, man muß Opfer bringen, wie und wo man lebt. –

30

Heiterkeit ist der heimliche Vorgenuß des *Todes* – es enthebt uns der großen Bürde unserer Aufgabe.

31

lachend sterben die Könige des Nordens –

32

HENRI BERGSON

aus: Das Lachen

Von der Komik im allgemeinen
Die Komik der Formen und die Komik
der Bewegungen / Die Ausdehnungskraft der Komik

Was bedeutet das Lachen? Was steckt hinter dem Lächerlichen? Was haben die Grimasse eines Clowns, ein Wortspiel, eine Verwechslung in einem Schwank, eine geist-
volle Lustspielszene miteinander gemein? Wie destillieren
wir die immer gleichbleibende Substanz heraus, die so
vielen verschiedenartigen Dingen entweder einen auf-
dringlichen Geruch oder aber ein zartes Aroma verleiht?
Seit Aristoteles haben sich die größten Denker in dieses
kleine Problem vertieft, und doch entzieht es sich jedem,
der es fassen will, es gleitet davon, verschwindet, taucht
wieder auf: eine einzige spitzbübische Herausforderung
an die philosophische Spekulation.

Daß nun auch wir dem Problem zu Leibe rücken, können wir einzig mit der Absicht rechtfertigen, die komische
Phantasie auf keinen Fall in eine Definition zu zwängen.
Wir sehen in ihr vor allem etwas Lebendiges. Wir werden
sie, so leichtgeschürzt sie auch sein mag, mit dem Respekt
behandeln, der dem Leben gebührt. Wir werden nichts
anderes tun als zusehen, wie sie wächst und sich entfaltet. Und sie wird, unmerklich von einer Form in die andere übergehend, vor unseren Augen die seltsamsten Me-
tamorphosen durchleben. Für uns wird keines von den
Dingen, die wir sehen, nebensächlich sein. Wer weiß,
vielleicht vermittelt uns dieser fortwährende Kontakt etwas Geschmeidigeres als eine theoretische Definition –
eine praktische und intime Kenntnis, wie sie sich aus
langjähriger Kameradschaft ergibt. Vielleicht auch entdecken wir zum Schluß, daß wir unversehens eine nütz-

liche Erfahrung gemacht haben. Denn wie können wir die komische Phantasie erfassen – vernünftig noch in ihren größten Sprüngen, methodisch bei allem Unsinn, traumähnlich vielleicht, doch im Traum Bilder heraufbeschwörend, die von einer ganzen Gesellschaft sogleich akzeptiert und verstanden werden –, ohne gleichzeitig mehr zu erfahren über die menschliche Phantasie überhaupt und insbesondere über die Art, wie die soziale, kollektive, volkstümliche Phantasie arbeitet? Wie sollte sie, da sie ja aus dem wirklichen Leben hervorgegangen und mit der Kunst verwandt ist, in Sachen Kunst und Leben nicht auch ein Wörtchen mitzureden haben?

Wir werden zunächst drei Betrachtungen anstellen, die wir für grundlegend halten. Sie beziehen sich weniger auf das Komische selbst als auf den Ort, wo wir es suchen müssen.

1

Erstens: Es gibt keine Komik außerhalb dessen, was wahrhaft *menschlich* ist. Eine Landschaft mag schön, lieblich, großartig, langweilig oder häßlich sein, komisch ist sie nie. Man lacht über ein Tier, aber nur weil man einen menschlichen Zug oder einen menschlichen Ausdruck an ihm entdeckt hat. Man lacht über einen Hut, doch das, worüber man spottet, ist nicht das Stück Filz oder Stroh, es ist vielmehr die Form, die ihm die Menschen gegeben haben, es ist der menschliche Einfall, dem der Hut seine Form verdankt. Weshalb hat eine bei all ihrer Schlichtheit so wichtige Tatsache die Philosophen nicht stärker beschäftigt? Mehrere haben im Menschen ein »Tier, das lachen kann«, gesehen. Sie hätten ihn auch ein »Tier, das lachen macht«, nennen können, denn wenn irgendein Tier oder irgendein seelenloser Gegenstand zum Lachen reizt, dann geschieht dies einer gewissen Ähnlichkeit mit dem Menschen wegen, weil der Mensch ihm seinen Stempel aufdrückt oder so oder so von ihm Gebrauch macht.

Zweitens: Das Lachen ist meist mit einer gewissen *Emp-*

findungslosigkeit verbunden. Wahrhaft erschüttern kann die Komik offenbar nur unter der Bedingung, daß sie auf einen möglichst unbewegten, glatten seelischen Boden fällt. Gleichgültigkeit ist ihr natürliches Element. Das Lachen hat keinen größeren Feind als die Emotion. Ich will nicht behaupten, daß wir über einen Menschen, für den wir Mitleid oder Zärtlichkeit empfinden, nicht lachen könnten – dann aber müßten wir diese Zärtlichkeit, dieses Mitleid für eine kurze Weile unterdrücken. In Gesellschaft reiner Verstandesmenschen würden wir wahrscheinlich nicht mehr weinen, aber vielleicht würden wir immer noch lachen. Ausgesprochen gefühlvolle Seelen dagegen, in denen jedes Erlebnis seinen sentimentalen Nachhall findet, werden das Lachen weder kennen noch begreifen. Versuchen Sie nur einmal, an allem, was gesagt und getan wird, Anteil zu nehmen; handeln Sie im Geist mit dem Handelnden, empfinden Sie mit den Empfindenden, lassen Sie Ihre Sympathie sich voll entfalten – und Sie werden sehen, wie die gewichtslosesten Dinge wie unter der Berührung eines Zauberstabs gewichtig werden, wie alles sich düster färbt. Stellen Sie sich nun abseits, betrachten Sie das Leben als unbeteiligter Zuschauer – und manches Drama verwandelt sich in eine Komödie. In einem Salon, wo getanzt wird, brauchen wir uns nur die Ohren zuzuhalten, damit uns die Tänzer lächerlich vorkommen. Wie viele menschliche Handlungen hielten einer solchen Prüfung stand? Würden nicht viele plötzlich vom Tragischen ins Komische umschlagen, lösten wir sie von der Gefühlsmusik, die sie begleitet? Die Komik bedarf also einer vorübergehenden Anästhesie des Herzens, um sich voll entfalten zu können. Sie wendet sich an den reinen Intellekt.

Dieser Intellekt muß nun aber mit anderen Intellekten in Verbindung bleiben. Das ist das Dritte, was wir zu bedenken geben wollten. Wir würden die Komik nicht genießen, wenn wir uns allein fühlten. Offenbar braucht das Lachen ein Echo. Hören Sie genau hin: Es ist kein artikulierter, scharfer, abgegrenzter Ton; es ist vielmehr etwas, das immer weiter um sich greift, etwas, das mit einem Ausbruch beginnt und sich rollend fortsetzt wie der Donner im Gebirge. Dieser Widerhall braucht aber nicht ins Unendliche zu gehen. So groß sein Umkreis auch sein mag, es wird immer ein geschlossener Kreis sein. Unser Lachen ist immer das Lachen einer Gruppe. Vielleicht haben Sie in einem Bahnabteil oder in einem Speisesaal schon einmal zugehört, wie Mitreisende einander Geschichten erzählten, die sie – aus ihrem herzlichen Gelächter zu schließen – zweifellos komisch fanden. Auch Sie hätten gelacht, hätten Sie zu ihrer Gesellschaft gehört, doch da Sie nicht dazugehörten, verspürten Sie nicht die geringste Lust zu lachen. Ein Mann wurde einmal gefragt, weshalb er beim Anhören einer Predigt, als jedermann Tränen vergoß, nicht auch geweint habe. »Ich gehöre nicht zur Pfarrei«, sagte er. Was dieser Mann vom Weinen hielt, das träfe noch viel mehr auf das Lachen zu. Hinter dem Lachen steckt bei aller scheinbaren Offenheit immer ein heimliches Einverständnis, ich möchte fast sagen eine Verschwörung mit anderen wirklichen oder imaginären Lachern. Wie oft ist nicht schon behauptet worden, das Publikum lache im Theater um so lauter, je voller der Saal sei. Wie oft aber heißt es auch, viele komische Effekte ließen sich nicht von einer Sprache in eine andere übersetzen, weil sie sich auf die Sitten und Ideen einer ganz bestimmten Gesellschaft bezögen. Und weil man die Bedeutung dieser beiden Tatsachen nicht erfaßt hat, sieht man im Komischen nur eine Kuriosität, an der sich der Verstand ergötzt, im Lachen wiederum nichts als ein seltsames Phänomen ohne Zusammenhang mit den übrigen menschlichen Lebensäußerungen. Daher die Definitionen, die das Komische als geistig wahrgenommene abstrakte Relation zwischen Ideen hinstellen wollen: »Intellektueller Kontrast«, »spürbare Absurdität« und wie die Begriffe alle heißen. Selbst wenn man annimmt, sie paßten auf sämtliche Arten der Komik, sie würden dennoch niemals erklären, weshalb uns das Komische zum Lachen bringt. In der Tat, warum kann uns diese besondere abstrakte Relation, sobald wir sie wahrnehmen, innerlich zusammenziehen, ausdehnen, schütteln, während alle anderen uns kalt lassen? Von daher werden wir das Problem also nicht anpacken. Um das Lachen zu verstehen, müssen wir es wieder in sein angestammtes Element versetzen, und das ist die Gesellschaft; wir müssen seine nützliche Funktion bestimmen, und das ist eine soziale Funktion. Dies wird der Leitgedanke bei unseren Untersuchungen sein. Das Lachen muß gewissen Anforderungen des Gesellschaftslebens genügen. Das Lachen muß eine soziale Bedeutung haben.

Bestimmen wir ein für allemal den Punkt, wo unsere drei vorläufigen Betrachtungen zusammenlaufen. Komik entsteht innerhalb einer Gruppe von Menschen, die einem einzelnen unter ihnen ihre volle Aufmerksamkeit zuwenden, indem sie alle persönlichen Gefühle ausschalten und nur ihren Verstand arbeiten lassen. Worauf wird sich ihre Aufmerksamkeit richten müssen? Womit wird sich ihr Verstand beschäftigen? Mit der Antwort auf diese Fragen kämen wir dem Problem schon näher. Zuvor aber werden wir ein paar Beispiele anführen müssen.

2

Ein Mann läuft auf der Straße, stolpert und fällt. Die Passanten lachen. Ich glaube, man würde nicht lachen, wenn man annehmen könnte, er habe sich plötzlich entschlossen, sich hinzusetzen. Man lacht, weil er sich unfreiwillig hingesetzt hat. Das Lachen wird also nicht durch den unvermuteten Wechsel seiner Stellung erzeugt; es ist das Unfreiwillige an diesem Wechsel, es ist die Ungeschicklichkeit, die uns lachen macht. Vielleicht lag ein Stein auf der Straße. Er hätte langsamer laufen oder das Hindernis umgehen sollen. Aber weil er ungelenk oder zerstreut war oder weil ihm sein Körper *infolge irgendeiner Versteifung oder wegen des schon erreichten Tempos* nicht gehorchte, bewegten sich seine Muskeln im gleichen Rhythmus weiter, auch als die Umstände schon längst etwas anderes von ihnen verlangten. Deshalb ist der Mann gestürzt, und darüber lachen die Passanten.

Ein anderer geht mit mathematischer Regelmäßigkeit seinen kleinen Geschäften nach. Nun hat aber ein Spaßvogel hinter seinem Rücken mit allem, was ihn umgibt, Unfug getrieben. Der Gefoppte taucht seine Feder ins Tintenfaß und zieht Schlamm heraus; er glaubt, er setze sich auf einen soliden Stuhl, und plumpst zu Boden; kurz, was immer er tut, ist verkehrt oder ein Leerlauf nach dem ewig geltenden Gesetz der Trägheit. Die Gewohnheit hatte seine Bewegungen diktiert. Er hätte diese unterbrechen oder ändern sollen. Doch er tat nichts dergleichen. Er bewegte sich mechanisch weiter. Das Opfer des dummen Scherzes befindet sich also in der gleichen Lage wie der gestürzte Läufer. Er ist aus demselben Grund komisch. Lächerlich ist in diesem wie in jenem Fall eine gewisse *mechanisch wirkende Steifheit* in einem Augenblick, da man von einem Menschen wache Beweglichkeit und lebendige Anpassungsfähigkeit erwartet. Der einzige Unterschied zwischen den beiden Fällen besteht darin, daß der erste sich von selbst ereignet hat, während der zweite künstlich herbeigeführt worden ist. Der Passant hat nur *zugeschaut*; der Spaßvogel hat *experimentiert*.

In beiden Fällen aber ist es ein äußerer Umstand, der den komischen Effekt bewirkt hat. Das Komische ist also zufällig. Es bleibt gewissermaßen an der Oberfläche der Person haften. Wie wird es ins Innere gelangen? Nur wenn die mechanische Steifheit, um sich zu offenbaren, keines Hindernisses mehr bedarf, das ihr der Zufall oder menschliche Tücke in den Weg gelegt haben. Sie muß aus sich selbst auf natürliche Weise immer neue Gelegenheiten schaffen, um in Erscheinung zu treten. Stellen wir uns jetzt einen Menschen vor, der immer an das denkt, was er gerade getan hat, und nie an das, was er tut – wie eine Melodie, die ständig hinter ihrer Begleitung herhinken würde. Denken wir uns eine gewisse angeborene Unbeweglichkeit der Sinne und des Geistes, die bewirkt, daß ein Mensch sieht, was nicht mehr ist, hört, was nicht mehr tönt, sagt, was nicht mehr paßt, kurz, daß er sich in einer vergangenen und unwirklich gewordenen Situation häuslich einrichtet, während er sich doch der augenblicklichen Wirklichkeit anpassen sollte. Hier verlagert sich das Komische in die Person selbst: Die Person steuert alles Notwendige dazu bei, Stoff und Form, Ursache und Gelegenheit. Nicht umsonst pflegt der *Zerstreute* (denn von einem solchen ist die Rede) die Spottlust der Komödiendichter zu reizen. Als La Bruyère auf diesen Charaktertyp stieß und sich näher mit ihm zu befassen begann, wurde ihm klar, daß er ein Rezept zur Massenfabrikation komischer Effekte gefunden hatte. Er mißbrauchte das Rezept. Er ließ sich lang und breit über seinen Ménalque aus, kam wieder und wieder auf seine Beschreibung zurück. Das Thema war so dankbar, daß er kaum mehr davon loskam. Nun, vielleicht befindet man sich mit der Zerstreutheit nicht an der Quelle der Komik selbst, sicher aber in einem Fluß von Ereignissen und Einfällen, der unmittelbar aus dieser Quelle stammt. Man befindet sich auf einem der großen natürlichen Gefälle des Lachens.

Aber auch die Wirkung der Zerstreutheit kann sich verstärken. Wir haben soeben die erste Anwendung eines allgemein gültigen Gesetzes beschrieben. Das Gesetz lautet: Wenn eine bestimmte komische Wirkung eine bestimmte Ursache hat, so kommt uns die Wirkung um so komischer vor, je natürlicher wir ihre Ursache finden. Wir lachen schon über die Zerstreutheit, wenn man sie uns als schlichte Tatsache vorsetzt. Noch komischer wirkt sie auf uns, wenn sie vor unseren Augen entstanden und gewachsen ist, wenn wir ihren Ursprung kennen und ihre Geschichte rekonstruieren können. Nehmen wir als konkretes Beispiel den Fall eines Menschen an, der immer nur Liebes- und Ritterromane liest. Angezogen und fasziniert von seinen Helden, wendet er ihnen allmählich sein Denken und Wollen zu. Er bewegt sich wie ein Nachtwandler unter uns. Seine Handlungen sind Fehlleistungen. Sie lassen sich jedoch durchwegs auf eine uns bekannte und positive Ursache zurückführen. Es sind nicht mehr nur

Absenzen; sie ergeben sich aus der *Präsenz* der Person in einer ganz bestimmten, wiewohl imaginären Umwelt. Gewiß, ein Sturz ist und bleibt ein Sturz; es fragt sich nur, ob einer in ein Wasserloch plumpst, weil er ins Blaue gestarrt hat oder weil er nach einem Stern ausschaute. Don Quijote hat einen Stern betrachtet. Welche Tiefen erreicht die Komik in einem schwärmerischen und weltfremden Gemüt! Und doch, wenn wir auf die Vorstellung von der Zerstreutheit als Bindeglied zurückgreifen, so sehen wir, wie diese abgrundtiefe Komik sich ohne weiteres mit der oberflächlichsten Komik verbündet. Ja, jene verträumten Gesellen, jene Überspannten, jene so seltsam vernünftigen Narren machen uns lachen, weil sie in uns an die gleichen Saiten rühren, den gleichen inneren Mechanismus in Gang setzen wie das Opfer eines Schabernacks oder der Mann, der auf der Straße ausrutscht. Sie alle sind Läufer, die hinfallen, und Naive, die man hinters Licht führt, Sterngucker, die über Realitäten stolpern, arglose Träumer, denen das Leben boshaft mitspielt. Vor allen Dingen aber sind sie große Zerstreute, den anderen insofern überlegen, als ihre Zerstreutheit Methode hat und auf eine zentrale Idee ausgerichtet ist, überlegen auch deshalb, weil ihre Mißgeschicke eng miteinander zusammenhängen, dank der unerbittlichen Logik, mit welcher die Wirklichkeit dem Traum zu Leibe rückt, überlegen schließlich, weil sie auf diese Weise durch Effekte, die sich jederzeit steigern können, ein nicht enden wollendes Gelächter um sich verbreiten.

Unsere nächste Frage lautet: Wäre es nicht denkbar, daß gewisse Laster den Charakter auf die gleiche Weise beeinflussen wie die Starrheit einer fixen Idee den Geist? Ob angeborener Charakterfehler oder Willensschwäche, das Laster gleicht oft einer Verkrümmung der Seele. Fraglos gibt es Laster, in denen sich die Seele mit allem, was sie an befruchtender Kraft in sich trägt, ansiedelt, Laster, welche die Seele beleben und schließlich einen Wirbel von Verwandlungen mitreißen. Das sind die tragischen Laster. Das Laster aber, das uns zur komischen Figur stempelt, wird uns im Gegenteil von außen her zugetragen wie ein fertiger Rahmen, in den wir uns einfügen. Es zwingt uns seine Steifheit auf, anstatt sich unsere Gelenkigkeit anzueignen. Wir machen es nicht komplizierter, sondern umgekehrt: das Laster macht uns einfacher. Darin scheint der Unterschied zwischen der Komödie und der Tragödie zu liegen. Selbst dort, wo eine Tragödie bestimmte Leidenschaften oder Laster mit Namen versieht, verschmilzt sie diese so sehr mit dem Darsteller, daß ihre Namen in Vergessenheit geraten, ihre Kennzeichen verblassen, und daß wir überhaupt nicht mehr an sie, sondern nur noch an die Person denken, die sie verkörpert. Darum kann der Titel eines Trauerspiels in der Regel nur ein Eigenname sein. Viele Lustspiele dagegen sind mit der Bezeichnung einer Gattung überschrieben: *Der Geizige*, *Der Spieler* usw. Forderte ich Sie auf, sich ein Stück vorzustellen, das *Der Eifersüchtige* hieße, Sie würden sofort an *Sganarelle* denken oder an *George Dandin*, nicht aber an *Othello*. *Der Eifersüchtige* kann nur der Titel einer Komödie sein. Denn das komische Laster kann sich noch so intim mit einer Person vereinigen, es bewahrt immer seine unabhängige und einfache Existenz; es bleibt, unsichtbar und gegenwärtig, die Hauptfigur, welcher die Menschen aus Fleisch und Blut auf der Bühne lediglich angehängt werden. Manchmal leistet es sich den Spaß, sie alle mit seinem Gewicht fortzureißen und einen Abhang hinunterzukollern. Häufiger jedoch spielt es auf ihnen wie auf einem Instrument, oder es läßt sie zappeln wie Hampelmänner. Wenn Sie genau hinsehen, werden Sie erkennen, daß die Kunst des Komödiendichters darin besteht, uns, die Zuschauer, mit dem Laster so sehr vertraut zu machen, uns so tief in dessen innerstes Wesen eindringen zu lassen, daß es uns zuletzt sogar einige der Schnüre, an denen es seine Marionetten tanzen läßt, zum Spielen überläßt. Dann dürfen wir selber spielen. Und das ist ein Teil unseres Theatervergnügens. Was uns erheitert, ist also wieder ein Automatismus. Und auch dieser Automatismus steht der einfachen Zerstreutheit sehr nahe. Meist wirkt ja eine komische Gestalt genau so lange komisch, wie sie sich selbst vergißt. Das Komische ist *unbewußt*. Als ob es den Gyges-Ring im umgekehrten Sinn verwenden würde, macht es sich für sich selbst unsichtbar, indem es für jedermann sichtbar wird. Der Held einer Tragödie verhält sich nicht anders, nur weil er weiß, wie wir sein Verhalten beurteilen; er darf so bleiben, wie er ist, auch wenn er genau weiß, was er ist, auch wenn er den Abscheu, den er uns einflößt, sehr deutlich empfindet. Das Lächerliche dagegen sucht, sobald es sich als lächerlich empfindet, zumindest äußerlich eine andere Ausdrucksform. Könnte Harpagon uns über seinen Geiz lachen hören, er würde sich zwar kaum bekehren, aber er würde uns seinen Fehler weniger offen oder auf andere Art zeigen. In diesem Sinne vor allem »geißelt das Lachen die Sitten«. Es bewirkt, daß wir sofort zu scheinen versuchen, was wir sein sollten und was wir eines Tages zweifellos auch sein werden.

Lassen wir es vorläufig dabei bewenden. Wir haben die Entwicklung der Komik verfolgt vom stolpernden Läufer zum gefoppten Pedanten, von der betrogenen Naivität zur Zerstreutheit, von der Zerstreutheit zur Überspanntheit, von der Überspanntheit zu den verschiedenen Deformationen des Willens und des Charakters. Wir haben gesehen, wie die Komik im Menschen immer tiefere Schichten durchdringt, ohne uns indessen noch in seinen subtilsten Ausdrucksformen vergessen zu lassen, was wir schon in seinen gröberen Formen beobachtet hatten: den Effekt des Automatischen und Starren. Jetzt werden wir uns von der lächerlichen Seite der menschlichen Natur und von der Funktion des Lachens ein erstes, wenn auch noch unbestimmtes Bild machen können.

Was das Leben und die Gesellschaft von jedem von uns fordern, das ist eine stets wache Aufmerksamkeit, dank welcher wir die jeweilige Situation erkennen; es ist auch eine gewisse Elastizität des Körpers und des Geistes, dank welcher wir uns dieser Situation anzupassen vermögen. *Gespanntheit* und *Elastizität* sind zwei sich ergänzende Kräfte. Das Leben bedient sich ihrer. Fehlen sie dem Körper in hohem Maß, so entstehen Unglücksfälle jeder Art, Gebrechen, Krankheiten. Fehlen sie dem Geist, dann haben wir es mit jedem Grad von seelischer Armut, mit allen Arten von Verrücktheit zu tun. Und fehlen sie dem Charakter, dann ergeben sich die schweren Fälle von mangelnder Anpassung an das soziale Leben, Quellen manchen Elends, bisweilen Ursachen des Verbrechens. Erst wenn diese an den Kern des Daseins rührenden Mängel behoben sind (und meist verschwinden sie im sogenannten Lebenskampf von selbst), kann der Mensch leben, und zwar leben in der Gemeinschaft mit anderen Menschen. Doch die Gesellschaft fordert noch mehr. Sie will nicht nur leben, sie will gut leben. Was sie nun befürchten muß, ist, daß jeder von uns sich damit begnügt, auf das Wesentliche im Leben zu achten, und sich im übrigen ganz dem mühelosen Automatismus erworbener Gewohnheiten überläßt. Sie muß auch befürchten, daß ihre Glieder keineswegs ein immer subtileres Gleichgewicht der verschiedenen Willensformen anstreben, so daß diese immer exakter ineinandergreifen – daß sie sich vielmehr darauf beschränken, die grundlegenden Bedingungen dieses Gleichgewichts zu achten. Ein etabliertes Einverständnis unter den Individuen ist der Gesellschaft nicht genug; sie verlangt ein fortwährendes Bemühen um gegenseitige Anpassung. Jede *Versteifung* des Charakters, des Geistes und sogar des Körpers wird der Gesellschaft daher verdächtig sein, weil sie auf eine erlahmende Tatkraft schließen läßt, auf ein Handeln auch, das abseits des gemeinsamen Mittelpunktes erfolgt, sich außerhalb des von der Gesellschaft gebildeten Kreises bewegt. Dennoch kann die Gesellschaft gegen dieses Aus-der-Reihe-Tanzen nicht mit dem Mittel der materiellen Repression einschreiten, da sie ja nicht materiell betroffen ist. Sie steht vor einer Erscheinung, die sie beunruhigt, wenn auch nur als Symptom – kaum als eine Bedrohung, schlimmstenfalls als eine Geste. Also wird sie nur mit einer Geste darauf antworten können. So gesehen, wäre das Lachen eine *soziale Geste*. Durch die Furcht, die es einflößt, korrigiert es das Ausgefallene; es sorgt dafür, daß gewisse Handlungsweisen, die sich zu isolieren und einzuschläfern drohen, stets bewußt und aufeinander abgestimmt bleiben, kurz, es lockert jede mechanische Steifheit, die an der Oberfläche des sozialen Körpers übriggeblieben sein könnte. Das Lachen hat daher mit reiner Ästhetik nichts zu tun, da es ja (unbewußt und in Einzelfällen sogar auf unmoralische Weise) den nützlichen Zweck einer allgemeinen Vervollkommnung verfolgt. Und doch hat es insofern etwas Ästhetisches an sich, als das Komische genau in dem Augenblick beginnt, da die Gesellschaft und der einzelne, von der Sorge um ihre Erhaltung befreit, sich selber als Kunstwerke zu behandeln beginnen. Mit anderen Worten: Zieht man einen Kreis um die Handlungen und Verhaltensweisen, die das individuelle oder soziale Leben bedrohen und sich durch ihre natürlichen Folgen selbst bestrafen, so verbleibt außerhalb dieses Gebietes der Leidenschaften und des Kampfs, in einer neutralen Zone, wo der Mensch dem Menschen nur noch als Schauspiel dient, eine gewisse Steifheit des Körpers, des Charakters und des Geistes; und auch diese noch möchte die Gesellschaft ausmerzen, damit ihre Glieder möglichst beweglich und umgänglich seien. Diese Steifheit ist das Komische, und das Lachen ist ihre Strafe.

Die Formel ist zu einfach, als daß sie uns die Erklärung für sämtliche komischen Effekte liefern könnte. Sie paßt zweifellos auf elementare, theoretische, ideale Fälle, wo die Komik rein und unvermischt auftritt. Wir werden sie vor allem als Leitmotiv unserer weiteren Ausführungen benützen. Man wird sich ihrer stets erinnern müssen, ohne ihr allzuviel Gewicht beizumessen – etwa so, wie der gute Fechter an die einzelnen gelernten Bewegungen denkt, während sein Körper sich dem Ablauf des Fechtganges überläßt. Den pausenlosen Ablauf der komischen Erscheinungen werden wir jetzt zu rekonstruieren versuchen, indem wir von neuem den Faden aufnehmen, der von den Grimassen des Clowns bis zu den raffiniertesten Spielen der Komödie führt. Folgen wir diesem Faden auf oft unvorhergesehenen Umwegen, machen wir dann und wann halt, schauen wir uns um und dringen wir schließlich, sofern dies möglich ist, bis zu dem Punkt vor, wo der Faden beginnt und wo uns vielleicht – da ja die Komik irgendwo zwischen Leben und Kunst schwankt – die Beziehung der Kunst zum Leben klar wird.

3

Das Einfachste zuerst. Was ist eine komische Physiognomie? Woher stammt ein lächerlicher Gesichtsausdruck? Und wo ist hier der Unterschied zwischen dem Komischen und dem Häßlichen? Die Frage ist in dieser Form bisher immer nur willkürlich beantwortet worden. So einfach sie klingen mag, sie ist schon zu subtil, als daß man sie frontal in Angriff nehmen könnte. Zuerst müßte man die Häßlichkeit definieren und danach herausfinden, was die Komik dazu beisteuert. Häßlichkeit läßt sich aber nicht viel leichter analysieren als Schönheit. Wir wollen es trotzdem versuchen, und zwar mit einem Kniff, der uns noch oft weiterhelfen wird. Wir werden das Problem gewissermaßen ausweiten, indem wir die Wirkung so stark vergrößern, daß die Ursache sichtbar wird. Betonen wir also die Häßlichkeit, übertreiben wir sie bis zur Mißbildung, und dann wollen wir sehen, wie wir von der Mißbildung zur Lächerlichkeit kommen.

Unbestreitbar haben gewisse Verunstaltungen vor anderen den traurigen Vorzug, daß sie zum Lachen reizen. Auf Einzelheiten brauchen wir hier nicht einzugehen. Stellen wir uns ganz einfach verschiedene Mißbildungen vor, und teilen wir diese in zwei Gruppen ein: hier jene, welche die Natur in den Bereich des Lächerlichen gerückt hat, dort die anderen, die jeglicher Komik entbehren. Daraus können wir wohl die folgende Regel ableiten: *Komisch kann jede Verunstaltung werden, die ein wohlgestalteter Mensch nachzuahmen vermöchte.*

Demnach würde der Bucklige wie ein Mensch wirken, der sich krumm hält. Sein Rücken hätte eine schlechte

Gewohnheit angenommen. Aus Eigensinn, *aus Steifheit* würde er in dieser Gewohnheit verharren. Betrachten Sie den Fall nur mit den Augen. Denken Sie nicht darüber nach, und ziehen Sie keine Schlüsse! Vergessen Sie, was Sie wissen, und versuchen Sie einen neuen, naiven, unmittelbaren Eindruck zu gewinnen! Sie werden einen Menschen sehen, der sich absichtlich in einer Haltung versteift und seinen Körper gewissermaßen zum Grimassenschneiden zwingt.

Zurück zum Punkt, den wir klarstellen wollten. Indem wir die lächerlich anmutende Mißbildung in Gedanken abschwächen, müssen wir zwangsläufig auf die komische Häßlichkeit stoßen. Lächerlich wird also ein Gesichtsausdruck sein, wenn er uns an etwas Verkrampftes erinnert, an etwas im gewöhnlich bewegten Mienenspiel Erstarrtes. Ein chronischer Tick, eine fixierte Grimasse – das ist es, was wir darin sehen werden. Man wird einwenden, das treffe auf jeden typischen Gesichtsausdruck zu, weil er – sei er noch so anmutig oder schön – als feste Angewohnheit wirke. Hier müssen wir aber eine wichtige Unterscheidung machen. Wenn wir von der Schönheit oder sogar von der Häßlichkeit des Ausdrucks sprechen, wenn wir sagen, ein Gesicht sei ausdrucksvoll, dann meinen wir einen Ausdruck, der dauerhaft sein kann und dennoch Beweglichkeit vermuten läßt. Es haftet ihm bei aller Beständigkeit eine Unbestimmtheit an, die alle möglichen Nuancen eines Seelenzustandes verschwommen widerspiegelt – so wie sich die warmen Verheißungen des Tages im Duft eines Frühlingsmorgens vorausatmen lassen. Komisch dagegen ist ein Gesichtsausdruck, der nicht mehr verspricht, als was er hält, die einmalige und endgültige Grimasse. So endgültig, als sei das ganze Seelenleben eines Menschen darin zu Stein erstarrt. Komisch ist deshalb ein Gesicht in dem Maß, als es uns an eine einfache, mechanische Handlung erinnert, in die eine Person für immer vertieft wäre. Es gibt Gesichter, die scheinen unaufhörlich mit Weinen beschäftigt zu sein, andere mit Lachen oder mit Pfeifen; wieder andere sehen aus, als bliesen sie ewig in eine Trompete. Das sind die komischsten. Auch hier bestätigt sich die Regel, wonach die Wirkung um so komischer ist, je natürlicher wir ihre Ursache finden. Automatismus, Steifheit, erworbene und beibehaltene Gewohnheit, das sind die Dinge, die uns an einer Physiognomie zum Lachen reizen. Die Wirkung wird aber noch stärker, wenn wir diese Merkmale auf eine tiefere Ursache, eine gewisse *fundamentale Zerstreutheit* der Person zurückführen können. Wir haben dann das Gefühl, die Seele habe sich von der Stofflichkeit einer simplen Handlung faszinieren und hypnotisieren lassen.

Jetzt verstehen wir auch die Komik der Karikatur. Ein Gesicht kann noch so regelmäßig sein, seine Züge mögen noch so harmonisch, seine Bewegungen noch so anmutig wirken, das Gleichgewicht ist nie vollkommen. Immer wieder entdeckt man darin die Spur eines sich ankündigenden Ticks, den Schatten einer möglichen Grimasse, irgendeine besondere Deformation, die das Naturgegebene verzerren wird. Die Kunst des Karikaturisten besteht darin, daß er diese oft kaum wahrnehmbare Bewegung erfaßt und sie allen Augen sichtbar macht, indem er sie überbetont. Er läßt die Personen, die er zeichnet, die Grimassen schneiden, die sie schneiden würden, wenn sie ihre schon vorhandene Grimasse jemals zu Ende schnitten. Er spürt unter den oberflächlichen Harmonien der Form den hartnäckigen Widerstand der Materie. Er erblickt Mißverhältnisse und Verzerrungen, die in der Natur schon passiv dagewesen sein müssen, die sich aber nicht weiterentwickeln konnten, weil eine bessere Kraft sie unterdrückte. Seiner Kunst haftet etwas Diabolisches an: Sie läßt den Dämon, den der Engel zerschmettert hatte, wiederauferstehen. Diese Kunst übertreibt, gewiß, und doch wird man ihr nicht gerecht, wenn man ihr die Übertreibung als Zweck unterstellt. Denn es gibt Karikaturen, die dem Modell ähnlicher sind als Porträts, Karikaturen, denen man die Übertreibung kaum ansieht; andere können maßlos übertreiben, ohne eine wirklich karikaturhafte Wirkung zu erzielen. Soll die Übertreibung komisch sein, so darf sie nicht als Zweck erscheinen. Wir dürfen in ihr nur ein Mittel sehen, uns Verzerrungen vor Augen zu führen, die der Künstler in der Natur sich abzeichnen sieht. Auf die Verzerrung kommt es an, sie ist das, was uns interessiert. Deshalb werden wir sie sogar in Gesichtsteilen suchen, die keiner Bewegung fähig sind, im Bogen einer Nase, ja selbst in der Form eines Ohrs. Denn Form ist für uns die Linie einer Bewegung. Wenn der Karikaturist die Größe einer Nase verändert, aber ihren »Grundriß« unangetastet läßt, wenn er sie zum Beispiel in dem Sinn verlängert, wie schon die Natur sie verlängert hat, dann schneidet diese Nase tatsächlich Grimassen: dann haben wir das Gefühl, auch das Original habe sich verlängern und Grimassen schneiden wollen. Das meinen wir, wenn wir sagen, die Natur sei oft selbst und mit Erfolg ein Karikaturist. Durch die Bewegung, mit welcher sie einen Mund gespalten, ein Kinn zurückversetzt, eine Wange aufgebläht hat, scheint es ihr geglückt zu sein, die mildernde Kontrolle einer vernünftigeren Kraft zu umgehen und ihre Grimasse zu Ende zu führen. In diesem Fall lachen wir über ein Gesicht, das im Grunde seine eigene Karikatur ist.

Am Ende hat unsere Phantasie, auf welche Doktrin unser Verstand auch immer schwören mag, ihre ganz bestimmte Philosophie. Sie sieht in jeder menschlichen Form das Werk einer die Materie formenden Seele, einer unendlich beweglichen, ewig regen Seele, die der Schwerkraft entronnen ist, weil die Erde sie nicht anzieht. Etwas von dieser beschwingten Schwerelosigkeit vermittelt sie dem Körper, den sie belebt. Das Unstoffliche, das auf diese Weise in Stoff übergeht, nennen wir Anmut. Aber der Stoff widersteht und beharrt. Er möchte das immer wache Wirken dieses höheren Prinzips an sich ziehen, zur eigenen Trägheit bekehren und zum Automatismus verkümmern lassen. Er möchte die sinnvoll abgestuften Bewegungen des Körpers zu sinnlos erworbenen mechanischen Gesten versteinern, das bewegliche Mienenspiel zur dauerhaften Grimasse erstarren lassen, ja der ganzen Person die Haltung eines Menschen aufzwingen, der in der Stofflichkeit mechanischen Tuns völlig aufgegangen zu sein scheint, anstatt daß er sich unter dem Einfluß eines lebendigen Ideals fortwährend erneuert. Wo es dem Stoff gelingt, das Leben der Seele nach außen zu verdicken, seinen Rhythmus zu lähmen, gewinnt er dem Körper eine komische Wirkung ab. Wollten wir also das Komische im Vergleich mit seinem Gegenteil definieren, so müßten wir es nicht der Schönheit, wohl aber der Anmut gegenüberstellen. Das Komische ist eher steif als häßlich.

4

Gehen wir jetzt von der Komik der *Formen* zur Komik der *Gebärden* und Bewegungen über. Als erstes zitieren wir das Gesetz, das nach unserer Ansicht die entsprechenden Fälle beherrscht. Es läßt sich mühelos aus den bisherigen Überlegungen ableiten.

Komisch sind die Haltungen, Gebärden und Bewegungen des menschlichen Körpers genau in dem Maß, wie uns dieser Körper an einen gewöhnlichen Mechanismus erinnert.

Wir möchten diese Regel nicht bis in ihre einzelnen unmittelbaren Anwendungen verfolgen. Ihre Zahl ist endlos. Um uns die Gültigkeit des Gesetzes direkt bestätigen zu lassen, brauchen wir uns nur in das Werk der humoristischen Zeichner zu vertiefen. Dabei können wir die Karikatur beiseite lassen; wir haben sie ja schon untersucht. Wir werden auch jede Komik, die keinen integrierenden Bestandteil der Zeichnung bildet, als nebensächlich betrachten. Denn täuschen wir uns nicht: Die Komik einer Zeichnung wird zur Hauptsache von der Literatur bestritten, und der Zeichner borgt sie sich nur aus. Zwar kann der Zeichner auch als satirischer Autor oder als Schwankdichter auftreten, dann aber lachen wir viel weniger über die Zeichnungen selbst als über die dargestellte Satire oder Lustspielszene. Konzentrieren wir uns dagegen auf die Zeichnung mit dem festen Vorsatz, nur an die Zeichnung zu denken, so werden wir wahrscheinlich feststellen, daß die Komik einer Zeichnung meist im Verhältnis zur Deutlichkeit und auch zur Diskretion steht, mit welcher uns ein Mensch als Hampelmann vorgestellt wird. Die Suggestion muß deutlich sein; wir müssen im Innern dieses Menschen so klar wie durch Glas einen zerlegbaren Mechanismus erkennen. Die Suggestion muß aber auch diskret sein, und die Person, deren Glieder zu ebenso vielen mechanischen Bestandteilen versteift wurden, muß uns als Ganzes weiterhin den Eindruck eines lebenden Wesens vermitteln. Je exakter beide Vorstellungen – Mensch und Mechanismus – ineinandergreifen, um so erschütternder ist die komische Wirkung, um so vollendeter die Kunst des Zeichners. Und an der besonderen Art von Leben, die der Zeichner einem Hampelmann verleiht, läßt sich seine Originalität messen.

So viel über die unmittelbaren Anwendungen unseres Prinzips. Befassen wir uns nun mit seinen ferneren Auswirkungen. Das Bild von einer im Innern des Menschen funktionierenden Mechanik steckt hinter einer Unmenge von amüsanten Effekten; aber meist ist es eine ungreifbare Vision und verflüchtigt sich im Lachen, das es auslöst. Nur wenn wir es gründlich analysieren, läßt es sich festhalten.

Betrachten wir zum Beispiel die Gebärden eines Redners. Sie wetteifern mit seinen Worten. Die Gebärde ist eifersüchtig auf das Wort, deshalb läuft sie hinter dem Gedanken her. Auch sie will den Gedanken übersetzen dürfen. Soll sie, dann aber muß sie sich die Mühe nehmen, dem Gedanken auf allen seinen Wegen zu folgen. Ein Gedanke ist etwas, das im Lauf einer Rede wächst, das Knospen treibt, blüht und reift. Nie bricht er ab, nie wiederholt er sich. Jeden Augenblick muß er sich ändern, denn sich nicht mehr ändern, heißt nicht mehr leben. Ebenso lebendig sei daher die Gebärde! Sie gehorche der Grundregel des Lebens und wiederhole sich nie! Doch was geschieht statt dessen? Jene Bewegung des Arms oder des Kopfes, immer dieselbe, kehrt sie nicht regelmäßig wieder? Falls ich dies als Zuhörer bemerke, falls es genügt, um mich abzulenken, falls ich unwillkürlich auf die Bewegung warte, und sie kommt, wenn ich sie erwarte – dann muß ich wider Willen lachen. Weshalb? Weil ich jetzt einen Mechanismus vor mir sehe, der automatisch arbeitet. Das ist nicht mehr Leben, das ist ein ins Leben eingebauter und das Leben imitierender Automatismus. Es ist Komik.

Deshalb werden Gebärden, über die zu lachen uns nicht eingefallen wäre, lächerlich, sobald eine andere Person sie nachahmt. Man hat für dieses sehr einfache Phänomen sehr komplizierte Erklärungen gesucht. Aber denken wir auch nur ein wenig darüber nach, so wird uns klar, daß unsere seelischen Zustände von einem Augenblick zum anderen wechseln und daß unsere Gesten, folgten sie getreulich unseren inneren Regungen, lebten sie so, wie wir leben, sich nie wiederholen würden: sie ließen keinerlei Nachahmung zu. Eine Imitation unserer Gebärden kann also erst dort beginnen, wo wir aufhören, wir selber zu sein. Ich meine damit, daß man nur das nachahmen kann, was an unserer Gestik monoton, mechanisch und folglich unserer lebendigen Persönlichkeit fremd ist. Jemanden nachahmen heißt, den Teil Automatismus, der sich in ihm festgesetzt hat, von seiner Person abtrennen. Und das heißt nichts anderes, als daß man ihn lächerlich macht. Es ist das, was uns an der Imitation belustigt.

Wenn nun aber die Nachahmung von Gebärden an sich komisch ist, wieviel komischer wird sie erst, wenn sie sich darauf verlegt, die Gebärden, ohne sie zu verzerren, irgendeiner Handlung anzupassen, die so mechanisch ist wie Holzsägen, auf einen Amboß schlagen oder unermüdlich an einem nicht vorhandenen Glockenstrang ziehen. Eine solche Imitation ist komisch, nicht etwa weil Vulgarität das Wesen der Komik ausmachte (wiewohl sie zweifellos eine Rolle spielt), vielmehr weil die imitierte Gebärde noch viel mechanischer wirkt, wenn man sie mit einer einfachen Handlung in Zusammenhang bringen kann. Das Mechanische erscheint uns dann wie vorbestimmt. Diesen Eindruck zu vermitteln, muß einer der beliebtesten Tricks der Parodie sein. Wir sind *a priori* darauf gestoßen. Die Clowns haben es vermutlich schon längst gespürt.

So läßt sich auch das kleine Rätsel lösen, das uns Pascal in seinen »Pensées« aufgibt: »Zwei gleiche Gesichter, von denen jedes allein keinerlei Gelächter erregt, reizen, nebeneinander gesehen, wegen ihrer Ähnlichkeit zum Lachen.« Man könnte auch sagen: »Die Gebärden eines Redners, die einzeln keineswegs lächerlich sind, wirken lächerlich durch ihre Wiederholung.« Das wahrhaft lebendige Leben darf sich nie wiederholen. Wo eine Wiederholung stattfindet, wo es eine vollständige Gleichheit gibt, da vermuten wir immer einen hinter dem Lebendigen tätigen Mechanismus. Analysieren Sie Ihre Empfindung vor zwei ganz ähnlichen Gesichtern: Sie werden an zwei Abgüsse der gleichen Form denken, oder an zwei Abdrücke des gleichen Siegels, oder an zwei Abzüge des gleichen Klischees, kurz, an ein industrielles Herstellungsverfahren. Hier ist Leben in die Richtung des Mechanischen umgebogen worden, und das ist der wahre Grund Ihres Gelächters.

Noch stärker wird unser Gelächter, wenn uns auf der Bühne nicht nur zwei Personen gezeigt werden, sondern mehrere, ja möglichst viele, und alle sehen einander ähnlich, sie kommen, gehen, tanzen, bewegen sich miteinander, sie nehmen gleichzeitig die gleiche Haltung ein, gestikulieren auf die gleiche Weise. Wir denken sogleich an Marionetten. Unsichtbare Fäden scheinen die Arme mit den Armen, die Beine mit den Beinen, jeden Muskel in einem Gesicht mit dem entsprechenden Muskel im anderen zu verbinden, und diese Fäden sind so straff gespannt, daß die weichen Formen vor unseren Augen erstarren und alles sich zum Mechanismus verhärtet. Darin besteht der Trick dieser etwas plumpen Belustigung. Vielleicht haben die, die ihn anwenden, Pascal nie gelesen; sicher aber führen sie eine Idee zu Ende, die Pascal zu Papier gebracht hat. Und wenn es stimmt, daß die Ursache des Lachens im zweiten Fall eine Vorstellung von einem mechanischen Vorgang ist, so mußte sie es, wenn auch weniger handgreiflich, schon im ersten Fall sein.

Sie sehen, es zeichnen sich, wenn auch zunächst undeutlich, immer weitgreifendere, immer bedeutsamere Auswirkungen unserer Regel ab. Wir ahnen noch flüchtigere Eindrücke von mechanischen Effekten, Eindrücke, die uns die verschiedenartigen Handlungen des Menschen und nicht mehr nur seine Gebärden vermitteln. Wir spüren, daß die üblichen Kniffe eines Lustspiels, die regelmäßige Wiederholung eines Wortes oder einer Szene, das symmetrische Vertauschen der Rollen, die geometrische Entwicklung des Quiproquo und noch manche andere Spielerei ihre komische Wirkung aus der gleichen Quelle beziehen. Denn die ganze Kunst des Lustspieldichters ist vielleicht nur darauf angelegt, uns ein ausgesprochen mechanisches Gefüge menschlicher Handlungen vor Augen zu führen, die nach außen ihren wirklichkeitsnahen Charakter, daß heißt die offenkundige Beweglichkeit des Lebens beibehalten haben. Doch greifen wir nicht vor.

5

Bevor wir weitergehen, wollen wir uns einen Moment ausruhen und uns umschauen. Wir haben von Anfang an durchblicken lassen, daß es ein eitles Unterfangen wäre, alle komischen Wirkungen auf eine einzige simple Formel bringen zu wollen. Freilich gibt es diese Formel; sie läßt sich aber nicht einfach abspulen. Anders gesagt, die Deduktion muß da und dort vor besonders starken Effekten haltmachen, weil jeder einzelne ein Modell darstellt, um das sich neue, ähnliche Effekte gruppieren. Diese Effekte können nicht von der Formel abgeleitet werden, sie sind nur komisch wegen ihrer Verwandtschaft mit denen, die sich ableiten lassen. Damit kommen wir zum *Rollwagen*, wie der Geometer Pascal die gebogene Linie genannt hat, auf der sich der Geist bewegt. Der Bogen wird von einem

Punkt innerhalb der Kreislinie eines Rades beschrieben, wenn der Wagen geradeaus fährt. Der Punkt dreht sich wie das Rad und bewegt sich zugleich vorwärts wie der Wagen. Wir können uns auch einen breiten Waldweg vorstellen, der dann und wann von *Kreuzungen* und sternförmig angelegten Seitenstraßen unterbrochen wird. Man macht an jedem Kreuzgang halt, schleicht rund um den Platz, folgt ein Stück weit den Seitenstraßen, kehrt dann wieder um und geht in der ursprünglichen Richtung weiter. Bei einer dieser Kreuzungen sind wir jetzt angelangt. Wir stehen an dem Punkt, wo *etwas Lebendiges von etwas Mechanischem überdeckt* wird. Von diesem zentralen Bild schweift unsere Phantasie in verschiedene Richtungen ab. Wohin? Wir sehen drei Hauptwege und werden jedem einzelnen ein Stück weit folgen, ehe wir auf unserer breiten Avenue weiterwandern.

1. Wir sehen also, wie das Mechanische und das Lebendige ineinandergreifen. Von diesem deutlichen Eindruck schweifen wir ab zu dem noch verschwommenen Bild von *irgendeiner* Steifheit, die den Rhythmus des Lebens überlagert. Wir sehen zu, wie sie dessen geschmeidige Bewegungen und Linien hölzern nachzuahmen versucht. Und wir verstehen mit einemmal, weshalb ein Kleidungsstück so leicht lächerlich wirken kann. Ja, man könnte fast sagen, jede Mode habe irgendwo etwas Lächerliches an sich. Das gilt auch für die jeweils herrschende Mode, nur haben wir uns so sehr an sie gewöhnt, daß wir ein Kleidungsstück und seinen Träger als eins empfinden. Unsere Phantasie kann das eine nicht vom anderen trennen. Wir denken gar nicht mehr daran, die leblose Steifheit der Hülle der lebendigen Beweglichkeit des verhüllten Objekts gegenüberzustellen. Das Komische bleibt hier latent. Es bricht erst dort durch, wo die natürliche Unvereinbarkeit zwischen dem Umhüllenden und dem Umhüllten so groß ist, daß selbst ein hundertjähriges Beisammensein ihre Ehe nicht festigen könnte. Stellen Sie sich dagegen ein Original vor, das sich heute nach der Mode von ge-

stern kleidet. Unsere Aufmerksamkeit wird sogleich auf das Kostüm gelenkt; wir sehen es vollständig losgelöst von der Person; wir sagen, die Person *verkleide* sich (als ob nicht jede Kleidung auch Verkleidung wäre), und das Lächerliche an der Mode wird sogleich offenkundig.

Jetzt beginnen wir zu begreifen, wie schwierig es ist, das Problem der Komik in allen seinen Einzelheiten zu erfassen. Manche irrtümliche oder unzulängliche Theorie des Lachens fußt vermutlich auf der Tatsache, daß viele Dinge de iure komisch sind, ohne de facto komisch zu sein, weil ihre Komik durch die Macht der Gewohnheit abgestumpft worden ist. Die Macht der Gewohnheit oder der Mode muß gebrochen werden, damit die Komik sich neu entfalten kann. Daraus folgern nun die einen, daß es dieser Bruch ist, der die Komik erzeugt; dabei läßt er sie nur sichtbar werden. Andere sagen, das Lachen sei eine Folge der *Überraschung*, eine Reaktion auf den *Kontrast* usw.; dabei ließen sich diese Definitionen auf ungezählte andere Fälle anwenden, in denen wir nicht die geringste Lust zu lachen verspüren. So einfach ist die Wahrheit nicht.

Wir sind also bei der Idee der Verkleidung angekommen. Sie besitzt die angestammte Fähigkeit, Gelächter zu erregen. Es dürfte nicht unnütz sein zu untersuchen, auf welche Weise sie davon Gebrauch macht.

Weshalb lachen wir über einen Haarschopf, der von Braun zu Blond gewechselt hat? Was ist an einer roten Nase komisch? Warum lacht man über einen Neger? Das scheinen knifflige Fragen zu sein, da sogar Psychologen wie Hecker, Kraepelin, Lipps sie nacheinander aufgeworfen und unterschiedlich beantwortet haben. Und doch bin ich nicht sicher, ob ich nicht eines Tages auf der Straße die richtige Antwort zu hören bekam, als ein Kutscher seinen schwarzhäutigen Kunden »ungewaschen« nannte. Ungewaschen! Ein schwarzes Gesicht wäre also für unsere Phantasie ein mit Tinte oder Ruß beschmiertes Gesicht. Und folglich kann auch eine rote Nase nur eine Nase sein, die man mit Zinnoberfarbe bemalt hat. Die Komik der

Verkleidung greift demnach auf Fälle über, wo jemand nicht mehr verkleidet ist, aber verkleidet sein könnte. Vom gewohnten Kleidungsstück sagten wir, es könne sich noch so sehr von der Person unterscheiden, in unseren Augen scheine es dennoch mit der Person verwachsen zu sein, weil wir uns an seinen Anblick gewöhnt haben. Eine schwarze oder rote Farbe dagegen kann noch so sehr zur Hautbeschaffenheit gehören, wir halten sie dennoch für künstlich, weil sie uns überrascht.

An diesem Punkt tauchen für die Theorie der Komik neue Schwierigkeiten auf. Der Satz: »Mein Alltagskleid ist ein Bestandteil meines Körpers« klingt für die Vernunft absurd. Die Phantasie hält ihn trotzdem für wahr. »Eine rote Nase ist eine bemalte Nase«, »Ein Neger ist ein verkleideter Weißer« – ebenfalls lauter Absurditäten für den logisch arbeitenden Verstand und felsenfeste Wahrheiten für die reine Phantasie. Es gibt demnach eine Logik der Phantasie, die mit der Logik des Verstandes nichts gemein hat, ja die bisweilen deren Gegenteil bedeutet. Dennoch muß die Philosophie mit ihr rechnen, und zwar nicht nur bei der Erforschung des Komischen, sondern auch bei anderen gleichartigen Untersuchungen. Sie hat etwas von der Logik des Traums – eines Traums allerdings, der nicht der Laune der individuellen Phantasie überlassen bleibt, da er ein von der gesamten Gesellschaft geträumter Traum ist. Um diese Logik zu erfassen, bedarf es einer besonderen Anstrengung. Man muß die äußere Kruste, die dichten Schichten von Vorurteilen und festen Vorstellungen abkratzen, um auf dem Grund des Ich gleich einem unterirdischen See eine fließende Folge von ineinandergreifenden Bildern zu erkennen. Dieses Ineinandergreifen geschieht nicht zufällig. Es gehorcht Gesetzen oder vielmehr Gewohnheiten, die für die Phantasie das bedeuten, was die Logik für den Verstand.

Folgen wir der Logik der Phantasie in dem Fall, der uns beschäftigt. Ein Mensch, der sich verkleidet, ist komisch. Ein Mensch, den man für verkleidet halten könnte, ist auch komisch. Wenn wir den Begriff weiter fassen, so wird jede Verkleidung komisch, ob wir sie am Menschen, in der Gesellschaft oder sogar in der Natur bemerken.

Beginnen wir mit der Natur. Wir lachen über einen halbgeschorenen Hund, über ein Beet voll künstlich gefärbter Blumen, über einen Wald, wo die Bäume mit Wahlplakaten tapeziert sind. Warum? Weil wir an eine Maskerade denken. Aber die Komik ist hier schon sehr gedämpft. Sie ist zu weit von ihrer Quelle entfernt. Soll sie stärker wirken, so müssen wir sie bis zur Quelle zurückverfolgen, das abgeleitete Bild, die Maskerade, zum ursprünglichen Bild zurückführen, das bekanntlich durch ein mechanisches Vortäuschen von echtem Leben erzeugt wurde. Die Natur als Opfer eines mechanischen Schwindels – das ergibt dann ein wirklich komisches Motiv. Die Phantasie wird es nach Belieben abwandeln und jedesmal mit einem sicheren Lacherfolg rechnen können. Ein Beispiel finden wir in »Tartarin sur les Alpes«: Bompard suggeriert Tartarin (ein wenig auch dem Leser) das Bild einer Schweiz, die wie eine Theatermaschinerie funktioniert und deren Wasserfälle, Gletscher und falsche Gletscherspalten von einer Aktiengesellschaft betrieben werden. Das gleiche Motiv, wenn auch in anderer Tonart, taucht in den »Novel Notes« des Humoristen Jerome K. Jerome auf: Eine alte Schloßherrin will sich ihre guten Werke möglichst leicht machen; sie läßt daher brave Leute, die man eigens für sie als Atheisten und Trunkenbolde präpariert hat, in ihrer nächsten Nähe unterbringen, damit sie sie bequem bekehren und von ihrem Laster heilen kann. Es gibt auch Anekdoten, wo dieses Motiv als ferne Resonanz, begleitet von echter oder gespielter Naivität, mitschwingt. Der Astronom Cassini hat eine Dame eingeladen, eine Mondfinsternis zu beobachten. Die Dame kommt zu spät. »Herr von Cassini wird mir zuliebe sicher noch einmal anfangen«, meint sie unschuldsvoll. Ein anderes Beispiel finden wir bei Gondinet: Ein Mann kommt in eine Stadt, erfährt, daß es in der Nähe einen erloschenen Vulkan gibt, und ruft: »Sie hatten hier einen Vulkan und haben ihn ausgehen lassen!«

Und nun zur Gesellschaft. Da wir in ihr und durch sie leben, können wir sie nicht anders denn als lebendes Wesen behandeln. Komisch ist folglich ein Bild, wenn es uns an eine verkleidete Gesellschaft, eine soziale Maskerade denken läßt. Ein solches Bild entsteht, sobald wir an der bewegten Oberfläche der Gesellschaft etwas Lebloses, Fixfertiges, Fabriziertes bemerken. Wieder diese Steifheit, die so gar nicht zu der dem Leben innewohnenden geschmeidigen Grazie paßt. Im formellen Teil des Gesellschaftslebens muß demnach eine latente Komik stecken, die nur auf eine Gelegenheit zum Ausbruch wartet. Man kann sagen, das Zeremoniell sei für das soziale Gefüge, was das Kleid für den individuellen Körper: Es wirkt feierlich, solange es sich mit dem ernsthaften Zweck, dem es nach überliefertem Brauch zu dienen hat, zu identifizieren scheint; es verliert seine Feierlichkeit in dem Augenblick, da unsere Phantasie es von diesem Zweck trennt. Damit eine Zeremonie komisch werde, muß sich also unsere Aufmerksamkeit nur auf das richten, was zeremoniös an ihr ist. Wir sollen nicht an ihre Materie, wie die Philosophen sagen, sondern nur an ihre Form denken. Doch wozu noch lange Worte? Jedermann weiß, wie schnell eine öffentliche Handlung – von der bescheidenen Preisverteilung bis zur Gerichtssitzung – innerhalb ihrer festgelegten Formen komisch werden kann. Alle diese Formen und Formeln sind ebenso viele fertige Rahmen für die Komik.

Auch hier steigert sich die Komik, je mehr sie sich ihrer Quelle nähert. Wir müssen von der abgeleiteten zur ursprünglichen Vorstellung, von der Maskerade zum Mechanismus zurückkehren. Ein solches Bild vermittelt uns schon allein die abgezirkelte Form jedes Zeremoniells. Vom Augenblick an, da wir den ernsten Sinn einer Feierlichkeit oder Zeremonie vergessen, haben wir den Eindruck, die Teilnehmer bewegen sich wie Marionetten. Ihre Beweglichkeit ist auf die Unbeweglichkeit einer Formel abgestimmt. Es ist Automatismus. Vollkommen aber ist der Automatismus eines Beamten, der wie eine Maschine funktioniert, oder die Seelenlosigkeit eines Verwaltungsreglements, das mit unerbittlichem Zwang angewendet wird und das sich für ein Naturgesetz hält. Vor einigen Jahren ging ein großer Postdampfer bei Dieppe unter. Einige Passagiere retteten sich mit letzter Not in ein Boot. Die Zollbeamten, die ihnen mutig zu Hilfe geeilt waren, fragten sie als erstes, ob sie nichts zu verzollen hätten … Ähnlich, wenn auch subtiler, wirkt auf mich der Satz eines Abgeordneten, der nach einem in der Eisenbahn begangenen Verbrechen beim Minister interpellierte: »Nachdem der Mörder sein Opfer umgebracht hatte, muß er entgegen den geltenden Vorschriften rückwärts vom Zug abgesprungen sein.«

Ein in die Natur eingelassener Mechanismus, eine automatische Regulierung der Gesellschaft, das sind im Grunde die beiden Arten von belustigenden Wirkungen, die uns verbleiben. Wir brauchen sie nur noch miteinander zu verbinden und zu sehen, was daraus entsteht.

Was daraus entsteht, ist natürlich das schon bekannte Bild: Ein Reglement tritt an die Stelle der Naturgesetze. Was sagt Sganarelle, nachdem Géronte ihm erklärt hat, das Herz befinde sich links und die Leber rechts? »Ja, das war früher so, aber wir haben alles geändert und üben jetzt die Medizin nach einer ganz neuen Methode aus.« Man denke auch an das Gespräch der beiden Ärzte über Monsieur de Pourceaugnac: »Der Schluß, den Sie aus diesem Fall gezogen haben, ist so gelehrt und so schön, daß der Kranke unmöglich kein hypochondrischer Melancholiker sein kann; und wäre er es nicht, er müßte es werden um der schönen Dinge willen, die Sie gesagt, und um der Richtigkeit des Schlusses willen, den Sie gezogen haben.« Die Beispiele ließen sich vermehren. Wir brauchten nur sämtliche Ärzte bei Molière Revue passieren zu lassen. So weit hier übrigens die komische Phantasie zu gehen scheint, die Wirklichkeit bringt es bisweilen fertig, sie zu übertreffen. Einem zeitgenössischen, äußerst streitbaren Philosophen wurde vorgehalten, seine makellos gezogenen Schlüsse hätten die Erfahrung gegen sich, worauf er die Diskussion kurzerhand mit dem Satz beendete: »Die Erfahrung hat unrecht.« Die Idee, daß man das Leben durch Vorschriften regeln könne, ist weiter verbreitet, als man denkt. Sie ist in ihrer Art natürlich, wiewohl wir sie zuvor künstlich zerlegt und wieder zusammengesetzt haben. Sie liefert uns gewissermaßen die Quintessenz der Pedanterie, und diese ist im Grunde nichts anderes als Kunst, die klüger sein will als die Natur.

So verfeinert sich der gleiche Effekt immer mehr – vom Eindruck einer künstlichen *Mechanisierung* des menschlichen Körpers bis zur Vorstellung von einer Verdrängung des Natürlichen durch das Künstliche. Eine immer weniger eng gefaßte Logik, die immer mehr der Logik der Träume gleicht, legt dieselbe Beziehung in immer höhere Sphären, zwischen immer geistigere Begriffe, so daß eine amtliche Vorschrift zu einem Natur- oder Moralgesetz in derselben Relation steht wie der Konfektionsanzug zum lebenden Körper. Von den drei Richtungen, die wir einschlagen sollten, haben wir nun die erste bis ans Ende verfolgt. Nehmen wir uns die zweite vor und warten wir ab, wohin sie uns führen wird.

2. Etwas Mechanisches überdeckt etwas Lebendiges: das ist wieder unser Ausgangspunkt. Was war doch gleich so komisch daran? Daß der lebende Körper zur Maschine erstarrte. Für uns mußte der lebende Körper also die vollendete Beweglichkeit sein, das immer wache Wirken eines unermüdlich arbeitenden Prinzips. Dieses Wirken gehörte jedoch eher in den seelischen als in den körperlichen Bereich. Es wäre die eigentliche Flamme des Lebens, die ein höheres Prinzip in uns entzündet und mittels eines transparenten Effekts sichtbar gemacht hätte. Wir sehen im lebenden Körper nur Anmut und Beweglichkeit, solange wir das übersehen, was an ihm schwerfällig, widerspenstig, stofflich ist; wir vergessen seine Stofflichkeit und denken nur an seine Lebendigkeit, und diese Lebendigkeit schreibt unsere Phantasie dem eigentlichen Prinzip des intellektuellen und seelischen Lebens zu. Aber angenom-

men, man lenke unsere Aufmerksamkeit auf die Stofflichkeit des Körpers. Angenommen, der Körper sei – im Gegensatz zu dem Prinzip, das ihn belebt – nur noch eine schwere, unhandliche Hülle, lästiger Ballast, der eine ungeduldig nach oben drängende Seele am Erdboden festhält. Dann wird der Körper für die Seele das, was das Kleid für den Körper war: unbeweglicher Stoff, den man einer lebendigen Kraft aufgepfropft hat. Und der Eindruck des Komischen wird sich einstellen, sobald wir dieses Aufgepfropftsein deutlich als solches empfinden. Wir werden es vor allem dann empfinden, wenn man uns eine von körperlichen Bedürfnissen *geplagte* Seele zeigt – hier die geistige Persönlichkeit mit ihrer klug variierten Kraft, dort der dämlich monotone Körper, der mit maschinenhafter Beharrlichkeit dazwischenfunkt und unterbricht. Je kleinlicher diese Forderungen des Körpers sind und je eintöniger sie sich wiederholen, um so komischer wird die Wirkung sein. Da kommt es nur auf den Grad an. Das allgemein gültige Gesetz dieser Erscheinungen läßt sich wie folgt formulieren: *Komisch ist jedes Geschehnis, das unsere Aufmerksamkeit auf das Äußere einer Person lenkt, während es sich um ihr Inneres handelt.*

Weshalb lachen wir über einen Redner, wenn er im pathetischsten Moment niest? Was finden wir komisch an dem von einem deutschen Philosophen zitierten Satz aus einer Leichenpredigt: »Er war tugendhaft und ganz rund«? In beiden Fällen wird unsere Aufmerksamkeit plötzlich vom Seelischen abgelenkt und auf das Körperliche verwiesen. Der Alltag liefert uns unzählige andere Beispiele, doch wer die Mühe scheut, nach ihnen zu suchen, der schlage nur aufs Geratewohl einen Band Labiche auf; er wird immer wieder auf Effekte dieser Art stoßen. Einmal ist es ein Redner, der mitten im schönsten Satz jäh abbricht, weil er Zahnschmerzen hat. Ein andermal ist es jemand, der nie das Wort ergreifen kann, ohne sogleich zu jammern, seine Schuhe drückten ihn oder der Gürtel sei ihm zu eng. In allen diesen Beispielen wird uns das Bild einer Person suggeriert, die von ihrem Körper geplagt wird. Ein auffallend dicker Bauch reizt wohl deshalb zum Lachen, weil er genau als das erscheint, was er ist. Daran liegt es auch, daß die Schüchternheit bisweilen lächerlich wirkt. Der Schüchterne kann den Eindruck eines Menschen erwecken, dem der Körper lästig ist und der sich nach einem Ort umsieht, wo er ihn deponieren könnte.

Aus diesem Grund bemüht sich der Tragödiendichter, alles zu vermeiden, was unsere Aufmerksamkeit auf die Stofflichkeit seiner Helden lenken könnte. Sobald man sich mit dem Körper beschäftigt, ist eine Infiltration der Komik zu befürchten. Deshalb sollen die Helden einer Tragödie weder trinken noch essen noch sich wärmen, ja sich womöglich nicht einmal setzen. Sich mitten in einer Tirade hinsetzen hieße sich erinnern, daß man einen Körper hat. Napoleon, der sich manchmal als ein guter Psychologe entpuppte, wußte genau, daß das Sichhinsetzen eine Tragödie in eine Komödie verwandeln kann. Im »Journal inédit« des Barons Gourgaud berichtet er von einem Gespräch, das er nach der Schlacht von Jena mit der Königin von Preußen führte: »Sie empfing mich in tragischem Ton wie Chimène: Sire, Gerechtigkeit! Gerechtigkeit! Magdeburg! In diesem Ton, der mir sehr peinlich war, ging es weiter. Um sie abzulenken, bat ich sie, sich zu setzen. Denn nichts beendet eine tragische Szene schneller. Wenn man sitzt, wird daraus eine Komödie.«

Wir sehen also einen Körper, der sich auf Kosten der Seele breitmacht. Spannen wir den Rahmen dieses Bildes weiter, so wird die Vorstellung allgemeiner: *Die Form will über den Inhalt triumphieren, der Buchstabe wetteifert mit dem Geist.* Ist es nicht das, was uns die Komödie zu suggerieren versucht, wenn sie einen bestimmten Beruf verspottet? Sie läßt den Anwalt, den Richter, den Arzt sprechen, als seien Gesundheit und Gerechtigkeit eine Bagatelle, als käme es nur darauf an, daß es überhaupt Ärzte, Anwälte, Richter gibt und daß die äußeren Formen des Berufs bis ins kleinste gewahrt bleiben. So ersetzt das Mittel den Zweck, die Form den Gehalt. Der Beruf ist nicht länger für das Publikum da, das Publikum ist vielmehr für den Beruf gemacht. Die ständige Beschäftigung mit der Form, die mechanische Anwendung der Regeln erzeugen hier eine Art von beruflichem Automatismus, ähnlich dem, den die Gewohnheiten des Körpers der Seele aufzwingen, und ebenso lächerlich. Im Theater wimmelt es von solchen Beispielen. Ohne auf die einzelnen Variationen über dieses Thema einzugehen, möchten wir ein paar Texte zitieren, in denen das Thema selbst schlicht und treffend definiert wird: »Behandeln soll man die Leute nur den Formen gemäß«, sagt Diafoirus in »Le Malade imaginaire.« Und Bahis in »L'Amour médicin«: »Lieber nach den Regeln sterben als regelwidrig mit dem Leben davonkommen.« »Man soll stets die Form wahren, was immer auch geschehen mag«, sagt Desfonandrès in derselben Komödie. Sein Kollege Tomès begründet das mit den Worten: »Ein toter Mann ist nur ein toter Mann, aber eine vernachlässigte Formalität fügt der ganzen Ärzteschaft gewichtigen Schaden zu.« Nicht minder bedeutsam ist der Ausspruch von Brid'oison, wenngleich er einem anderen Gedankengang entspringt: »Di-ie Form, sehen Sie, di-ie Form. Der gleiche Mann, der über einen Richter im Straßenanzug lacht, zittert schon beim Anblick eines Staatsanwalts im Talar. Di-ie Form, di-ie Form.«

Hier zeigt sich die erste Anwendung eines Gesetzes, das immer deutlicher zutage tritt, je weiter wir in unserer Arbeit fortschreiten. Wenn der Musiker auf einem Instrument eine Note anschlägt, dann ertönen von selbst andere Noten, weniger klangvoll als die erste, jedoch mittels bestimmter Beziehungen mit dieser verbunden und ihr ihren Ton aufzwingend, indem sie sich ihr überordnen. Es sind, wie man in der Physik sagt, die Obertöne des Grundtons. Wäre es nicht denkbar, daß die komische Phantasie noch bis in ihre ausgelassensten Erfindungen einem ähnlichen Gesetz gehorcht? Form, die über den Inhalt triumphieren will: die (komische) Grundnote. Wenn unsere Untersuchungen stimmen, so muß sie folgenden Oberton haben: ein Körper, der den Geist plagt, ein Körper, der sich auf Kosten des Geistes breitmacht. Sobald der Lustspieldichter die erste Note anschlägt, setzt er ihr instinktiv und unbewußt die zweite auf. Anders gesagt, *er macht mit Hilfe einer physischen Lächerlichkeit die berufliche Lächerlichkeit doppelt lächerlich*.

Bereitet uns der Richter Brid'oison, wenn er stotternd die Bühne betritt, nicht mit eben diesem Stottern darauf vor, daß wir das später dargestellte Phänomen der intellektuellen »Versteinerung« als solches erfassen können? Welch heimliche Verwandtschaft mag zwischen dem körperlichen Defekt und der seelischen Schrumpfung bestehen? Vielleicht ist es notwendig, daß wir diese »Richtmaschine« gleichzeitig als »Sprechmaschine« empfinden? Jedenfalls könnte kein anderer Oberton den Grundton besser ergänzen.

Wenn Molière die beiden lächerlichen Ärzte aus »L'Amour médicin«, Bahis und Macroton, auf die Bühne stellt, so läßt er den einen sehr langsam sprechen und Silbe um Silbe betonen, während der andere stammelt. Derselbe Kontrast zwischen den beiden Advokaten des Monsieur de Pourceaugnac. Die körperliche Eigenheit, welche die berufliche Lächerlichkeit ergänzen soll, findet sich meist im Rhythmus des Sprechens. Und es geschieht selten, daß ein Schauspieler dort, wo der Dichter keinen solchen Fehler angibt, nicht selbst instinktiv einen erfindet.

Es besteht also eine selbstverständliche und selbstverständlich akzeptierte Verwandtschaft zwischen den beiden Bildern: dem in bestimmten Formen erstarrenden Geist und dem Körper, der sich gewissen Mängeln entsprechend versteift. Ob unsere Aufmerksamkeit vom Inhalt zur Form oder von der Seele zum Leib wandert, in beiden Fällen wird unserer Phantasie der gleiche Eindruck vermittelt. In beiden Fällen haben wir es mit der gleichen Art von Komik zu tun. Wir sind nun wiederum getreulich dem natürlichen Lauf der Phantasie gefolgt. Die Richtung, in der sie sich bewegte, war, wie erinnerlich, die zweite, die von unserem zentralen Bild ausging. Ein dritter und letzter Weg bleibt uns noch abzuschreiten.

3. Kehren wir ein letztes Mal zu unserem zentralen Bild zurück: Etwas Mechanisches überdeckt etwas Lebendiges. Bei diesem lebendigen Etwas ging es um einen Menschen, eine Person. Das Mechanische dagegen ist ein Ding. Das, was unser Gelächter erregte, war die vorübergehende Verwandlung einer Person in ein Ding, sofern wir unser Bild von dieser Seite her betrachten wollen. Gehen wir nun von der präzisen Vorstellung von einer Mechanik zur verschwommeneren Vorstellung vom Ding im allgemeinen über, so ersteht vor uns eine neue Reihe von komischen Bildern. Diese lassen die Umrisse der früheren Bilder verschwinden und führen uns zu folgender neuen Regel: *Wir lachen immer dann, wenn eine Person uns an ein Ding erinnert.*

Wir lachen über Sancho Pansa, wenn er auf eine Decke plumpst und wieder in die Luft schnellt wie ein Ballon. Wir lachen über den Baron von Münchhausen, wenn er als Kanonenkugel durch den Äther schwirrt. Aber vielleicht können gewisse Kapriolen der Zirkusclowns unser neues Gesetz noch besser bestätigen, vorausgesetzt, wir sehen von den Späßen ab, mit denen der Clown sein Hauptthema garniert, und fassen nur das Thema selbst ins Auge – die Haltungen, Sprünge, Bewegungen, kurz, das eigentlich »Clownhafte« an der Kunst des Clowns. Dieser Art von Komik bin ich nur zweimal in ihrem Reinzustand begegnet, und beide Male war mein Eindruck derselbe. Der erste Fall: Die Clowns kamen, gingen, prallten aufeinander, stürzten zu Boden, sprangen wieder hoch in einem gleichmäßig beschleunigten Rhythmus und in der offenkundigen Absicht, ein *Crescendo* darzustellen. Tatsächlich begann das Publikum immer mehr auf das *Wiederhochspringen* zu achten. Allmählich vergaß man, daß man Menschen aus Fleisch und Blut vor sich hatte. Man dachte an irgendwelche Pakete, die sich fallen ließen und aneinanderstießen. Dann wurde das Bild bestimmter. Die Formen schienen runder zu werden, die Körper schienen zu rollen und sich zu Kugeln zu ballen. Zum Schluß entstand der Eindruck, auf den hin die ganze Szene mehr oder weniger unbewußt angelegt war: Man sah nur noch

Gummibälle. Gummibälle, die von allen Seiten gegeneinander geschleudert wurden. – Nicht weniger aufschlußreich, wenn auch derber, war die zweite Szene. Zwei Männer traten auf mit riesigen Köpfen und ganz kahlen Schädeln. Sie waren mit schweren Stöcken bewaffnet. Und abwechselnd ließ jeder seinen Stock auf den Kopf des andern niedersausen. Auch diese beiden hatten es auf eine Steigerung abgesehen. Nach jedem Hieb schienen die Körper schwerer, unbeweglicher, starrer zu werden. Der Gegenschlag erfolgte, immer zögernder und gleichzeitig immer härter und lauter. Die Schläge widerhallten fürchterlich im totenstillen Saal. Schließlich neigten sich beide Körper steif, langsam und kerzengerade gegeneinander, die Stöcke schlugen ein letztes Mal auf den Köpfen auf, es klang, als prasselte eine ganze Ladung Holz auf massive Eichenbalken, und alles stürzte zu Boden. In diesem Augenblick trat das Bild, das die beiden Artisten unserer Phantasie stufenweise einsuggeriert hatten, in aller Schärfe zutage: »Wir sind Holzpuppen geworden.«

Auch der Ungebildete wird hier instinktiv einige der subtilsten Ergebnisse der psychologischen Wissenschaft erfassen. Jedermann weiß, daß man in einem Hypnotisierten durch einfache Suggestion allerlei Halluzinationen erzeugen kann. Sagt man ihm, ein Vogel sitze auf seiner Hand, so wird er den Vogel bemerken und ihn davonfliegen sehen. Dies setzt allerdings eine ständige Bereitschaft voraus, sich der Suggestion willig zu öffnen. Oft kann der Hypnotiseur sie nur stufenweise einwirken lassen. Er wird in diesem Fall von Gegenständen ausgehen, die der Partner wirklich wahrnimmt, und dann versuchen, diese Wahrnehmung mehr und mehr zu verwirren. Aus der Verwirrung läßt er schließlich den Gegenstand erstehen, den der andere sich einbilden soll. Viele Menschen erleben etwas Ähnliches beim Einschlafen: Die farbigen, fließenden, formlosen Massen, die ihr Gesichtsfeld beherrschen, verdichten sich unmerklich zu ganz bestimmten Gegenständen. Der allmähliche Übergang vom Verschwommenen zum Bestimmten ist also die Suggestionsmethode par excellence. Vermutlich findet er in mancher komischen Suggestion statt, vor allem in der derben Komik, dort, wo sich eine Person vor unseren Augen in ein Ding zu verwandeln scheint. Es gibt aber auch diskretere Verfahren. Sie werden, wenn auch vielleicht unbewußt, in der gleichen Absicht angewendet, zum Beispiel von den Dichtern. Durch eine bestimmte Anordnung von Rhythmen, Reimen und Assonanzen kann man die menschliche Phantasie in den Schlaf wiegen und durch gleichmäßiges Schaukeln auf eine willige Aufnahme des suggerierten Bildes vorbereiten. Hören Sie die folgenden Verse von Régnard und achten Sie darauf, ob vor Ihrem inneren Auge nicht das flüchtige Bild einer *Puppe* entsteht:

> »So schuldet er gar manchem reichen Mann
> Zehntausend und ein Pfund und einen Heller,
> Weil er ein Jahr lang ohne Unterlaß ihn auf Parole
> Beschuht, behandschuht und gewärmt, gefahren,
> Genährt, rasiert, getränkt, getragen hat …«

Findet sich nicht etwas Ähnliches in der Strophe des Figaro (wiewohl sie vielleicht eher das Bild eines Tieres als dasjenige eines Dinges heraufbeschwören soll): »Was für ein Mann ist das? – Es ist ein schöner, dicker, kleiner, junger Greis, grau, schlau, rasiert, blasiert, der späht und spioniert und schimpft und stöhnt zur gleichen Zeit.«

Zwischen jenen handfesten Zirkusszenen und diesen sehr subtilen Suggestionen bleibt Platz für ungezählte komische Effekte – darunter alle, die man erzielt, wenn man von Menschen wie von Dingen spricht. Bei Labiche finden wir passende Beispiele in Massen. Herr Perrichon zählt vor der Abfahrt sicherheitshalber sein Gepäck: »Vier, fünf, sechs, meine Frau sieben, meine Tochter acht und ich neun.« In einem anderen Stück rühmt ein Vater das Wissen seiner Tochter mit den Worten: »Sie sagt Ihnen ohne weiteres sämtliche Könige von Frankreich auf, die jemals stattgefunden haben.« Dieses *Stattgefunden-Haben* verwandelt die Könige zwar nicht gerade in Dinge, aber es setzt sie unpersönlichen Ereignissen gleich.

Was beweist, daß man die Identifikation einer Person mit einem Ding nicht unbedingt bis ins letzte treiben muß, um eine komische Wirkung zu erzielen. Es genügt, wenn man sich in dieser Richtung bewegt, indem man zum Beispiel so tut, als verwechsle man die Person mit dem Amt, das sie ausübt. Ich zitiere hier nur den Satz eines Dorfbürgermeisters in einem Roman von About: »Der Herr Präfekt, der uns immer das gleiche Wohlwollen bezeugt, obwohl man ihn seit 1847 mehrmals gewechselt hat ...«

Alle diese Aussprüche folgen dem gleichen Muster. Nun da wir die Formel kennen, könnten wir endlos neue erfinden. Aber die Kunst des Erzählers und des Possendichters besteht nicht einfach im Erfinden eines Ausspruchs. Die Schwierigkeit liegt darin, einem Wort die Kraft der Suggestion zu verleihen, damit es beim Publikum ankommt. Und es kommt nur dort an, wo man das Gefühl hat, es entspringe einem bestimmten Seelenzustand oder es bette sich in bestimmte Umstände ein. Wir wissen, daß Herr Perrichon sehr aufgeregt ist im Moment, da er seine erste Reise antritt. Und der Ausdruck »stattgefunden haben« gehört zweifellos mit vielen anderen zu den Lektionen, welche die Tochter ihrem Vater aufzusagen pflegte; jedenfalls läßt er uns sofort an ein Aufsagen denken. Die Bewunderung des Bürgermeisters für den Verwaltungsapparat könnte uns sogar glauben machen, nichts ändere sich am Präfekten, wenn er den Namen ändert, und das Amt funktioniere unabhängig vom Beamten.

Damit haben wir uns sehr weit von der ursprünglichen Ursache des Lachens entfernt. Manche an sich unerklärliche komische Form läßt sich in der Tat nur dank ihrer Ähnlichkeit mit einer anderen verstehen, die uns nur wegen ihrer Verwandtschaft mit einer dritten lachen macht, und so geht es unendlich lange weiter. Die psychologische Analyse, so aufgeschlossen und tiefschürfend sie sein mag, muß sich daher notgedrungen verirren, sofern sie nicht dem Faden folgt, dem der komische Eindruck von einem Ende der Reihe zum anderen entlanggewandert ist.

Was bewirkt dieses kontinuierliche Fortschreiten? Welcher Druck, welch merkwürdiger Drang läßt das Komische von Bild zu Bild gleiten, immer weiter weg von seinem Ursprung, bis es sich teilt und sich in unendlich fernen Analogien verliert? Aber wir fragen ja auch: Welche Kraft teilt und unterteilt die Äste des Baums in Zweige, die Wurzel in Würzelchen? Ein unentrinnbares Gesetz zwingt jede lebendige Energie, in der kurzen Zeit, die ihr geschenkt ist, so viel Raum wie möglich auszufüllen. Eine solche Kraft ist die komische Phantasie. Sie ist eine merkwürdig lebendige Pflanze, die auf den steinigen Feldern des gesellschaftlichen Bodens kräftig gediehen ist, ehe die Kultur ihr erlaubt hat, mit den raffiniertesten Erzeugnissen der Kunst zu wetteifern. Mit unseren letzten Beispielen sind wir von der großen Kunst noch weit entfernt, gewiß. Aber wir werden ihr im folgenden Kapitel schon ein bißchen näherkommen, auch wenn wir sie noch nicht endgültig erreichen. Unterhalb der Kunst gibt es das Künstliche. In diese Zone des Künstlichen, die sich zwischen Natur und Kunst befindet, werden wir jetzt eindringen. Wir begegnen dort dem Schwankdichter und dem Mann von Geist.

(1900)

FRIEDRICH GEORG JÜNGER

aus: Über das Komische

Der Humor

Es ist eine bemerkenswerte und der Aufmerksamkeit würdige Erscheinung, daß dort, wo die einzelne Individualität in den Vordergrund tritt, das Häßliche zunimmt. Denn wo alles Individualität wird und jeder Einzelne danach beurteilt wird, inwieweit er Individualität gewonnen hat, einen auszeichnenden und ausgezeichneten Charakter, der ihm allein zukommt, dort lösen sich unvermerkt die Regeln des Schönen selbst auf. Dieser Vorgang ist von einem Verfall der hohen und strengen Kunstformen begleitet. Die Wertschätzung, die der künstlerischen Individualität zuteil wird, hat zur Folge, daß auch die Kunstwerke individuell, das heißt zugleich einzigartig und bedeutungslos werden. Auch kann es in einem solchen Zustande eine Ästhetik als Lehre vom Schönen nicht mehr geben, denn wo alles Individualität anstrebt, dort gibt es keine Regeln mehr, denen der Künstler verpflichtet ist, sondern nur noch einen chaotischen Produktionsvorgang, bei dem jeder seine Individualität zu Markte trägt.

Dieses Streben nach Individualität, nach Persönlichkeit war dem antiken Geiste ganz fremd. Der Rang des Einzelnen wurde hier nicht danach bemessen, in welchem Grade er Individualität gewonnen hatte. Persönlichkeit sein und Persönlichkeit haben in der Goetheschen Bedeutung dieses Wortes war kein Zustand, den der antike Mensch erstrebte. Es ist daher ganz unfruchtbar, wenn man versucht, den mythischen und den historischen Griechen als Individualitäten beizukommen, denn damit ist für ihr Verständnis nichts getan. Wir sehen, daß die schönsten Plastiken der Griechen typisch und musterhaft wie alles Schöne sind. Je schöner sie sind, desto strenger und freier drücken sie die Regel selbst aus, desto mehr enthalten sie sich jeden individuellen Bezuges, wie das blinde Auge, die gerade von der Stirn herablaufende Nase und die gesamten Proportionen des Körpers zeigen, deren Geheimnis das typisch Vollkommene und Schöne ist. Ein Kunstwerk wird nämlich um so häßlicher, je mehr Individualität in ihm zum Ausdruck kommt. Je deutlicher wir an ihm erkennen, daß hier ein ganz bestimmtes, einmaliges Individuum dargestellt ist, desto mehr verstärkt sich der Eindruck der Häßlichkeit. Je charakteristischer, interessanter, origineller das Individuum wird, je mehr es Persönlichkeit wird, desto häßlicher wird es auch. Wo diese Begriffe hervortreten, dort ist immer eine Wendung zum Häßlichen vorausgegangen. Das Schöne ist nicht charakteristisch in dem Sinne, in dem diese Bezeichnung verwendet wird, das heißt, es haftet ihm nichts Einzigartiges und Einmaliges, kein Ausnahmecharakter und keine Regelwidrigkeit an. Ein Charakterkopf ist kein schöner, sondern ein häßlicher Kopf. Es hat daher einen guten Sinn, wenn man von charakteristischer Häßlichkeit spricht, eine charakteristische Schönheit gibt es nicht. Ebensowenig läßt sich das Schöne mit dem Interessanten vereinbaren, denn das Schöne ist ganz und gar uninteressant. Auch das Originelle, insofern dadurch nicht etwas Ursprüngliches und Unmittelbares, sondern etwas der Regel Entgegenstehendes bezeichnet wird, ist häßlich.

Das Zutreffende dieser Feststellungen läßt sich daran nachprüfen, daß überall dort, wo die Individualität in den Vordergrund tritt, das Komische zunimmt. Denn das Komische ist an das Häßliche untrennbar gebunden; es breitet sich deshalb dort aus, wo das Häßliche sich ausbreitet. Hier eröffnet sich ein weites Feld für den Humoristen, dessen Bestreben vorzüglich dahin geht, uns mit dem Regelwidrigen auszusöhnen. Der Humor paßt deshalb schlecht zu einem Geiste, der auf Regeln hält. So schließt der strenge Begriff der Gerechtigkeit den Humor aus, weil er ganz aus dem Gesetze hervorgeht und Ausnahmen und Regelwidrigkeiten nicht zuläßt. Der gerechte Richter ist eine Gestalt des erhaben Schönen. Je strenger jemand nach Regeln verfährt, desto weniger ist er geneigt, dem Humor einen Spielraum zu lassen, denn humorisieren lassen sich nur komische Zustände, und diese beruhen samt und sonders auf einer Verletzung der Regel. Die hohen, freien Formen, in denen das Schöne sichtbar wird, können keinen Stoff für den Humoristen abgeben. Das Schöne ist seiner Natur nach humorlos.[1] Auch kann ihm der Vorwurf der Humorlosigkeit nicht gemacht werden, denn da nichts Häßliches an ihm ist, bedarf es des Humors nicht. So ist, um ein Beispiel zu nennen, der Humor mit dem Begriffe weiblicher Schönheit nicht zu vereinbaren, und das Humoristische an einer Frau für einen Mann, der das weiblich Schöne liebt, schwer erträglich. An alten Frauen dagegen ist der Humor sichtbarer und liebenswürdiger. Überhaupt nimmt der Humor mit dem Alter zu. Kinder, die für das Komische ein scharfes Auge haben, besitzen wenig Humor.

Daß das Häßliche der humoristischen Person immer regelwidrig ist, ist leicht zu erkennen, wenn man einige Aufmerksamkeit auf die Gegenstände wendet, die der Humorist abhandelt. Er ist in das Regelwidrige verliebt und bietet seine ganze Kraft auf, um uns mit ihm auszusöhnen. Die Käuze und Sonderlinge, die seltsamen und wunderlichen Personen, die die Teilnahme des Humoristen erwecken, entsprechen den Personen mit Leibesschäden, den Buckligen, Hinkenden, Schiefgewachsenen, Stotternden, Schielenden und denen, die irgendwelche Beulen, Warzen, Knollen und Auswüchse besitzen. Der Humorist ist weit von einem Zustande entfernt, in dem der Mensch sich mit Freiheit in einer strengen und geschlossenen Form bewegt. Es ist ihm eigentümlich, daß er es mit dem Formlosen zu tun hat. Nicht die Kürze ist es ja, die ihn kennzeichnet. Im Humor erlangt das Komische seine größte Breite; der Humorist geht am innigsten auf das Abweichende, auf die Ausnahme, auf den besonderen Fall ein. Sterne und Jean Paul sind dafür gute Beispiele. Das humoristische Werk selbst hat etwas durchaus Formloses, alle Formen Sprengendes. Indem der Humorist sich mit allem, was der Regel, dem modus in rebus und den certi denique fines gegenübertritt, beschäftigt, schweift er in das Winzige und Ungeheure aus, er verliert sich an liliputanische und riesenhafte Abmessungen. Er entfaltet sich nicht mit der leeren Geschwindigkeit des Witzes, der ganz Wendung und Pointe ist, er bewältigt gewichtigere Massen und kommt nur langsam ans Ziel. Er liebt die Umschweife, die Abwege, die Randbemerkungen, das nicht zur Sache Gehörige und führt das, was der Karikaturist nur flüchtig bezeichnet, mit der größten Sorgfalt und Umsicht aus. Diese Geduld, die vor der Fülle der Tatsachen nicht erlahmt, ist eins mit der durchdringenden, umfassenden Kraft des Humors.[2]

Was ihn unter allen Gattungen des Komischen bezeichnet, ist, daß er die heilende Wirkung des Komischen am innigsten begreift und sich zunutze macht. Er hat eine versöhnende und schlichtende Kraft. Ein Mißbrauch mit den Mitteln des Komischen ist deshalb aber bei ihm nicht ausgeschlossen. Dieser liegt immer dann vor, wenn die humoristische Replik nicht angemessen ist, ein Fall, der sich dort oft ereignet, wo der Humorist die Provokation nicht mit der gebührenden Kraft und Schärfe behandelt. In seinem Streben nach Ausgleich ist er versucht, die heilende Wirkung des Komischen ohne Rücksicht auf die Angemessenheit der Replik geltend zu machen, ein Unternehmen, das zum Mißerfolg verurteilt ist, weil alle heilende Wirkung in der angemessenen Replik beschlossen liegt. Wenn man aus dem Verfahren, das der echte Humorist beobachtet, nicht ohne Berechtigung schließt, daß er Güte besitzt, so bleibt doch immer zu beachten, daß nicht alle komischen Verhältnisse sich so versöhnlich behandeln lassen, und daß nur gegenüber den gutartigen das milde Verfahren angebracht ist. Denn andere, bösartige brauchen einen Arzt, der härter verfährt, und Instrumente, die schärfer einschneiden. Die Lächerlichkeit tötet, wenn sich ihr Verachtung zugesellt. Da das Lob des Humors, dem man den Beinamen des goldenen verliehen hat, so allgemein und einmütig gesungen wird, da seine

Beliebtheit so unumstritten ist, ist es vielleicht nützlich, einige Einwände gegen ihn zu erheben, die nicht ohne Gewicht scheinen.

Wenn man den Humor als jene Gattung des Komischen bezeichnet, in der es seine größte Tiefe erreicht, wenn etwa Dostojewski den Humor geradezu als die Spitzfindigkeit eines tiefen Gefühls bestimmt, so liegt darin etwas Richtiges. Eine andere Frage ist, was es mit dem Lob dessen, was tief ist, auf sich hat.[3] Offenbar ist ja die Tiefe keine selbständige Dimension des menschlichen Geistes, in der er ohne Rücksicht auf andere Dimensionen sich bewegt. Ein solcher Anschein des Tiefen entsteht aber dort, wo die festen Ordnungen ins Wanken geraten, wo die Form sich auflöst und die klaren Konturen sich zu zersetzen beginnen. Insofern der Humor es mit dem Regelwidrigen und Formlosen zu tun hat, erweckt er den Eindruck der Tiefe. Es liegt aber ein eigentümlicher Irrtum in der weit verbreiteten Vorstellung, daß das Dunkle tiefer sei als das Helle und daß in problematischen, fragwürdigen Zuständen eine größere Tiefe liege als in jenen klaren, hellen, die weder eine Frage noch eine Antwort verlangen. Wenn das Überwiegen des Komischen überhaupt ein bedenkliches Zeichen ist, so gilt das für den Humor insbesondere, weil bei ihm der Mangel an Form unter allen Gattungen des Komischen am größten ist. Damit hängt zusammen, daß er sich vor allem ans Gemüt wendet, damit hängt seine Innerlichkeit zusammen, das heißt, er tummelt sich dort, wo als reines Erzeugnis der Auflösung eine bloße Gesinnung, ein bloßes Fühlen zurückgeblieben ist. Der echte Humorist findet das Schöne kalt und liebt es zu bemerken, daß nur das Unvollendete einen Reiz habe.[4] Dergleichen Bemerkungen aber sind nichts weniger als tief. Überhaupt verbirgt sich hinter jener Mißachtung der ästhetischen Kategorien, hinter jener oft gehörten Bemerkung, daß etwas »bloß schön« sei, die platte Anarchie. Solche Bemerkungen sind gleichsam Wasser für die Mühlen des geistigen Pöbels, der mit Jubel jede Möglichkeit des künstlerischen Exzesses begrüßt.[5]

Das Bestreben, den komischen Konflikt zu humorisieren und ihn durch eine humoristische Replik zu schlichten, findet nicht ohne Grund einen so allgemeinen Beifall. Wer sähe es nicht gern, wenn man seinen Fehlern und Schwächen eine versöhnliche Seite abgewänne. Zudem entspricht der Geschmack an einem eingeschränkten Behagen und an einer von aller Form und Konvention befreiten Gemütlichkeit, an einem Sichgehenlassen, wohin man will, der niederen Natur des Menschen, und dieser kommt der Humor entgegen. Sich einkapseln ins Enge, Schiefe, Winkelige, und den Konflikt, der aus dem verschrobenen Zustand mit allem, was Freiheit und Ebenmaß besitzt, hervorgeht, ins Humoristische wenden, das ist ein Unternehmen, das immer auf Beifall zählen darf. Wer kennt nicht jenen Humor, der in der Beziehung zum abgestandenen Idyll lebt und webt, der aus dem stockenden und versumpfenden Leben seine ganze Kraft zieht, jenen Humor, der das Provinzleben, die Kleinstädterei, das Banausentum der Ecken und Winkel anpreist und auch die verstaubtesten bürgerlichen Lokalitäten in das Helldunkel der Neigung taucht. Wir wollen das Behagen an solchen Idyllen niemandem nehmen, haben aber Verständnis dafür, daß die Liebhaber frischer und scharfer Luft einen weiten Bogen um sie machen. Das Vergolden fauler und abgestandener Zustände bleibt immer ein zweideutiges Geschäft.

Man muß nur einmal – und man wird immer dazu Gelegenheit finden – alle diese kleinen Humoristen gesehen haben, wie sie vor der Herde der Zuschauer sich breitmachen und wie sie ihre Replik auf das Niedere abstimmen, dann wird man auch den dumpfen Haß gegen das Schöne, der in dergleichen Ansammlungen lebt, geradezu wittern; man wird in dem Beifall, der dem Humoristen zuteil wird, jenes gemeine Behagen entdecken, dem der Mensch sich hingibt, wenn er sich gehenlassen darf. Ein widriges und ekelerregendes Schauspiel für den, der für das Schöne leidenschaftlich eingenommen ist.

Diese Sucht, alle komischen Konflikte zu humorisieren,

ist gar nicht denkbar ohne eine tüchtige Portion Feigheit, ohne den Hang, allem auszuweichen, was Gefahr oder auch nur Unannehmlichkeiten mit sich führt. Hierüber ließe sich vieles sagen, was den Verehrern des Humors um jeden Preis übel in den Ohren klingen würde. Daß eine höhere und strengere Form des Lustspiels in Deutschland sich nicht durchzusetzen vermag, daran hat nicht zuletzt der Humor Schuld, denn das beständige Humorisieren zerstört alle Ansätze dazu. Ein deutscher Aristophanes müßte seine Befähigung im Komischen vor allem durch zwei Eigenschaften nachweisen: er müßte humorlos und ungemütlich sein.

Die Ironie

Das Eigentümliche der Ironie ist, daß bei ihr die Replik sich einer Maske bedient. Es gibt keine Ironie ohne Maskierung. Im Zusammenhang damit steht, daß ein Zweifel darüber entstehen kann, ob etwas ironisch oder ernsthaft gemeint ist, dort nämlich, wo das Verhüllte der ironischen Äußerung nicht sogleich erkannt wird. Diese Äußerung ist weder symbolisch noch allegorisch; ihr Kennzeichen liegt vielmehr darin, daß sie die Negation versteckt.

Die Maskierung der Replik deutet darauf hin, daß der Ironie eine gewisse Schwäche innewohnt. Die Notwendigkeit, sich ironisch zu äußern, zeigt sich erst dort, wo eine offenbare, unverhüllte und sofort zu erweisende Überlegenheit nicht mehr besteht. Denn wo immer dieses der Fall ist, dort bedarf es der Ironie nicht. Eine Macht, die ganz unangefochten besteht, kann in ihren Äußerungen nicht ironisch sein, sowenig wie diejenigen, die sich ihr ohne Anfechtung unterwerfen, ihr gegenüber sich ironisch verhalten können. In einer intakten Wirklichkeit ist die Ironie nicht am Platze. Im Bereiche des Schönen kann sich schon deshalb keine Ironie entfalten, weil in ihm kein Mißverhältnis sich bemerkbar macht.

Das Schema des Konfliktes, aus dem die Ironie hervorgeht, weicht von dem allgemeinen Schema des komischen Konfliktes keineswegs ab; die politische Situation aber, in der die Ironie auftaucht, hat etwas Eigentümliches, das in sie selbst eingeht. Auch hier ist derjenige, der die Replik handhabt, der Überlegene. Aber diese sich maskierende Überlegenheit im Konflikte hat zur Voraussetzung eine politische Situation, in der die Sache des Ironikers untergeht. Seine Überlegenheit entspricht nicht mehr den wahren Machtverhältnissen. Läßt man das nicht aus dem Auge, so erkennt man, daß die Ironie ein Kampfmittel des Besiegten, dessen, der eine Niederlage empfangen hat, ist. Dort, wo der Geist ganz und gar ironisch geworden ist, ist ihm auch alle Wirklichkeit verlorengegangen, dort fällt er ganz der Negation anheim. Wo die Ironie zu überwiegen beginnt, dort ist sie ein Zeichen der Zerstörung und des Untergangs. Sie tritt da auf, wo das Selbstbewußtsein in ein nicht zu behebendes Mißverhältnis zur Wirklichkeit kommt; sie ist die Form, in der dieses Mißverhältnis sich äußert.

Es gehört zu den Merkmalen des Humors, daß er die *Anschauung* festhält, zu denen der Ironie, daß sie an den *abstrakten Beziehungen* ein größeres Wohlgefallen hat. Der Humor ist nie ohne Teilnahme für das Materielle des Gegenstandes, für alles, was Inhalt und Stoff ist, und er muß an diesem Verhältnis festhalten, weil er nur das, was von der Regel abweicht, humorisieren kann, weil er mit der Regel selbst nichts anzufangen weiß. Der Ironiker, insofern er das Negative negiert, arbeitet mehr mit Begriffen und läßt sich auf das Stoffliche weit weniger ein.

Die Ironie ist eine geistigere, kältere und leichtere Form des Komischen als der Humor, ein Verhältnis, das darauf beruht, daß in ihr die Negation sich sichtbarer ausspricht. Indem der Humorist etwas humorisiert, bejaht er es; der Ironiker verneint, indem er ironisiert. Der Abstand gegen das als regelwidrig Erkannte ist in beiden Fällen ungleich. Ob der Humor, ob die Ironie hervortritt, das hängt von der politischen Situation ab, an die der Mensch mit seinem Denken gebunden ist. Allgemein läßt sich sagen, daß dort, wo der Konflikt behoben werden kann und wo eine Aussöhnung möglich ist, der Humor überwiegt, dort aber, wo die Möglichkeit des Ausgleichs dahinschwindet, die Ironie vorzuwalten beginnt. Ihre heilende Wirkung ist geringer als die des Humors. Es ist mehr Säure in ihr. Sie ist ätzender, schärfer, schneidender; sie bedient sich leichter des Spottes und Hohns. Auch hier aber muß die Replik der Provokation angemessen sein, weil sich sonst das Komische selbst auflöst und damit die Ironie ihr Ziel verfehlt.

Die Ironie entfernt sich von dem, was man das Urkomische nennen könnte und was als naiv-komisch der Reflexion am wenigsten bedarf. Ein hohes Maß an Reflexion ist ihr eigen. Diese reflektierende Kraft der Ironie steht in einer geheimen Beziehung zum Leiden, das in einem passiv gewordenen Selbstbewußtsein um sich greift, ohne daß der Intellekt Mittel fände, dem Leiden in seinem Ursprung beizukommen. Die Überlegenheit, die der Ironiker geltend macht – etwa indem er den niedrigen Optimismus in seine Schranken weist –, setzt eine Wendung des Bewußtseins gegen sich selbst voraus. Alle echte Ironie geht deshalb in Selbstironie über.

Mephisto, als ein unablässig sich maskierender Geist, der alles verneint, ist der Ironiker schlechthin; in ihm personifiziert sich ein ganzes Jahrhundert, in dem das Bewußtsein eine Wendung zum Ironischen vollzieht. An dieser Figur, in der nichts Dämonisches sich mehr regt,[6] wird der Machtverlust deutlich, den die Ironie mit sich führt. Man braucht den Mephisto nur neben seinen gotischen Ahnherrn zu stellen, um dessen innezuwerden. Der Zweifel als Prinzip, der als ironisches Universalmittel in Anwendung gebracht wird, führt rasch zur Ohnmacht, ein System der Negation zur Abhängigkeit von dem Verneinten. Mephisto braucht den Faust; er ist ohne ihn gar nicht denkbar, denn erst an ihm gemessen gewinnt er Umrisse. Er bedarf eines Partners, an dessen Position er seinen dogmatischen Nihilismus entwickeln kann. Er ist auf Faust in einem ganz anderen Sinne angewiesen als dieser auf ihn. Faust ermöglicht erst seine Existenz, deshalb ist es eine Lebensfrage für Mephisto, die Seele des Abgeschiedenen in seine Gewalt zu bekommen.

Byrons »Don Juan« ist das Beispiel einer ganz und gar ironischen Dichtung, die beständig die Persiflage streift. Kunstwerke dieser Art nähern sich immer der Farce, während der Humor im gleichen Falle zur Posse herabsinkt. Wir sehen hier die Ironie in den Händen des genialen Einzelnen, der sich ihrer bedient, um Zustände, die in ihrem Kern schon angegriffen sind und nicht mehr ernst genommen werden können, aufzulösen. Die Stellung dieses Kampfes ist selbst schon von der Auflösung ergriffen; sie ist nicht haltbar. In Byron geht der Adel als Stand unter, besiegt von den Ideen der bürgerlichen Revolution, denen er sich mit der Kraft einer genialen Individualität zuwendet. Manfred ist wie Faust schon ganz bürgerliche Idealfigur. Seine Ironie entspringt einem unendlichen Mißbehagen mit sich selbst, in dem alles fragwürdig wird. Indem er die Dinge berührt, vergiftet er sie gleichsam durch die Reflexion, wie der Hauch des Atems einen zuvor klaren Spiegel trübt. Er erweckt und verstärkt das Gefühl einer durch und durch verderbten Natur. Den Gedanken des Todes hält er nicht rein, sondern benützt ihn, um das Leben zu umschatten, auf dessen Vergänglichkeit er immer anspielt. Gleich dem Ritter Harold führt ihn der Exzeß zum Überdruß, zum Gefühl der Leere, zur Bewegung, zum Reisen als der Flucht vor sich selbst. Alles Homerische liegt einem solchen Geiste so fern wie der Saturn der Erde. Das Leiden des Ironikers ist bei ihm unverkennbar. Er ist einer jener zugleich düsteren und glänzenden Genien, die alles um sich verfinstern und die ein Gefühl grenzenloser, leidenschaftlicher Trauer hervorrufen.

Es scheint, daß die Ironie für den Geist das gleiche bedeutet, was die Sentimentalität für das Gemüt ist. Wir finden das Ironisch-Sentimentale oft verbunden, so etwa bei Juden, die dem orthodoxen Judentum sich entfremdet haben. Es ist ein Zustand, in dem der Einzelne nach Auflösung des Gesetzes verweilt. Scheinbar ist dieser Zustand mit einem Zuwachs an Freiheit verbunden; das Wesen dieser Freiheit ist aber ein reines Sichfallenlassen, wobei an das Goethesche Wort erinnert sei, daß ein Mensch, der vor nichts mehr Respekt hat, leicht geistreich sein kann. Die Dichtung Heines etwa ist, als ein reines Produkt der Auflösung, durchaus geistreich und gesetzlos. Von ihm läßt sich sagen, daß er den Mut hatte, es sich leicht zu machen und einen Schritt nach unten zu gehen.

Bei Kierkegaard erreicht die Ironie eine unvergleichliche Kraft; sie verbindet sich mit dialektischer Genialität. Die eigentümliche Eigenschaft der Ironie, in einer Maske auftreten zu müssen, ist hier wie bei wenigen zu beobachten. Kierkegaard, der als pseudonymer Autor auftritt, maskiert alle seine Stellungen mit dem größten Fleiße; in diesem Bestreben, sich zu verhüllen, gewinnt die Form seiner Veröffentlichungen einen seltsamen und einzigartigen Ausdruck. Die Unbedingtheit, mit der er überall auf Entscheidung dringt, das »Entweder-Oder«, das sein ganzes Werk durchzieht, scheint mit der Form der ironischen Äußerung schwer vereinbar; der Widerspruch löst sich aber, wenn man die politische Situation betrachtet, in der Kierkegaard sich befindet. Insofern das Christentum, an dem er festhält, untergeht, wird die Lage des einzelnen Christen zu einer verzweifelten, sie wird »absurd«, es bedarf eines »Sprunges«, um überhaupt noch Christ zu sein. In einer Wirklichkeit, die noch einige Fülle besitzt, fallen die Entscheidungen wie von selbst und ohne daß es jener virtuosen Anspannung bedarf, mit der der Mensch sich wie ein Seiltänzer über dem Abgrund bewegt. Hier aber, wo die christliche Existenz bedroht ist und jeder Konflikt sofort zu einem existentiellen wird, spitzt sich die Entscheidung gefährlich zu. Der Augenblick der Wahl wird gleichsam Lebensprozeß, der Geist kommt von dem Bewußtsein des »Entweder-Oder« überhaupt nicht mehr frei. Daß dieser Konflikt in die Ironie mündet, zeigt ungeachtet aller Kraft des Parteigängers, daß die Entscheidung schon gefallen ist.[7]

Das innige Verhältnis, das alle Romantik zur Ironie besitzt, die ganze »romantische Ironie« besteht in dem Bestreben, die Überlegenheit im komischen Konflikt in einer verlorenen politischen Situation festzuhalten. Nicht umsonst ist der Romantiker der geborene Ironiker, denn er versucht eine Wirklichkeit geltend zu machen, die nicht mehr vorhanden ist. Das Bewußtsein des Mangels, das er vor sich nicht verbergen kann, zwingt ihn zur Ironie, in der er seine Schwäche als Überlegenheit maskiert. Die Gegenwart hat für ihn keinen zureichenden Gehalt; er muß, um sich produzieren zu können, an einen untergegangenen Zustand anknüpfen, ein verzweifeltes Unternehmen, über dessen Ausgang keine Ungewißheit bestehen kann. Die hohe Geistigkeit, über die er verfügt, der Zauber, den er ausübt, kann nicht darüber hinwegtäuschen, daß er zum Schönen kein ursprüngliches, unmittelbares Verhältnis besitzt. Er ist unfähig, das Schöne in seiner hohen und freien Naivität hervorzubringen. Denn das Schöne ist unvereinbar mit der ironischen Negation, die aller Romantik im Leibe steckt. Negativ sind auch die Gemütszustände, die der Romantiker preist: jene Sirenenklänge des stillen Heimwehs und der tiefen Wehmut, in denen das Gefühl des Verlustes zum Bewußtsein kommt, die Sehnsucht, hinter der immer eine Negation sich verbirgt. Nicht umsonst wird das Fragment von den Romantikern so geschätzt. Das Unproduktive, das daraus hervorleuchtet, ist eins mit der Passivität, die als Leiden sich äußert.

Die Ironie ist, da sie eine Überlegenheit festhält, beliebt und gesucht; es kann daher nicht ausbleiben, daß mancher, um die Rolle des Überlegenen zu spielen, die Ironie als Mittel dazu benutzt. Ein solches Verfahren trifft man oft bei jugendlichen und unreifen Personen, die ungeachtet eines offenbaren Mangels an Können, Wissen und Erfahrung sich ironisch über die Welt äußern, womit sie das Bewußtsein ihrer eigenen Unsicherheit und Unfertigkeit zu verbergen suchen. Diese unreife Ironie ist selbst höchst komisch. Eine ihrer Erscheinungsformen ist die Blasiertheit.

Wo die Ironie nur als Form des Sichäußerns, nur um des Anscheins der Überlegenheit willen festgehalten wird, dort wird sie zu einer Art Spiel, dessen Einsätze beliebig vertauscht werden können. Diese Art des Ironisierens ist, weil sie die billigste ist, auch die verbreitetste von allen, und dem Witz gleich durchläuft sie als winzige Scheidemünze alle Zustände des Tageslebens. Ironie und Witz haben im Gegensatz zum Humor miteinander gemeinsam, daß sie dem logisch-dialektischen Denken nicht fernstehen.

Die Ironie ist nicht nur oft reine List und Wendung, die dazu dient, sich vor einer unbequemen Wirklichkeit zu drücken und aus der Schlinge zu ziehen, sie ist auch ein Mittel, um den Schein einer Gegnerschaft dort aufrechtzuerhalten, wo diese Gegnerschaft in Wahrheit nicht mehr besteht, und wo an die Stelle des echten Konflikts längst eine Abmachung getreten ist, daß man sich nicht ernstlich schaden will. Für dergleichen Paraden, Lufthiebe und Finten eignet sich die Ironie vorzüglich, weil sie an eine Maske gebunden ist, die zu täuschenden Verhüllungen jeder Art Dienste leisten kann.

Das Paradoxon

Das Paradoxon verblüfft durch die unvorhergesehene Wendung zum Entgegengesetzten. Es deckt keine Antinomie auf, es ist Opposition als Form, wo die Lust am Widerspruche sich in der Replik geltend macht. Daher erstaunt es zwar, zugleich merkt man ihm aber den Mangel an Ernst und Gründlichkeit an. Es kann daher in einer Untersuchung des Komischen nicht unerörtert bleiben.

Die Dinge kehren uns immer eine Seite zu, und wiewohl sie rund wie Kugeln sind, gewöhnt das Auge sich daran, sie in dieser Seitenlage zu betrachten. Offenbar würde sich alles sehr anders für uns ausnehmen, wenn wir vieräugig wären und über ein zweites Augenpaar im Hinterkopfe verfügten. Der paradoxe Beobachter zeigt uns nicht, daß die Dinge rund sind, er zeigt uns eine andere Seite. Hierzu bedarf es keiner bedeutenden Kraft, sondern nur einer Wendung. Diese allerdings hat für einen oberflächlichen Geist etwas Verwirrendes und Erschreckendes, denn seine gewohnte Beziehung zur Sache wird aufgehoben, und er erliegt dem Eindruck, auf den Kopf gestellt zu werden. Es ist eine Waffe, mit der sich im Gespräch manches ausrichten läßt und mit der man auch einen dialektisch geschulten Gegner in Verwirrung setzen kann. Wo es massenhaft auftritt, dort ist es Anzeichen einer geschichtlichen Krisis und Wendung. Der Geist, der seiner selbst überdrüssig geworden ist und Ekel vor der alltäglichen Plattheit der Meinungen spürt, bedient sich des Paradoxon, um zu erschrecken. Es ist mit der Ironie nahe verwandt und gleicht ihr auch darin, daß die Überlegenheit der paradoxen Replik sich in einer untergehenden politischen Situation geltend macht. So hat die untergehende Aristokratie sich des Paradoxon gegen das heraufkommende Bürgertum bedient. Der Dandy ist der Aristokrat, der für den Untergang der Aristokratie Rache nimmt, indem er durch das Paradoxon die Inferiorität des Bürgertums aufdeckt. Auch ist es nicht zufällig, daß gerade das Paradoxon einem solchen Zwecke dient, denn es hat eine Beziehung zur Form und wird immer dort auftreten, wo eine hohe, sinkende Form einer formlosen Macht verteidigend gegenübertritt.

Die besten Aufschlüsse über das Paradoxon wird man in den Schriften Nietzsches finden, der sich seiner als Meister bedient und die Kunst, den Leser zu erschrecken und zu erschüttern, auf den Gipfel bringt, denn es bedarf standhafter Geister, um das Komische in seiner schneidendsten, ätzendsten Form, die ganz auf Vernichtung ausgeht, genießen zu können. Die paradoxe Replik erscheint hier mit stets wachsender Kraft; sie entfaltet sich um so drohender, je mehr der Prozeß der rücksichtslosen Selbstvernichtung fortschreitet, so daß sie im »Ecce homo«, wo sie an die Salven eines untergehenden Kriegsschiffs erinnert, das Äußerste leistet. Die eigentümliche Kraft der paradoxen Replik wird hier noch dadurch gesteigert, daß sie in einem Zusammenhang auftaucht, der von aller Komik weit abliegt, wodurch das einzelne Paradoxon aus der Realität des Ganzen in der gleichen Weise Kraft zieht wie die Komik des Cervantes aus den ernsthaften Teilen seines Romans.

Der Witz

Der Witz ist jene Form des Komischen, in der es am flüchtigsten und kürzesten in Erscheinung tritt. Das Verhältnis des Humoristen zur Wirklichkeit, auf die er eingeht, ist viel zu breit, um dem Witz eine bedeutende Rolle einzuräumen. Der Humor entfaltet sich langsam und gewichtig, er bewährt sich an einem mächtigen Stoffe, dessen Last er nicht abwerfen kann. Der Witz aber setzt Behendigkeit und Wendigkeit des Geistes voraus, ein schnelles Auffassungsvermögen und ein geschwindes Auge für die Schwächen des Beobachteten.

Bei Menschen, die die Einsamkeit lieben und zurückgezogen leben, wird man deshalb wenig Witz finden, weil ihnen der gesellige Hang und die Gewandtheit fehlt, die der Witz, der aus geselligen Verhältnissen hervorgeht, als Element seines Lebens braucht. In sehr dünn besiedelten Ländern, wo die Menschen wenig miteinander in Berührung kommen, ist auch der Witz spärlich. Desgleichen ist er mit Beschäftigungen, die den Körper hart und schwer machen, wie es die bäuerliche Arbeit tut, schlecht zu vereinbaren. Wo aber eine große, ständig sich berührende Bevölkerung eng zusammen lebt, dort ist auch der Witz ausgebreitet, und keine Unschicklichkeit, sei sie auch noch so winzig, entgeht der Replik des Beobachters. Eine gewisse Muße ist dem Witz förderlich.

»Ich bin nicht bloß selbst witzig, sondern auch Ursache, daß Andere Witz haben«, bemerkt Falstaff, als sein kleiner Page seinen Witz an ihm versucht. Dieser Ausspruch bezeichnet das gesellige Wesen des Witzes, der gleichsam Reibflächen schafft, an denen sich die Geistigkeit des Menschen entzündet. Ein einziger Mensch, der Witz hat, vermag nicht nur eine ganze Gesellschaft zu unterhalten, er lockt auch den in den Köpfen schlummernden Witz hervor, muß aber, insofern der Witz auf Kosten anderer geht, darauf gefaßt sein, daß er selbst ein Schleifstein fremden Witzes wird.

Gewitzt sein heißt, seinen Witz der Erfahrung verdanken. Der gesuchte, an den Haaren herbeigezogene Witz kennzeichnet den Witzling und Witzbold. Die ärmlichste und witzloseste Art des Witzes ist das Verdrehen von Wörtern und Namen, ein Verfahren, das insbesondere Kindern gern anwenden, und das darauf hinausläuft, das Wort oder den Namen so zu drehen, daß sie eine Ähnlichkeit mit einem komischen Worte bekommen. Hierher gehört auch das Reimen von Wörtern und Namen auf andere komische Wörter und Namen. Ein witziges Kind macht einen Eindruck, der nicht rein zu genießen ist; dagegen hat das unfreiwillig Komische bei Kindern, wo der Ausdruck den Mangel einer angemessenen Erfahrung erkennen läßt, oft etwas sehr Ergötzliches. Ein Mensch, der Witze erzählt, die er gehört oder gelesen hat, erweckt sofort den Verdacht, daß er keinen eigenen Witz besitzt. Diese Münze ist so gering, daß das Entleihen das Zeugnis einer gewissen Bedürftigkeit ist.

Wenn dem Humor Breite und infolgedessen Armut an Pointen zukommt, so wird der Witz durch die Pointe bezeichnet, die ihn zugleich flach macht; er ist ganz Wendung. Je mehr ein Witz bloße Pointe ist, desto flacher ist er, wie denn niemand flacher ist als jene Zunft von Witzerzählern, die über nichts als ein Nachschlagewerk von Pointen verfügen.

Daß allen komischen Vorgängen ein einheitliches Schema zugrunde liegt, wird beim Witz besonders deutlich; an ihm kann man die Mechanik des komischen Konfliktes gut beobachten. Wie die Verschiebung der gleichen Glasscherben im Kaleidoskop immer neue Figuren hervorzaubert, so gibt hier die kleinste Wendung dem komischen Konflikt ein neues Ansehen. Der Stoff ordnet sich gleichsam unerschöpflich zu immer neuen Konstellationen, während doch immer das gleiche wiederkehrt. Dabei ist zu erkennen, daß gewisse Zustände und Verhältnisse eine besondere Ergiebigkeit beweisen und Fundgruben des Witzes werden, aus denen eine Generation nach der anderen ihren Bedarf deckt. Der Pantoffelheld, die böse Schwiegermutter, der zerstreute Gelehrte sind Typen, denen niemand entgeht, der irgendein Witzblatt aufschlägt. Der Gedanke eines Rezeptes für die Anfertigung von Witzen liegt danach nicht allzufern. Da aber der echte Witz Geistesgegenwart und Beherrschung der Lage voraussetzt, so helfen alle Rezepte dem nichts, der nicht die Bedingung alles Witzes, einen witzigen Kopf, hat.

Aller Reiz des Witzes liegt in der Überraschung, die er hervorruft. Die Wiederholung ist hier durchaus vom Übel und niemand lästiger als ein Mensch, der unermüdlich die gleichen Witze vorbringt.

Mutterwitz ist der eingeborene, mit der Muttermilch eingesogene Witz, eine ursprüngliche Vernunft, die ohne Lehrmeister besteht und die Zustände der Unwissenheit durchleuchtet. Genau besehen besteht der Mutterwitz nur mit einem solchen Zustand, denn den Witz eines Gelehrten wird man nicht Mutterwitz nennen, weil er neben der Anlage Wissen, Erfahrung, Ausbildung voraussetzt. Das Wort »Mutterwitz« hängt mit dem Volksglauben zusammen, nach dem die geistigen Vorzüge des Kindes ein Muttererbe sind. Don Quijote, der Ritter und Gelehrter ist, besitzt keinen Mutterwitz, Sancho hat ihn in hohem Maße. Der Mutterwitz hat an sich so wenig Komisches wie eine gesunde Vernunft, doch hat er oft etwas Überraschendes, wenn man ihn dort findet, wo man ihn nicht erwartete, und wenn man sieht, wie ein unwissender Schalk das steife Wissen beschämt. Sancho Pansa ist nicht durch die unverbrauchte Urteilskraft komisch, die er bewährt; er würde auch in seinem Dorfe unter Menschen seinesgleichen wenig Komisches haben. Das Verhältnis zu seinem Herrn aber ist reich an komischen Zügen, weil hier die beständige Berührung des Niedrigen mit dem Erhabenen ungeheuerliche Mißverständnisse aufwuchern läßt.

Sein Verhältnis zu einer größeren, den Dorfbezirk überschreitenden Welt ist nicht minder komisch, sein Verhältnis zur Statthalterschaft als das eines Bauern und Rüpels zu einer staatlichen und höfischen Würde ist der Gipfel des Komischen. Er ist unfähig, Beziehungen zu durchschauen und zu beherrschen, die über seinen engen Horizont weit hinausgehen, und die gesunde Urteilskraft, die er in schwierigen Fällen bewährt, sein Erbteil an Mutterwitz, können ihn nicht davor bewahren, komische Figur zu werden. Es ist ein schöner Kunstgriff des Cervantes, daß er die Vorzüge und Tugenden des Sancho in sein mächtiges Werk einflicht und daß es ihm gelingt, die Kraft des Komischen dadurch zu steigern. Ein solcher Kunstgriff ist es auch, daß er die komische Handlung durch ernsthafte und rührende Erzählungen, die zu ihr in Beziehung stehen, unterbricht. Er verhindert dadurch, daß ein beständiger Ablauf komischer Vorgänge uns zum Überdruß wird, und bringt, indem er das negativ Komische an eine reale und ernsthafte Umwelt anknüpft, in das Ganze eine höhere Wirklichkeit.

Die Zote ist eine niedrige und unerschöpfliche Gattung des Witzes. Je enger sie auf das ihr eigentümliche Gebiet, das Geschlechtliche, beschränkt bleibt, desto plumper, gröber, unbehauener und witzloser ist sie. Je witzloser sie ist, desto mehr neigt sie zum Gewaltsamen, desto mehr ist sie an den Haaren herbeigezogen. Einen Menschen, der auf diese Weise Zoten vorbringt, nennt man mit gutem Sinn einen Zotenreißer oder Zotenhengst. Je feiner die Zote ist, desto lüsterner ist sie auch, desto mehr wird sie Anspielung. Das Plumpe der Zote kommt daher, daß die komische Beziehung hier dem Geschlechtsakt, der nichts weniger als komisch ist, geradezu aufgezwungen wird, und daß alles, was sich mit ihm verknüpft, als komisch ausgebeutet wird, wenn ihm nur der geringste Anschein einer komischen Beziehung innewohnt. Die unruhige und quälende Macht des Triebes, seine Herrschsucht und Unerbittlichkeit stacheln dazu auf, sich gewaltsam über ihn lustig zu machen, und so fruchtlos immer ein solcher

Versuch bleibt, so sehr ergötzt er doch den Menschen durch ein Moment der Freiheit, welches in ihm auftaucht, ohne doch selbst im Stoff dem Geschlechtlichen entfliehen zu können.

Hierher gehört im weitesten Sinne alles Obszön-Komische und Pornographisch-Komische, in dem der Witz irgendeine Rolle spielt. Je mehr Konvention in geschlechtlichen Dingen waltet, je strenger sie unter das Sittliche gestellt werden, desto mehr breitet sich die Zote aus, weil in solchen Zuständen das an sich Gewaltsame des Triebes noch durch den Zwang verstärkt wird, mit dem man ihn bindet. Der cant, der in Geschlechtsangelegenheiten herrscht, die Prüderie, die vor allem zurückfährt, was mit ihnen im Zusammenhang steht, sind ein guter Boden für die Zote. Wo dagegen eine höhere Unschuld des Triebes ist, wo er mehr Natur und Freiheit besitzt, dort nimmt die Zote ab, und die Lust am Obszönen und Pornographischen schwindet dahin.

Auch die höchsten Gattungen des Komischen können die Zote nicht entbehren. Aristophanes bedient sich ihrer so gut wie Shakespeare, denn sie ist jedem verständlich, und mit ihrer Hilfe lassen sich verwickelte Beziehungen auf das allereinfachste erläutern.

Vom eigentlichen Witz sondert sich der Scherz dadurch ab, daß er zur Heiterkeit ein unmittelbareres Verhältnis hat. Die Beziehung zum Komischen ist beim Scherz nicht so ausgesprochen wie beim Witz. Dem Scherz haftet zwar ein Moment des Komischen an; er überrascht, insofern er auf Überraschung abzielt, und in diesem Sinne spricht man von Aprilscherzen, die samt und sonders auf eine komische Mystifikation hinauslaufen. Das Wesen dieser Scherze liegt darin, daß man einem anderen eine Falle stellt und daß er, wenn er sich fangen läßt, den komischen Konflikt provoziert. »Scherz« hat aber in der deutschen Sprache eine zartere Bedeutung, die man nicht antasten sollte und die ihn vom Komischen entfernt. Insofern nämlich das Schöne durch Anmut, Grazie, Lieblichkeit und Leichtigkeit entzückt, liegt eine Heiterkeit in ihm, die etwas Scherzendes hat. Wenn man sagt, daß die Grazien scherzen, wenn man von scherzenden Lüften spricht, so ist damit ein Zustand der Heiterkeit bezeichnet, der des komischen Konfliktes nicht bedarf, um ins Leben zu treten.

Der Spaß hat eine gröbere Bedeutung. Wenn man ihn und jene komische Form des Scherzes noch schärfer vom Witz sondern will, so kann man sagen, daß der Witz etwas Wörtliches hat und des Wortes bedarf, um sich zu entfalten, während Scherz und Spaß mehr in Handlungen sich äußern. Deutlicher noch wird dieser Unterschied beim Ulk, einem groben Spaße, der in einer komischen Handlung besteht. Wörter wie »Bierulk«, »Schnapsidee«, »Weinlaune« geben übrigens einen guten Begriff von den Geistern der Getränke, die sich des Trinkenden bemächtigen.

Wir wollen noch darauf hinweisen, daß das Wort »Laune« oft in einer Weise benutzt wird, die Verwirrung stiftet. Ein Mensch, der Laune hat, hat gute Laune. Launen haben heißt dagegen schlechte Laune haben. Ein launiger Mensch ist ein gutgelaunter, ein launischer Mensch ein schlechtgelaunter Mensch.

Die Karikatur

Das Verdienst des Karikaturisten könnte man darin suchen, daß er aus Leidenschaft für das Schöne das Häßliche überall sichtbar macht. In diesem Fache kann sich niemand hervortun, der nicht mit Kraft zu hassen vermag. Die Karikatur entsteht durch nachahmende Übertreibung und Verzerrung. Die komische Wirkung, die sie beabsichtigt, ist leicht zu erreichen, denn was ließe sich nicht übertreiben und verzerren! Bei aller Billigkeit der Methoden und Mittel ist aber der gute Karikaturist so selten, wie es einsichtige Köpfe überall zu sein pflegen.

Der Widerwille gegen die Karikatur, den wir an einem edleren Geiste oft wahrnehmen, hat seinen Grund darin, daß hier am häufigsten das Komische ohne heilende Wirkung auftritt, daß die Erkenntnis des Komischen nicht der Erkenntnis der Regel dient, sondern diese selbst gehässig verzerren und ins Komische wenden will, ein Unternehmen, das zugleich fruchtlos und verächtlich bleibt. Der Mißbrauch mit den Mitteln des Komischen fällt immer auf den Urheber zurück. Einem klaren, offenen Auge ist jede Verzerrung widerwärtig; die Grimasse, das Fratzenhafte, mit dem alle Karikatur sich zu schaffen macht, hat selbst dort oft etwas Widriges, wo die Behandlung treffend und geistreich ist. Das Niedrige der Leidenschaften fordert hier leicht seinen Anteil.

Die Karikatur entspricht Zuständen der Feindschaft, in denen die Möglichkeit des gütlichen Ausgleichs sich verringert. Wo sie auftaucht, dort zieht der Humor sich zurück, und das Verständnis für ihn kommt in Abnahme. Das Komische erreicht hier seine bösartigste, satirisch schärfste, unversöhnlichste Form, in der die Absicht, den Gegner lächerlich zu machen, oft eins wird mit dem Willen, ihn zu vernichten. Der maßlose Haß, den die Karikatur oft verrät, entfernt sie indessen leicht von jeder realen Beziehung. Der Karikaturist darf nicht außer acht lassen, daß er bei seinem Angriffe auf das Häßliche in der Übertreibung und Verzerrung nicht zu weit gehen darf, denn je mehr er darin ausschweift, desto mehr schwächt er die Ähnlichkeit, die zwischen der Darstellung und dem Dargestellten erhalten bleiben muß, weil sie hier zur Angemessenheit der Replik gehört, also eine Bedingung im Schema des komischen Konfliktes ist. Karikaturen, die den Gegner so verzerren, daß er unkenntlich wird, verraten deshalb immer die Ohnmacht des Hasses, der, einer schiefen Optik folgend, auch das Vermögen, richtig zu sehen, verliert. Die gute Karikatur setzt immer ein scharfes Studium voraus, denn um zu treffen, muß man die Schwächen des Gegners kennen, der provoziert hat. Man muß die politische Situation beherrschen. Ein Karikaturist, der die Züge des Gegners ins Tierische verwandelt, muß unter dem ganzen Schwarm von Geschöpfen, die ihm zur Verfügung stehen, diejenigen herausfinden, die für die Darstellung am angemessensten sind. Je größer die Ähnlichkeit ist, desto leichter erreicht er seine Absicht und desto mehr Komik wird in seiner Darstellung zum Vorschein kommen.

Die Karikatur hat gleich dem Witze etwas Flüchtiges; sie darf es kaum wagen, die Grenzen des bloßen Einfalls zu überschreiten. Ihre Kraft liegt mehr in der Skizze als in der Ausführung. Im Zusammenhange damit steht, daß der Stift des Zeichners das ihr angemessene Werkzeug ist. Denn wer ertrüge ein Gemälde, das Karikatur ist, oder gar einen Marmor oder Erz, an dem sich ein Karikaturist erprobt hätte!

(1936)

JOACHIM RITTER

Über das Lachen

1

Man hat gesagt, daß das Nachdenken über das Lachen melancholisch macht. Indem das, was im Lachen erscheint, das Lächerliche, als solches bedacht wird, verstummt das Lachen, und es treten diejenigen Elemente des Lebens hervor, in denen es seine Brechungen, seine Zacken und Kanten, seine innere Zweideutigkeit hat. Nimmt man das, wovon der triviale Witz und der gewöhnliche Spaß handeln, ernst und d.h. pragmatisch als das, was da wirklich geschieht, so ist der Anblick nicht heiter. Der Mensch erscheint als die geschlagene und gestoßene, als die abirrende und taumelnde Kreatur. Schiffbruch und Bergabstürze, Katastrophen und Zerstörungen, verschwenderische Frauen und trunkene Männer, unsinnige Liebhaber und dürftige Narren bilden die Welt, aus der hier das Lachen zu leben pflegt. Mit der hohen Komödie gesellen sich diesem das Unechte und Scheinhafte, die Heuchelei und die Gier, die Anmaßung und die Verstellung zu. Es erscheint die Torheit des Menschen schlechthin, dem das Niedrige als Hohes, das Barbierbecken als goldener Helm die Illusion des Idealen erzeugt. Es scheint im Lachen immer um Dinge zu gehen, die als solche und pragmatisch genommen genauso den Lebensmächten zugehören können, die der Heiterkeit und dem Glück entgegenstehen und Anlaß auch des Schmerzes, der Melancholie und der Skepsis gegen Größe und Wert des Lebens bedeuten.

Wilhelm Busch ist das große Beispiel. Aber vor allem: Wilhelm Busch zeigt auch, daß das Lachen keineswegs darum hier sein Feld hat, weil die Dinge, die geschehen, nicht so schlimm sind und ein gutes Ende trotz allem sehen lassen. Die Dinge, die bei Busch geschehen, kennen mit wenigen Ausnahmen kein Beinahe und keine Abschwächung.

Ihr Ende ist schlimm, und es ist eindeutig. Der Mensch ertrinkt und erfriert, er wird zermahlen, und er verbrennt:

> »Und hilflos und mit Angstgewimmer
> Verkohlt das arme Frauenzimmer.
> Hier sieht man ihre Trümmer rauchen,
> Der Rest ist nicht mehr zu gebrauchen.«

Aber dazu kommt ein Zweites. Das Lachen (was immer
sein Wesen sein mag) lebt nicht allein im Glanz lebensverklärender Heiterkeit. Der Lachende ist auch der Thersites und das Lachen die Bewegung des Spottes, die sich
an Großes und Hehres hängt, um es in die Lächerlichkeit
herabzuziehen und kleinzumachen.

Im »Julius Cäsar« heißt es:

> »Und viele Feinde leben um uns her,
> Und manche, fürcht ich, die da lächeln, tragen
> Im Herzen tausend Unheil« (IV, I).

Was hat es mit diesem Tatbestand auf sich? Sollte man der
Meinung sein, daß es sich bei ihm nur um den äußersten
Grenzfall des Lächerlichen handelt, so wird man doch zumindest das eine festhalten und zugeben müssen, daß
nämlich das Lächerliche nie das Geordnet-Vollendete
oder das für das Dasein je Maß gebende Schöne und Gute,
sondern immer von der Art dessen ist, was herausfällt,
dem Gehofften und Erwarteten entgegenläuft, was aus
der Reihe tanzt und das, was sein will oder soll, zum
Schein macht als das dem Ernst und der allgemeinen Ordnung der Dinge und des Lebens schlechthin Entgegenstehende.

Von diesem Entgegenstehenden als dem Lächerlichen
her ergibt sich die eigentliche Schwierigkeit für die Deutung des Lachens, sofern es selbst von innen her und als
Ausdrucksbewegung gesehen nicht dem Gefühl der Nichtigkeit und der Verstimmung, sondern vornehmlich den
positiv bejahenden Verfassungen der Freude, der Lust, des
Vergnügens, der Heiterkeit und Laune zugehört. Es ist dies
der Punkt, auf den die Theorie des Lachens immer wieder

gestoßen ist und an dem sie gezwungen wird, sich auszuweisen und zu rechtfertigen. Wohl steht es frei, das Lachen als physiognomisch-mimische Äußerung und Verlautbarung auch abgelöst vom Lächerlichen und seinem Anlaß zu sehen, sofern es auch ein grundloses Lachen, sowohl als überquellenden Ausbruch gesteigerter Laune wie als Reflex und Zeichen etwa höchster Ermüdung und überreizter nervöser Abspannung, gibt. Aber solch grundloses Lachen ist unter der Vielfalt seiner Formen sicher nur Grenzfall und zudem eine Erscheinung, die da, wo sie begegnet, immer auffällt und bemerkt wird, weil sie nicht das Gewöhnliche und Regelmäßige ist. Wenn man für alle unmittelbaren Ausdrucksbewegungen sagen kann, daß sie unmittelbar zum Aussehen innerer Verfassungen dazugehören und in dieser Zugehörigkeit auch ihrem Sinn und Wesen nach definiert sind, so gilt dies jedenfalls nicht für das Lachen. Es ist nicht von ihrer Art, d. h., es ist nicht in der Einheit mit einer inneren Stimmung, etwa der Heiterkeit, schon verstanden, so wie die Leichtigkeit und Gelöstheit des Sichgebens, der Haltung, des Ganges, das Strömende der Bewegung, das Trällern und Pfeifen oder der Glanz und das Strahlende des Blicks unmittelbar als Heiterkeit verstanden und auch angesprochen werden. Die Ausdruckskategorie gibt nicht das unterscheidende und damit wesentliche Kennzeichen des Lachens ab. Sie begreift es nur so unter sich, wie sie dann überhaupt alles menschliche Verhalten, Handeln und Leiden, auch sofern es nicht zum Ausdruck bestimmt ist, unter sich begreift, aber sie ist so eine mitgehende und dazukommende qualitative Bestimmung, nie das Wesentliche, mit dem der jeweilige Verhalt als solcher gekennzeichnet werden kann. Entscheidend für diese Abgrenzung des Lachens von den unmittelbaren Ausdrucksbewegungen ist dann positiv, daß Lachen in der Regel und zunächst immer ein Lachen-über ist und so in dem, worüber je gelacht wird, im Lächerlichen also, dessen Vernehmen und Auffassen es ist, seinen ausweisenden Grund hat. Dem Lachenden wird die Frage gestellt, warum er lacht. Das Lachen ist demgemäß wesentlich welthaft und d. h. in der Begegnung mit dem Grunde, an dem es entsteht, bestimmt.[8] Diese Bestimmtheit unterscheidet es von aller unmittelbaren Ausdrucksbewegtheit, und zwar auch schon in dem Aussehen seiner gewöhnlichen physiognomischen Ablaufform. Es bricht mit dem Anlaß gleichsam explosionsartig wie ein den Menschen ergreifendes Geschehen (vom Lachen geschüttelt werden, dem Lächerlichen und mit ihm dem Lachen nicht mehr widerstehen können u. ä.) aus zu einem momentan anschwellenden und verklingenden Bewegungsverlauf, der einer Entladung und Entspannung vergleichbar den aus dem Anlaß des Lächerlichen kommenden Reiz zum Ausklingen bringt, um dann in den durch das Lachen unterbrochenen Befindenszustand allmählich abklingend oder besser stoßweise abschwellend wieder einzumünden. Dieser momentane Charakter ist für die Lachbewegung kennzeichnend und selbst nur aus dem Wesenszusammenhang mit dem jeweils in einem bestimmten Augenblick auftretenden Anlaß zu verstehen, so wie denn auch dieser Anlaß, wenn er fortwirkt, zu einem wiederholten und abermals momentan und plötzlich einsetzenden Ausbruch führt. Mit diesem erweist sich so das Lachen auch physiognomisch gebunden an den Zusammenhang mit seinem Anlaß und Grund; es ist zunächst und zuerst Handlung wie die Sprache und alles Bemerken auch und gehört als solche allen Menschen an. Erst mit diesem welthaften »gegenstandgebundenen« Sinn geht dann auch die ausdrucksmäßige Bedeutung des Lachens mit. Nicht, daß jemand lacht, ist für ihn charakteristisch, sondern die Art, wie er lacht, die Färbung und Tönung seines Lachens, die Anlässe, die es hervorrufen. Was Rassen, Völker, Individuen unterscheidet, ist je die eigentümliche welthafte Bezogenheit ihres Lachens und mit ihr seine eigentümliche Formung und Ausprägung, die durch zahllose unterscheidende physiognomische Marken und Zeichen bezeichnet wird. Das Lachen ist dünn, breit, laut, leise, kichernd, verhalten, frostig, stoßweise, offen, grell, schrill, sanft, warm, still, kalt, schneidend, gemein, müde, ausgelassen, spöttisch, traurig, unheimlich, gemütlich usw. Seine Skala reicht vom schallend ausbrechenden Gelächter bis zum stillen, nach innen gewendeten Lächeln. Erst diese (und ähnliche) Bestimmungen kommen dem Lachen aus dem Grunde des Charakters und des Wesens, der Haltung und der Eigenart zu, die dem Lachenden selbst je eignet. Es sind qualitativ *mit*gehende Bestimmungen, die sich am Lachen finden, es aber nie begründen und konstituieren, und nur in diesem Sinn wird im Lachen und mit dem Lachen der Mensch selbst erkannt, so wie ein altes chiromantisches Handbuch[9] es in merkwürdig barocker Kürze formuliert: »Thoren und Menschen, welche eine große Miliz haben, lachen sehr viel. Wer bei unbedeutenden Anlässen lacht, ist beschränkt, eitel, wankelmütig, leichtgläubig, dienstfertig und offenherzig. Wer nur selten ein kurzes Gelächter ausstößt, ist beständig, beharrlich, klug, hellköpfig, verschlossen, treu, arbeitsam ... Wer mit spöttischem Munde lacht, ist anmaßend, falsch, hartnäckig, jähzornig, lügnerisch, treulos.« Was aus diesem folgt, ist zweierlei. Selbst wenn man erstens das Lachen wesentlich mit der inneren Verfassung der Heiterkeit usw. zusammensehen will – es gibt aber auch ein Lachen der Verzweiflung, der düsteren Weltverachtung –, ist es als solches nicht aus ihr selbst zu verstehen, und d.h., es steht im wesentlichen Zusammenhang mit dem Gegenstand und Anlaß, an dem es sich entzündet. Es muß demgemäß in der Begegnung und Auseinandersetzung mit ihm verstanden werden. Zweitens aber läßt sich allgemein sagen, daß die ausdrucksmäßige Bedeutung, die dem Lachen dann auch als Kundgabe inneren Seins zukommt, sich immer an ihm findet, sofern es selbst als Bewegung und Handlung in der Einheit mit seinem Anlaß schon da ist. In diesem Sinn wurde gesagt, daß seine ausdrucksmäßige Prägung nicht das Gründende, sondern etwas als Qualität mitgegebenes Hinzukommendes ist. Gewiß gibt es in der seelischen Verfassung des Daseins bestimmte Grenzen, jenseits derer nicht mehr gelacht wird und gelacht werden kann. Es scheint in diesem Sinn an eine bestimmte Dispositionsbreite gebunden zu sein, aber diese Breite greift, genau gesehen, doch nahezu den ganzen Reichtum menschlicher Lebensmöglichkeiten in sich ein, und es liegen nur die gleichsam toten Felder der starren Verzweiflung und des tierischen Ernstes jenseits der Herrschaftsgrenze des Lachens. Eine alte Weisheit sagt, daß der Gott nicht lacht und daß die Tiere nicht lachen; zum menschlichen Dasein aber, das noch in der Tat und im Leiden mit der Welt ist, gehört es wesentlich und ursprünglich. Was so diese Dispositionen bedeuten und warum das Lachen besonders eng und nah der Freude und Heiterkeit verschwistert ist, so sehr, daß der Mensch über das zu Belachende und über das Lachen diese herbeiruft und in sich herstellen kann, das ist jedenfalls nicht aus einer unmittelbaren ausdrucksmäßigen Zuordnung des Lachens zu irgendeiner inneren Verfassung und Haltung zu verstehen, deren Unterschiede sein Bestehen und seine Rolle unberührt lassen. Das aber heißt: es muß seinen Grund in der Begegnung mit dem Lächerlichen, mit dem also, was das Entgegenstehende genannt wurde, haben.

Was aber bedeutet in diesem Zusammenhang das Lachen? Sollte es möglich sein, in ihm die Bewegung zu sehen, mit der der Mensch das seiner Lebensordnung Entgegenstehende und das seinen Leitbildern Feindliche ausspielt? Ist es deutbar als Einbruch des Menschen selbst in die freundlich vertraute Welt und als die Kraft, mit der er sich, zumindest für den Augenblick des Lachens, gegen sich selbst wendet, Zeichen der Lust am Nichtigen und an der Verneinung? In diese Richtung etwa verweisen in der Tat alle Versuche, das Lächerliche und mit dem Lächerlichen das Lachen aus dem Wesen des Kontrastes und aus der Lust am Kontrast und am Ausspielen des Kontrastierenden herzuleiten. Ribot[10] stellt so unter Aufnahme einer schon seit Hobbes bezeugten Überlieferung das Gefühl für den Kontrast mit dem Gefühl der Gewalt erklärend zusammen. Urtyp alles Lachens ist jenes Gelächter, das der Wilde ausstoßen soll, wenn er dem besiegten Feind den

Fuß in den Nacken stellt. Das Lachen erscheint als Ausdruck der Brutalität, die sich über den Menschen und die gute Welt erheben will. In diese Richtung bewegt sich auch in ihren Folgerungen und Voraussetzungen die berühmt gewordene Theorie Bergsons. Bergson hat das Lachen in einer sehr spiritualisierten Weise verstanden, wie es überhaupt kaum eine Untersuchung gibt, die mit ähnlich geistreichem Blick in das nuancierte und verschlungene Spiel des Lachens eingedrungen ist. Sieht man auf das Grundsätzliche, so ist das Lachen hier ausschließlich und allein als Bewegung der Verneinung und als die Macht begriffen, die die Fülle und Tiefe des Lebens auflöst und zur toten Stofflichkeit des Mechanischen kontrastierend entwirklicht. Komisch ist jeder Vorgang für Bergson, der unsere Aufmerksamkeit auf die physische Natur des Menschen lenkt, da und dann, wenn seine geistige spricht. Was sich im Komischen geltend macht, ist das Mechanische, das Stoffliche und Dingliche. Wo es der Materie gelingt, heißt es wörtlich, »die lebendige Außenseite der Seele zu töten, sie zu vernichten, alle Bewegung festzulegen, aller Grazie zu widerstehen, da gewinnt sie dem Körper eine komische Seite ab« (Bergson, Das Lachen). An die Stelle des Bildes tritt so die Karikatur, an die Stelle des Menschen die Marionette. Und dies gilt als wesentlich für das Lachen überhaupt. Es bedarf der »Anästhesie« des Herzens. Damit wird das Lachen einer bestimmten Haltung: der Verständigkeit zugeordnet und als die Bewegung verstanden, in der alles, was über die Verständigkeit hinaus ist, demaskiert und d. h. auf das verständig Begreifbare zurückgeführt wird. »In einer Welt von Verstandesmenschen«, sagt Bergson (a. a. O.), »würde man nicht mehr weinen, wohl aber noch lachen, wohingegen ewig sensible, auf Harmonie mit dem Leben abgestimmte Seelen, in deren Herz jeder Ton, jedes Ereignis in gefühlvoller Resonanz widerklingt, das Lachen nicht kennen und begreifen.«

Im Kern dieser Theorie steht so die Begründung des Entgegenstehenden als des Lächerlichen aus der Sicht des

Verstandes. Was sich im Lachen geltend macht, ist der Verstand und d. h. die Sicht, für die das Dinglich-Stoffliche überhaupt das Wesen der Wirklichkeit ist, und d. h. weiter die bestimmte Weltansicht, die Hegel dadurch gekennzeichnet hat, daß ihr überhaupt der Heilige Hain zu Hölzern und das Schöne zum bloßen Ding wird. Bergsons Theorie ist die Auflösung des im Lächerlichen verborgenen Rätsels durch die verständige Weltansicht. Für diese Auflösung gehört das Lachen ihr überhaupt und wesentlich zu; es ist nur eine Art, in der sich ihr allgemeines Bewußtsein ausspricht, daß das in allem Lebendigen eingeschlossene Dingliche seine Wahrheit und Wirklichkeit ist, an der der Schein seines eigenen Wirklichkeitsanspruches zerstört wird. Gerade wenn man Bergson zugeben muß, daß in der kritischen Komödie, in allen Verfahren der Demaskierung und Desillusionierung, in der Schadenfreude, in allen Bewegungen überhaupt, die darauf aus sind, das, was über das Gewöhnliche hinaus ist, in Frage zu stellen und herabzusetzen, dem Lächerlichen und der Kunst des Lächerlichmachens diese Rolle zugefallen ist, wird man auf der anderen Seite doch ebenso die Begrenztheit des von Bergson umschriebenen Phänomens sehen müssen. Bergsons Verfahren beruht grundsätzlich darauf, daß er das, was hier das Entgegenstehende und Kontrastierende genannt wurde, an eine bestimmte Daseinshaltung bindet und durch sie definiert. Gegen diese Definition ist schon eingewendet worden, daß das Lachen überhaupt nicht ausdrucksmäßig oder von innen her einer bestimmten Lebens- und Gefühlsschicht zugeordnet werden kann. Es ist dem Dasein überhaupt eigen, und d. h., es geht mit seiner Verschiedenartigkeit mit. So ist vom Lachen in verschiedener Weise und Sicht die Rede. Raabe spricht vom Ernst des Lachens, Busch von seiner Behaglichkeit. Bahnsen umschreibt, seinem eigenen düsteren Humor folgend, die desperate Lustigkeit, die die Goldstücke ihres Witzes hinwirft mit der Gelassenheit des verzweifelten Spielers (Tragik und Humor, S. 115). Das sind nur Beispiele, die sich aber vermehren lassen. Sie unterstreichen das Grundsätzliche, daß sich das Lachen selbst je aus dem Daseinssinn bestimmt, in dem der Lachende seinem Wesen und seiner Lage nach sich hält. Aber dieses Abhängigkeitsgesetz wiederholt sich dann auch an dem Gegenstand und Anlaß des Lachens. Grundsätzlich gilt: Das Entgegenstehende und Kontrastierende ist im Ganzen des Seins und des Daseins nichts Festes, es folgt als das Andere oder als das, was nicht ist, jeweils dem, was als Sein und Wesen gesetzt und verstanden ist. Was sich als das Entgegenstehende kundtut, das Dingliche oder das Geistige, das Materielle oder das Lebendige, entscheidet allein der Begriff des Wirklichen selbst. Nur da, wo der Verstand die Weltansicht trägt, vermag das Lachen im Ausspielen des Toten und Mechanischen das Leben zu töten, aber die Möglichkeiten, die im Spiel des Lachens und des Lächerlichen liegen, erschöpfen sich hierin so wenig, wie sich der Lebenssinn des Dinglichen im Mechanischen des Verstandes erschöpft. Es gibt die Anekdote und den Witz, der sich an den großen Menschen heranmacht, um seine Menschlichkeit gegen ihn und das, was er ist, auszuspielen, aber es gibt ebenso die stofflich gleiche Anekdote, der es anliegt, von der menschlichen Schwäche her das, was mehr als das Gewöhnliche bedeutet, gleichsam nahezubringen und vertraut zu machen, um sich so im Lachen mit dem Größeren zu versöhnen. Die Tücke des Objekts, der chronische Katarrh, die physische Seite des Menschen im Sinne Bergsons sind in Vischers »Auch Einer« die Mächte, durch die der Geist und das Herz nicht erniedrigt, sondern erhöht werden. Auch Vischer kennt das »Mechanische« als Feld des Komischen. Es kann, heißt es in der »Ästhetik«, das »Gegenglied« sein, in das »das Erhabene stürzt« (§ 158, 1). Aber das Lachen, das sich an diesem Sturz entzündet, bedeutet die Versöhnung des Niedrigen mit dem Hohen. Wir müssen das Lachen segnen, sagt Vischer und steht damit auf einer wesentlich anderen Daseinsebene als Bergson, »weil ohne seine Hilfe das ganze Gemeine, mit dem wir belastet sind, unerträglich wäre« (ebenda, § 224).

So steht hier bei Vischer der gleiche Stoff des Lächerlichen in einem Zusammenhang, der dem Lebensbereich, dem Bergson das Lachen zuweist, fremd bleibt. Damit läßt sich der Satz, daß das Lachen ausdrucksmäßig keiner bestimmten und als solcher isolierbaren Lebensschicht zugehört, dahin erweitern, daß das gleiche auch für seinen Gegenstand, das Lächerliche, gilt. Beides, das Lachen wie das Lächerliche, heißt dies, sind offenbar in den Lebenszusammenhang einbezogen, der den Lachenden und die Dinge und Begebnisse, über die gelacht wird, immer schon übergreift und trägt.[11]

2

Was aber bedeutet das?

Hier mag zunächst ein spezieller Hinweis weiterführen. Es zeigt sich überall im Bereich des Komischen und Lächerlichen, daß hier nicht beliebige, sondern bestimmte und oft mit großer Hartnäckigkeit immer wiederkehrende Stoffe aufgegriffen werden, und ferner, daß diese Bestimmtheit der Stoffe für das Zustandekommen der komischen Wirkung entscheidend ist. Im Puppentheater wird viel und gern geprügelt, und auf diesen Prügeln beruht hier der Witz. Aber diese Prügel treffen nicht beliebige Leute, sie werden nicht blind nach allen Seiten ausgeteilt, sondern gelten bestimmten Figuren: dem Räuber, dem Drachen, der alten Frau, dem Schutzmann, dem Teufel usw., und der Spaß ergibt sich offenbar eindeutig daraus, daß diese getroffen werden. Aber das gilt dann weit über das Puppentheater hinaus überall da, wo das Lachen und das Komische herbeigerufen werden. Es gilt vor allem für jenen großen Bereich des Lachens, der durch das Zweideutige und die Zweideutigkeit beherrscht ist. Man könnte diesen Bereich zunächst formal sehen, man könnte mit Bergson und seinen Vorgängern auf die Lust am Kontrastierenden hinweisen. Worte, Sätze, Begriffe, Bilder können mehrdeutig sein, und diese Mehrdeutigkeit wird ausgespielt. Aber diese formale Auslegung hält einer genaueren Betrachtung nicht stand. Der shakespearische

Narr ist der »Wortverdreher«, aber der Sinn und Bedeutungswirbel, den er losläßt, ist in seiner komischen Wirkung und Absicht nicht aus der bloßen Ausnutzung der Mehrdeutigkeit und Vertauschbarkeit der Worte und Begriffe zu verstehen. Er lebt als komisches Element von der Substanz, an der er vollzogen wird, von der Festgelegtheit der verständigen Welt in Begriff und Wort, die der Narr närrisch verkehrt und gleichsam durchlöchert und auflöst. Ihr wird mitgespielt, und das ist der Witz und nichts anderes, so wie die Wort- und Redekunst des Rabelais oder der *Contes drôlatiques* des Balzac ihren witzigen Glanz und ihre komische Kraft ganz und gar nicht aus dem Ausspielen formaler Möglichkeiten, sondern allein aus dem Lebensbereich hernehmen, den sie in Worten und Bildern, die ihm nicht gehören, dahin bringen, wohin er nicht gehören soll. Nur indem das Zwei- und Mehrdeutige solches leistet, wird es komisch und kann das Lachen anzünden. Was hierbei aber geschieht, und zwar in allem hierhergehörigen Zweideutigen des Wortwitzes, der Schilderung, der Anspielung usw., und was das Komische ausmacht, ist dies, daß immer mittelbar und unmittelbar in den einen Bedeutungsbereich, der sich harmlos und einwandfrei zulässig gibt, der andere hineingespielt wird, der in jenem gerade ausgeschlossen und als nicht dazugehörig beiseite gebracht ist. Das Wesentliche ist immer die Bewegung, in der eine an sich nicht gemeinte und ferner in der anständigen Rede auch nicht zugelassene Sphäre in diese anständige Rede selbst derart eingewoben wird, daß sie selbst diese kundtun und aussprechen muß. Es wird der Lebensbereich des »Nichtanständigen« angesprochen, aber nicht direkt und als solcher; er tritt in der Maske des Anständigen und Zulässigen und d. h. in der Anspielung auf. Und das ist das grundsätzlich Bedeutsame. Denn damit zeigt sich, daß der Wortwitz und die Wortverdrehung und das Wortspiel hier in der Ausnutzung der Mehrsinnigkeit des Wortes dadurch zu komischer Wirkung kommen, daß sie einen Lebensbereich da und dort auftreten lassen, wo er ernsthafter- und anständigerweise nicht hingehört, und zwar so, daß sie ihn nicht unmittelbar (was witzlos wäre), sondern in der Weise des Anständigen und Zulässigen selbst auftreten lassen. Das Komische entsteht so hier in einer doppelten Bewegung, einmal im Hinausgehen über die jeweils gegebene Ordnung zu einem von ihr ausgeschlossenen Bereich und zweitens darin, daß dieser ausgeschlossene Bereich in und an dem ihn ausschließenden Bereich selbst sichtbar gemacht wird. Erst wenn man diese hier in Kürze am Zweideutigen entwickelte Bewegung sieht, wird verständlich, was es damit auf sich hat, daß das Entgegenstehende oder Richtige zum Lächerlichen werden und d.h. in der positiven und bejahenden Antwort des Lachens quittiert und aufgenommen werden kann. Es wurde schon gesagt, daß das Entgegenstehende oder Nichtige nichts Feststehendes und so überhaupt und absolut genommen Negatives ist, sondern zum Nichtseienden an der die Wirklichkeit je bestimmenden Substanz wird. Das aber besagt positiv, daß es zum Ganzen des Lebens genau in demselben Sinn dazugehört wie das, was in ihm als das Positive und Wesentliche genommen wird. Was das Nichtige zum Nichtigen macht, das Entgegenstehende zum Entgegenstehenden und sie ausgrenzt als Ausfallendes, Unwesentliches, Unsinniges, Unverständiges usw., ist je die positive Ordnung selbst, die das Dasein sich gibt. In dieser Ausgrenzung aber verschwindet es nicht überhaupt, es löscht nicht aus, sondern erhält in ihr die Weise zugesprochen, in der es nun als das Nichtige gleichsam hintergründig, aber nichtsdestoweniger wirklich in der Lebenswelt fortbesteht. In der Sitte, im Anstand werden unzählige Möglichkeiten menschlichen Gebarens auf diese Weise ausgegrenzt, unberührbar und unsichtbar hintergründig, ohne daß sie deswegen aufhören, in dieser in der Sitte begriffenen Lebensordnung fortzuexistieren und wirksam zu sein. Und das gilt allgemein. Der Ernst besteht überhaupt darin, daß er nur das zur Sache Gehörige gelten läßt und so hiermit zugleich unzählige Gedanken, Wünsche, Neigungen, Vorstellungen, die in der Wirklichkeit des Daseins außerdem und nicht weniger lebendig mitgehen, zwingt, in der Form des Unwesentlichen und Nichtdazugehörigen fortzubestehen und als das Unsachliche und Unernste das jeweils zur Rede Stehende gleichsam in der Weise zu umspielen, wie sich in die sachlichen Protokolle der Sitzungen alles das, was nicht zur Sache gehört, in der Form von Männchen und spielerischen Ornamenten als dennoch dazugehörig einschleicht. So liegt es im Wesen des positiv das Dasein Bestimmenden, im Wesen von Ordnung, Sitte, Anstand und sachlichem Ernst, daß sie die eine Hälfte der Lebenswelt zwingen, in der Form des Entgegenstehenden und Nichtigen zu existieren und dazusein, nicht weil der Mensch in zwei Welten lebt, sondern weil, platonisch gesprochen, damit, daß etwas als wesentlich seiend gesetzt wird, immer auch etwas als das Andere zum Nichtseienden werden muß. Aber daraus folgt etwas Merkwürdiges. Das Nichtige steht so selbst in einem für den Ernst nicht faßbaren oder nur negativ faßbaren geheimen Zusammenhang mit der für den Ernst gesetzten Lebensordnung. Es gehört zu ihr dazu, aber so, daß der Ernst, der es ausgrenzt, es immer nur als das Ausgegrenzte und Andere, das für ihn selbst im Hintergrund verborgen bleiben muß, fassen kann. Und hier nun zeigt das Beispiel des Zweideutigen die allgemeine Bedeutung, die dem Entgegenstehenden in der Form des Lächerlichen zukommt. Was mit dem Lachen ausgespielt und ergriffen wird, ist diese geheime Zugehörigkeit des Nichtigen zum Dasein; sie wird ergriffen und ausgespielt, nicht in der Weise des ausgrenzenden Ernstes, der es nur als das Nichtige von sich weghalten kann, sondern so, daß es in der es ausgrenzenden Ordnung selbst gleichsam als zu ihr gehörig sichtbar und lautbar wird.

Geht man von diesem grundsätzlichen Zusammenhang von Ernst und Unernst, vom Sittlichen und dem im Sittlichen Ausgegrenzten, von Sein und Nichtsein aus, so dürfte sich das Lachen als ein Spiel verstehen lassen, dessen einer Partner das Ausgegrenzte, dessen anderer Partner die ausgrenzende Lebensordnung selbst ist. Diese den

Menschen je leitende Lebensordnung des Ernstes ist die Voraussetzung, ohne die das Spiel des Komischen und Lächerlichen und der Sinn, der diesem Spiel je innewohnt, nicht verständlich ist. Denn in diesem Spiel wird die Zugehörigkeit alles dessen zur Lebensordnung erwiesen, was für den Ernst nur als das Nichtige und Entgegenstehende außen vor bleiben muß. Das Lächerliche wäre in diesem Sinn am Entgegenstehenden das Moment, durch das diese seine Zugehörigkeit zur Lebenswelt sichtbar und positiv ergriffen werden kann. Die Lebenswelt ist der unsichtbare Partner, auf den bezogen zu sein dem stofflichen Gehalt den Glanz des Komischen und Lächerlichen verleiht. Wenn oben gesagt wurde, daß das Komische immer an einen bestimmten Stoff gebunden ist, so ist das jetzt dahin zu erweitern, daß dieser bestimmte Stoff dann komisch wird, wenn an ihm die geheime Zugehörigkeit zu der ihn ausgrenzenden Welt sichtbar und greifbar wird. Aller Witz, alle auf das Komische und das Lachen abzielende Rede sind in diesem Sinn gleichsam das grobe oder kunstvoll feine Mittel, durch das diese geheime Beziehung herausgearbeitet und sichtbar gemacht wird. Damit hängt es nun zusammen, daß der Witz nie unmittelbar und ausschließlich durch den Stoff, das bloße Begebnis und Vorkommnis usw. seine komische Kraft erhält. Sein Lebenselement ist, ob im Wort oder Bild, die Anspielung; in dieser Anspielung wird etwas herbeigerufen, was der Stoff, für den Ernst unsichtbar, an sich trägt: die Zugehörigkeit zu einer Lebensordnung. In der Situation des Erzählens und Darstellens muß sie darum mitgegeben sein, und sie ist immer mitgegeben, und zwar in der Regel nicht im Stoff, sondern in den Vorstellungen und Anschauungen, die der Hörende mitbringt. Das Wesen der Anspielung liegt darin, diese Vorstellungen gewissermaßen herbeizurufen und im Verhältnis zum Stoff des Witzes wachzumachen, zu aktualisieren, so daß sich hier ein Prozeß entwickelt, der zwischen ihnen und dem Stoff geführt wird und dessen Ziel es ist, verdichtet in der Pointe, die Verschmelzung dieses Stoffes mit jenen Vorstellungen zu vollziehen. Und erst in und mit dieser Verschmelzung wird der Witz scharf und zündet, das Lächerliche der Dinge wird sichtbar, und das Lachen steigt auf als das Signal: Verstanden-begriffen und zugleich als das Zeichen, daß die im Hörenden mitgebrachte Vorstellung selbst eine Bewegung erfahren hat. Wird umgekehrt diese Verschmelzung nicht erreicht, und d. h., geht die Anspielung ins Leere (eine quälende Angelegenheit), dann bleibt das Lächerliche aus, und der Witz verpufft, ein armseliger Wortfetzen ohne Sinn und Verstand.

Das ist eine allgemein bekannte Situation. Aber man muß doch sehen, was sie grundsätzlich für das Komische und das Lachen bedeutet. Diese grundsätzliche Bedeutung liegt in dem anspielenden Ausspielen der Zugehörigkeit eines Geschehens zu einer bestimmten Lebensordnung. Nur weil es auf diese Zugehörigkeit ankommt, gehört zum Komischen das Verstehen, die Überraschung, die Spannung und Erwartung, wo denn nun eigentlich an dieser Geschichte oder in diesem Begebnis das Komische ist, so wie umgekehrt der Erzählende oder Darstellende der Kunst bedarf, diese Zugehörigkeit herauszuarbeiten und anschaulich zu machen und dafür diejenigen Daseinsmomente vorstellungsmäßig wachzurufen, mit denen der jeweilige Stoff verschmolzen werden muß, um komisch zu werden. Ruge hat einmal gesagt, daß der Mensch, der lacht und über den gelacht wird, derselbe Mensch sei. Das ist richtig und trifft gut das hier Entscheidende, daß es nämlich darum geht, im Komischen die Identität eines Entgegenstehenden und Ausgegrenzten mit dem Ausgrenzenden herzustellen. So ist für alles Lachen dieses Mitspielen des unsichtbaren Partners der vorausgesetzten Lebens- und Weltordnung Bedingung. Hierauf gründet sich dann die eigentümliche Tatsache, daß auch bei gleichem Stoff – der Stoff des Komischen ist zu allen Zeiten, zumal in den primitiven Lebensschichten, von einer ungewöhnlichen Konstanz – die lächerliche und komische Wirkung dieses Stoffs doch außerordentlich beschränkt und schmal ist. Weil für sie die den Menschen je bestimmende Lebensordnung entscheidend ist, darum muß das Komische mit der Verschiedenheit der Epochen, der Völker, der sozialen Schichten, der landschaftlichen und individuellen Lebenseigentümlichkeit variierend mitgehen. Das Mitlachenkönnen und d. h. die Aktualisierung des komischen Gehalts ist daher nicht schon durch die Verständlichkeit des stofflichen Geschehens ermöglicht. Es ist daran gebunden, daß die Ordnung, aus der und mit der der Stoff zum Lächerlichen wird, lebensmäßig wirksam ist. Die mittelalterliche Karikatur, der Wortwitz des 16. und 17. Jahrhunderts etwa können geistesgeschichtlich ihrem sachlichen Gehalt nach noch durchaus verständlich sein. Die Motive, die in sie hineinspielen, die Zusammenhänge, die gemeint sind, können als Dokumentierungen vergangenen Lebens lesbar sein. Aber die zündende Kraft, die ihnen innewohnte, das Treffende ihres Witzes ist weithin verloren. Sie haben nicht mehr die Kraft, das Lachen zu wecken, weil ihre Welt tot und nicht mehr die unsere ist. Und das gilt überall und gilt auch im individuellen Daseinsbereich. Das Lachen eines Kindes, das sich mit einem Stückchen Zeug behängt, bleibt uns verschlossen. Und wenn dem Trunkenen schließlich alles komisch wird, der Tisch, der Stuhl, der Mantel, der Hut, so ist diese Komik dem Nüchternen nicht zugänglich. Er kann sie nicht sehen, obwohl er doch die gleichen Dinge vor Augen hat.

Alles dies vermag nun die grundsätzliche Situation des Lachens und des Lächerlichen deutlich zu machen. Es ist ihre eigentümliche Funktion, die dem Ernst nicht zugängliche Zugehörigkeit des Anderen zu der es ausgrenzenden Lebenswirklichkeit sichtbar zu machen. Wir haben das an dem anspielenden Hineinspielen verdeutlicht, aber es liegt auf der Hand, daß diese Funktion auf vielen Wegen erfüllt werden kann, so wie z. B. in einer umgekehrten Bewegung das Lachen an vorgegebene Worte, Vorstellungen, Lebensformen, Geschehnisse des Alltags usw. ständig das anknüpfen kann, was bei ihnen nicht mitgemeint ist, um so den Sinn in Unsinn, das zu Erwartende ins Unerwartete zu verkehren; auch hier allein aus dem Grunde, daß alles dies im Dasein und für das Dasein genauso dazugehört und möglich ist wie das, was sein soll und zu sein hat.

Alle die unendlich mannigfaltigen Formen und Verfahren des Komischen, die Übertreibung, die Situationsverschachtelung, die Verzerrung, die Verwechslung und Verkehrung, sind immer wieder das Mittel, durch das die dem Ernst widerständigen Dinge auf den Punkt hingespielt werden, an dem sie diese ihre widerständige Kraft verlieren und umsetzen in das Bekenntnis ihrer Zugehörigkeit zur Daseinswelt und Daseinsordnung. Nicht der gute Ausgang, nicht die Prügel, die der Bösewicht bezieht, nicht die Entlarvung des Heuchlers machen das Wesen des Komischen aus, sie sind die sichtbaren Symbole des grundsätzlichen Spiels, das hier überhaupt gespielt wird und dessen Sinn es ist, die Zugehörigkeit des dem Ernst Fremden zur Lebenswelt zu manifestieren, gleichgültig, ob dies nun in dem tieferen Sinn einer Kritik an der ernsten Welt selbst und ihrer Ordnung gemeint ist oder ob dies der vitalen Freude am Reichtum des Lebens und am Recht des Unsinns und Unverstands entspringt.

Wieder mag hier auf Wilhelm Busch verwiesen werden, nicht nur, weil bei ihm die Nichtigkeit des pragmatischen Geschehens so scharf wie kaum sonst ausgeprägt ist, sondern weil bei ihm zugleich die Meisterschaft des Komischen als Kunst der Einschmelzung des Anderen aufs höchste gesteigert erscheint. Busch läßt, wir sagten das, die feindlichen Mächte des Lebens wirken. Aber er läßt sie wirken an Dingen, die in die alltäglich geordnete und gewohnte Welt des Menschen gehören, an Möbeln, an Treppenhäusern, an Gerät, das gegen den Menschen ausschlägt, er läßt sie wirken an den alltäglichen Neigungen und Gewohnheiten. Und das ist das Entscheidende. Denn damit wird nun das feindliche Element des Unglücks und Unsinns unversehens in eine Kraft verwandelt, die dieser vertrauten Welt selbst angehört und in ihr zu Hause ist. Es erscheint in einem Spiel von Möglichkeiten, die unbedacht und unbeachtet in dieser Welt selbst verborgen liegen. Die Gerechtigkeit straft das Böse, aber diese Gerechtigkeit mahlt die bösen Buben als Müller durch die Mühle und streut ihr Konterfei aus den Mahlbrocken auf den Boden und wirkt und handelt damit auf Wegen, die sonst die gewöhnlichen Dinge gehen. »Hinderlich wie überall, ist der eigene Todesfall«, heißt es einmal bei Busch; damit wird der Tod selbst angesprochen, aber nun in einer grandiosen Zuspitzung als das Hinderliche und d. h. als etwas, das wie die alltäglichen und gewöhnlichen Dinge hinderlich im Wege steht. In dieser Ineinssetzung des Feindlichen und des Gewöhnlichen liegen das Geheimnis und die allgemeine theoretische Bedeutung von Busch. Sie läßt das Komische als die Einschmelzung des zur Wirklichkeit des Lebens gehörigen feindlichen Elements in ihre gewöhnliche, dieses ausgrenzende behagliche Ordnung erscheinen.

Der Nöckergreis erhebt die metaphysische Klage über den Gang und Lauf der Welt:

>»Kurzum, so spricht er, ich sage bloß,
>Wenn man den alten Erdenkloß,
>Der täglich teilweis aufgewärmt,
>Langweilig präzis um die Sonne schwärmt,
>Genau besieht und recht betrachtet
>Und das, was drauf passiert, beachtet,
>Dann findet man – und das mit Recht –,
>Daß nichts so ist wie man wohl möcht'.«

Diese Klage ist in der Sprache behaglicher Stammtischreflexion vorgetragen; aber damit wird die große Welt selbst als der »aufgewärmte Erdenkloß« in die kleine Welt des Alltags aufgehoben und zur Erscheinung auch ihres Sinnes und ihrer tieferen Bedeutung. Und diese Bewegung darf allgemein als wesentlich gelten. Im Unsinn, im ausgelassenen Treiben, im Spiel, im Scherz werden die Seiten des Lebens als zu ihm gehörig ergriffen, die für den Ernst immer nur als Ausgegrenztes und Nichtig-Widerständiges faßbar sind. Sie erscheinen im Unsinn nicht mehr als das Entgegenstehende, sondern als Spiel des Sinnes selbst, so wie im Budenzauber die Dinge, die zum sinnvollen Wohnen gehören, auf den Kopf gestellt und verkehrt werden. Der Clown ist die herausgetretene und ausgefallene Kreatur schlechthin, aber er gibt dieses Ausgefallensein kund, nicht im Gegensatz, sondern in der aufs höchste gesteigerten Verkehrung des Sinnes. Sein Gewand weicht ab von allem Gewöhnlichen, aber die langen Handschuhe, die zahllosen Westen, die riesige Hose stellen sich dar als Verkehrung und Verzerrung der gewöhnlichen Kleidung. Er trägt ein sinnvolles Gerät, die Gartenpforte, mit sich, aber nun herausgelöst aus ihrem Zusammenhang, um ständig durch sie in den Raum des Unsinns einzutreten, der sich als Unsinn am Sinn vollzieht und eben hiermit das Lachen anzündet, das befreiend die Schranken des Ernstes und Maßes durchbricht.

Vielleicht läßt sich von hier aus nun auch einiges Abschließendes zur Frage der ausdrucksmäßigen Bedeutung des Lachens und der seelischen Disposition zum Lachen sagen. Zunächst wird das eine klar sein: Als die Bewegung, in der das dem Ernst Entgegenstehende als zu seiner Welt gehörig ergriffen wird, gehört das Lachen unmittelbar zu den Wegen, auf denen sich die menschliche Begegnung und Auseinandersetzung mit der Welt vollzieht, und zwar zu den besonderen Wegen des Erkennens, Sehens, Begreifens. So ist sein mimischer Ort, Auge und Mund, nicht zufällig auch das Feld des Sehens und Sprechens (vgl. Lersch: Gesicht und Seele, 1932). Das Lachen ist selbst Laut und fügt sich als solcher auch immer in den Fluß der Rede, ihn unterbrechend und die Worte umspielend, ein. Es hat ebenso als Laut seinen Moment, und zwar genau den Moment, in dem das Verstehen eingesetzt hat und d. h. die Verschmelzung des Stoffs mit den im Hörenden oder Sehenden vorgegebenen Vorstellungen erfolgt. Dies aber schließt aus, daß das Lachen bestimmten Schichten inneren Seins, bestimmten Stimmungen, bestimmten Gefühlen oder einer bestimmen »Lust« zugerechnet wird, schließt aber zugleich ein anderes ein, und zwar, daß es nur dann möglich ist, wenn das Entgegenstehende als zugehörig zum Dasein begriffen werden kann, und d.h., wenn es noch positiv in das Dasein einfügbar ist. Von hier aus ist die Frage der Dispositionsbreite, wie es scheint, einigermaßen genau beantwortbar. Diese Dispositionsbreite hat ihre Grenzen dort, wo die positive Aufnahme des Entgegenstehenden ihr Ende hat. Man weiß, wie leicht Spaß zu Ernst, Lachen zu Weinen, Unsinn zu Schmerz werden kann, und man weiß auch, wie unbestimmbar und von der individuellen Anlage abhängig dieser Punkt des Umschlags ist. Wo das Nichtige nicht mehr als zum Leben positiv dazugehörig begriffen werden kann, da hört es auch auf, lächerlich zu sein. Umgekehrt ist das Lächerliche auf allen Wegen des Lebens, in allen den Schichten des Daseins zu Hause, wo in irgendeiner Weise das Nichtige noch positiv gesehen und hingenommen werden kann. Diese Möglichkeit ist Bedingung für das Lachen, und daran liegt es denn auch, daß Heiterkeit, Vergnügen, Laune, Freude usw. diese unmittelbare Kraft des Lachens und diese Bereitschaft zu Scherz und Unsinn mit sich tragen, weil hier die Positivität des Lebensgefühls die größte und stärkste ist, so sehr, daß der Ernst selbst seine Macht verliert und die Helle der Heiterkeit noch dort zu leuchten vermag, wo für den Grämlichen und Trübsinnigen längst der Spaß zu Ende und nichts mehr lächerlich ist.[12] Die Götter aber lachen nicht, weil es für sie kein Nichtiges gibt, und der tierische Ernst nicht, weil ihm das Andere immer nur und ausschließlich das Unernste und darum Verwerfliche ist. Sein dichterisches Symbol ist Shakespeares Malvolio, aber dieses Symbol zeigt auch, wie der Ernst dann selbst das Opfer jener närrischen Mächte werden kann, die er nicht kennen und anerkennen will.

3

So weit mag die allgemeine Bestimmung des Lachens und des Lächerlichen gebracht werden. Aber in ihrem Zusammenhang ist nun, wenigstens andeutend und umrißhaft, auf die seltsame Tatsache einzugehen, daß in unserer Welt

philosophisch in der Erscheinung des Humors dem Lachen eine Bedeutung zugefallen ist, durch die es gleichsam in den philosophischen Mittelpunkt der Welt selbst
gerückt und zugleich über den ausgrenzenden Ernst erhoben worden ist.

In der antiken Metaphysiktradition wird von Platon und
Aristoteles her das Lächerliche als αἰσχρος[13], als πονηρία
bestimmt, und das besagt, es ist das Ausfallende, das Ab-
ständige, das, was sich zum positiv Seienden etwa so verhält wie die Krankheit zur Gesundheit, das Taube zum
Hören, das Blinde zum Sehen. Damit ist, in einem tieferen Sinn, als das gewöhnlich genommen wird, die hier
entwickelte grundsätzliche Bestimmung des Lächerlichen
als des Nichtigen gemeint. Denn das Ausfallende ist in dieser Tradition überhaupt das, was seinen Begriff nicht in
sich selbst, sondern in dem Guten und in dem Wesen hat,
an dem es sich als Ausfallendes bestimmt.

Das Lächerliche ist so für Platon und Aristoteles – und
das bleibt in der ganzen von ihnen ausgehenden Philosophie so – zunächst das Nichtige, dann aber genauer das
Nichtige, das schmerzlos und schwach ist; es ist schmerzlos und schwach heißt nicht, es ist ein Nichtiges, das abge-
schwächt und gemindert ist, sondern es hat dies den sehr
präzisen Sinn, daß ein Nichtiges lächerlich wird, solange
es sich in seiner Entgegensetzung doch zu dem bekennen
muß, gegen das es sich absetzt. Auf diese Weise macht Platon die Sophisten lächerlich, nicht weil sie matte Gegner
des Seins sind, sondern weil sie ihre Gegnerschaft nur unter der Voraussetzung des Seins aufrechterhalten können,
das sie verneinen wollen. Die Sophisten spielen den
Schein gegen das Sein aus, aber dieses Ausspielen wird in
dem Augenblick lächerlich, wo sich zeigt, daß ihr Schein-
wesen nur davon lebt, daß es Sein gibt, so wie es nur
Scheingerechtigkeit geben kann, wo die Gerechtigkeit
selbst vorgeschoben wird. Das Lächerliche ist ein schwa-
ches und schmerzloses Nichtiges heißt also: es lebt von
dem, dem es sich entgegensetzt.

Aber zugleich wird damit das Lachen für Platon aus dem

ernsten und wahren göttlichen Leben der Vernunft und des Seins ausgeschlossen. Man muß, heißt es im »Theaitetos«, das Sein gegen das Lachen sicherstellen, und im »Staat« wird das irdische Lachen der Götter bei Homer und Aristophanes als blasphemisch gebrandmarkt.

Das Lachen bleibt damit auf das »Irdische«, auf das Werdesein beschränkt; hier freilich ist es von tieferer und philosophischer Bedeutung, sofern in der Kunst des Lächerlichmachens, wie Platon sie an den Sophisten übt, der Schein enthüllt und in eine Bewegung hineingerissen wird, die ihn an der gründenden Seinsordnung zerschellen läßt. Im Reiche dieses Seins aber und der Vernunft vermag es nicht zu bestehen; an der Grenze der sublunaren Existenz wird ihm Halt geboten, und das philosophische Leben in der Teilhabe am uranischen Sein läßt es mit dem Zeitlichen unter sich. Hiermit wird deutlich, daß das, was Wesen, Sinn und Bedeutung des Lachens bestimmt, das Sein oder die Vernunft selbst und d. h. das alles Seiende Bestimmende ist, sofern mit ihm auch das Entgegenstehende und Ausfallende Nichtige mitdefiniert werden. Das Lachen wird auf das Irdische beschränkt; was es aber in diese Beschränkung verweist, ist die philosophische Vernunft und ihre Überzeugung, im Allgemeinen ihres Begriffs auch alles zu begreifen, was für das Dasein des Menschen und der Dinge wesentlich sein kann.

Und diese Überzeugung ist es, die im Mittelpunkt des Humors fraglich wird, und d. h., die Vernunft selbst erscheint hier eben darin, daß sie mit der Setzung ihres Seinssinnes Unendliches ausgrenzt, auch als unendlich begrenzt in dem Maße, wie sie abgetrennt ist von der Fülle desjenigen Lebens, das ihr nur nichtig und nichtseiend unwesentlich begegnen kann. Diese Kritik an der Vernunft, der ratio, der raison und an ihren Regeln und Begriffen ist das Allgemeine und Metaphysische; daß aber mit ihr eine Umwertung des Lachens und des Lächerlichen mitgeht und mitgehen muß, wenn anders wir auf dem rechten Wege sind, das ist nun das in unserem Zusammenhang bedeutsam Entscheidende.

Wie in einer bewußten Entgegensetzung zur antiken Deutung des Lachens und der sie forttragenden Überlieferung heißt es bei Jean Paul:

»Wenn der Mensch, wie es die alte Theologie tat, von der überirdischen Welt auf die irdische herabschaut, so geht sie klein und nichtig dahin, … wenn er mit der kleinen die unendliche ausmißt, so entsteht jenes Lachen, in dem noch eine Größe und ein Schmerz ist« (Vorschule, § 33).

Und in demselben Zusammenhang heißt es weiter:

»Das humoristische Lachen gleicht dem Flug des Vogels Merops, welcher zwar dem Himmel den Schwanz zukehrt, aber doch in dieser Richtung zum Himmel auffliegt. Dieser Gaukler trinkt auf dem Kopfe tanzend den Nektar hinaufwärts.«

Was sich hierin ausspricht, ist die allgemeine Bedeutung des Lachens für den Humor, die Macht, die es erhält aus dem Gegensatz und Gegenspiel zum begrenzenden Verstand, indem hier die unendliche und als solche durch keinen verständigen Begriff begrenzbare Fülle des Lebens steht. Das Lächerliche bleibt das Nichtige, das Ausfallende, das Irdische, im Sinn der Theologie, aber es schattet nun als »verkehrte Welt« das Unendliche ab, und das Lachen wird die Bewegung, die das von dem Verstand Ausgegrenzte ergreift und dem Sein zuträgt, was Verstand und der verständige Begriff nie fassen können: seine unendliche Fülle und Tiefe. Es tanzt, heißt dies, auf dem Kopfe der Vernunft. Und was Jean Paul hier tiefsinnig formuliert, wird in unendlichen Wendungen wiederholt. Vischer sagt, daß alle Humoristen Metaphysik treiben, und das ist im eigentlichen Sinn des Wortes zu verstehen, so nämlich, daß das, was der Humor ergreift jenseits der Vernunft, das eigentliche und wahre Wesen des Seins ist, von dem die Vernunft sprechen will. Und wenn Solger[14] sagt, es sei das Lachen der Bürge, daß »wir in unserer Zeitlichkeit im Schönen leben«, so ist dies dasselbe. Denn das Lachen hält fest, was dem verständigen Begriff des Schönen entgeht, und trägt es ihm zu.

In diesem Verhältnis zum Verstand fällt dem humoristischen Lachen ein seltsam zweisinniges Spiel zu. Bei Cervantes und Rabelais, bei Shakespeare und Sterne, bei Busch und bei Raabe wird immer der verständig geregelten Welt und ihrem Ernst das Närrische des Narren und der grillenhaften Laune und der Bagatelle beigesellt. Denn in diesem ist das Lächerliche da unter der Voraussetzung dieses Ernstes selbst und von ihm her zum Lächerlichen bestimmt und darum auch nur als solches ergreifbar. Aber in dieser Beigesellung wird zugleich das Ausgrenzende selbst zum ausgegrenzt Fraglichen; der Ernst wird im Närrischen begrenzt und aufgehoben. Was ihm Größe ist, wird zur Grandezza, was ihm Würde zur Gespreiztheit, und zwar allein darum und deshalb, weil vom Nichtigen aus seine Endlichkeit zur Torheit wird, die blind ist gegenüber der Fülle des Lebens, von der er sich selbst trennt.

Im Spiel des Närrischen und Abseitigen bewegt so das Lachen die verständig-vernünftige Welt selbst, und ihre Grenze wird sichtbar. Es ruft das Wesen herbei, das die verständige und anständige Ordnung nur als das Unverständige und Unanständige duldet, und setzt diese Ordnung selbst matt. Der Wahnsinn und das Narrentum des Don Quijote[15] erscheint in diesem Sinn als die Verkehrtheit, in der in einem »übergoldeten« Zeitalter das Echte und Tugendhafte bestehen muß. Die Regellosigkeit und Tollheit des »Tristram Shandy« ist der Spiegel, in dem die Torheit der Regel und des gesetzten Ernstes widerscheint. Gegen die Zeit und ihre Schwachheit verkündet Balzac den »Pantagruelismus« und ruft den Meistergeist Rabelais' herbei und dessen »konzentrierte Werke, wo eng zusammengepreßt wie Sardinen in einer Büchse alle philosophischen Ideen enthalten sind, alle Wissenschaften, alle Künste, alle Beredsamkeiten mit samt dem ganzen tollen Komödienspiel und Mummenschanz des Lebens« (Contes Drôlatiques, Bd. II, 369, Übers. Rüttenauer). Vom Narren heißt es bei Shakespeare einerseits: »Nichts sagen, nichts wissen, nichts tun und nichts haben, darin besteht ein großer Teil Eures Guts, das eigentlich ein Nichtsein ist.« Aber in diesem Nichtssein wird zugleich das Etwassein der verständigen Welt verkehrt. Der Narr zerspielt als der »Wortverdreher« ihren ihr selbst so festen Sinn, und die Torheit wird weislich und die Weisheit zur Torheit:

> »Die Zeiten und Personen muß er kennen
> Und wie ein Falk auf jede Feder achten,
> Die ihm vors Auge kommt. Das ist sein Handwerk,
> So voll der Arbeit als der Weisen Kunst. –
> Denn Torheit weislich angewandt wird Witz.
> Doch wozu ist der Weisen Torheit nütz?«
>
> (Was Ihr wollt, III, I.)

Nicht als gesonderter Bereich neben dem Ernst ist so dem Humor das Lachen wesentlich, sondern in der Ineinssetzung von Ernst und Spaß, von Tollheit und Würde. Die Magd erscheint als die Dulcinea von Toboso, Falstaff spielt den König und Prinz Heinz den Straßenräuber, der Dorfrichter Adam ist der Angeklagte, der nüchterne Alltag, das Gewöhnliche schlechthin, wird in der rationell gewordenen Welt zum eigentlich Poetischen. Der poetisch-preußische Kreisrichter Löhnefinke sieht bei Raabe als »Idealist in der Politik und als Poet in der Führung des Haushalts« die Zeit kommen, »in der er seine Abrechnungsbücher in Hexametern und in Ottave Rime schreiben wird« (Deutscher Mondschein).

So setzt der Philosoph die Narrenkappe auf, um im Widerspiel gegen die rationell gewordene und verendlichte Welt das Unendliche des Seins und Lebens von dort aus leuchten zu lassen, wohin die Ratio es verbannt hat als das Lächerliche und unwesentlich Abseitige. Swift soll zuletzt nur noch schlechte Bücher gelesen haben, weil in ihnen wie in einem Hohlspiegel die närrische Endlichkeit am meisten zerrissen erschien.

Es ist die gleiche Überzeugung, die bei Lessing, bei Möser, bei Jean Paul den Hanswurst und Pickelhäring zurückruft, weil mit ihnen der eigentliche Ernst verloren und preisgegeben ist.

Was ergibt sich aus diesem hier nur andeutbaren Zusammenhang des Humors für die Frage des Lachens?

Zweierlei. Erstens wird im Humor und im humoristischen Lachen die Beziehung des Lachens auf das Ausfallende, Nichtige und Abseitige nicht aufgegeben. Sie bleibt bestimmend. Zweitens aber, und das ist das philosophisch und geistesgeschichtlich Eigenartige, wird die Grenze der Vernunft bewußt, durch die das Ausfallende zum Ausfallenden wird. Das für den verständigen Ernst Wesentliche und Wirkliche ist nicht mehr identisch mit dem Wirklichen und Wesentlichen des Daseins selbst. Die Vernunft hört auf, göttlich zu sein, und wird zur menschlichen Vernunft, die da, wo sie sich für das Ganze nimmt, anmaßend und blind zugleich gegenüber dem Reichtum des Seins wird. Was hier geltend wird, hat dabei philosophisch eine weitreichende Tradition. Es geht zurück auf die spätmittelalterliche Entdeckung des Individuellen als des Seins, das durch den Allgemeinbegriff nicht erfaßt werden kann, und ebenso auf die Auflösung der antiken und scholastischen Metaphysik im deutschen und englischen Spätmittelalter. Der Shakespearesche Narr, die humoristische Welt des Unsinns haben entsprechend ihren Vorläufer in dem spätmittelalterlichen und humanistischen Lob der Torheit und des Toren, des Laien überhaupt, der die tiefere, weil einfältigere Weisheit besitzt als alle klügelnde und beweisende Gelehrsamkeit der Schulen. Hier wie dort geht es um die Einschränkung der Vernunft, gegen die der unendliche und darum für sie nicht faßbare Sinn des Dasein und Seins ausgespielt wird, und zwar an dem, was diese Vernunft selbst ins Abseits und in die Verborgenheit gedrängt und gezwungen hat. In der Welt des Humors aber wird damit das Lachen zu der Macht, die dieses Abseitige festhält, so wie sie es findet, als das Närrische und Lächerliche, um zugleich von ihm her die vorgegebene und angemaßte Ordnung der verständigen Welt in Frage zu stellen, durchsichtig zu machen und selbst der Lächerlichkeit preiszugeben.[16]

So enthüllt sich im Humor als Philosophie und Daseinshaltung am tiefsten der verborgene Sinn, der dem Lachen überhaupt innewohnt. Es ist einmal die unendlich positive Bewegung, in der das für den Ernst Nichtige in der Lebenswirklichkeit bleibt. In den Mysterienspielen des Mittelalters wohnen im heiligen Raum die untergegangenen Götter in der Gestalt des Grotesken fort. Im ständischen Trauerspiel lebt die volkliche Welt in der Sphäre des Spaßes und des derben Scherzes. In der verbürgerlichten Welt der Neuzeit werden der Teufel und die olympischen Götter gezwungen, selbst im bürgerlichen Gewand fortzuexistieren, und im trivialen Witz leben verharmlost zu technischer Verwirrung und zu den Gestalten der häuslichen Feinde die alten dämonischen Gewalten und Mächte fort.[17] Im Maskenspiel und Mummenschanz der Fastnacht, in den Schüssen der Neujahrsnacht melden sich verwandelt zu bloßem Spiel und Scherz die ehedem mächtigen und furchtbaren magischen Geister. Sie sind verwandelt, aber das Leben hält sie doch im Lachen scherzend und spielend fest in seinem Raum.

Hier liegt zugleich die Gefahr des gewöhnlichen Lachens, und gegen sie hat sich der Humor gewendet. Denn in diesem Fortbestehen werden sie in der rationalisierten Welt selbst nichtig und lächerlich, und ihre Macht geht ins Ferne. Dem gewöhnlichen Verstande erscheint alles, was er nicht begreift zwischen Himmel und Erde, gewöhnlich, und die Welt wird zur Ordnung der Verständigkeit verflacht und ihre Tiefe ins Triviale und Nichtige umgesetzt. Dieses Lachen hält fest, indem es entwertet, aber seltsam tief ist diese Gefahr in der Zeit der Geburt des Humors gesehen und im humoristischen Lachen beschworen.

Bei Shakespeare heißt es: »Man sagt, es geschehen keine Wunder mehr; und unsere Philosophen sind dazu da, die übernatürlichen und unergründlichen Dinge alltäglich und trivial zu machen. Daher kommt es, daß wir mit Schrecknissen Scherz treiben und uns hinter unserer angeblichen Wissenschaft verschanzen da, wo wir uns vor einer unbekannten Welt fürchten sollten.«

(Ende gut, alles gut, II, 3.)

(1940)

Anlässe des Lachens

1. Die Gebärden der Freude und des Kitzels

Unsere These, daß die physische Äußerungsart des Lachens dem Anlaß entspricht und auf ihn reagiert, ohne von ihm geprägt zu sein – wodurch sie sich eben wesenhaft und nicht nur graduell von der Gebärde unterscheide –, wird auf den ersten Blick durch zwei Auslösungsmöglichkeiten in Frage gestellt: durch die *Freude* und durch den *Kitzel*. In beiden Fällen nämlich erscheint das Lachen als echte Ausdrucksgebärde, die von einem Zustand des Inneren in je verschiedener Weise ausgeprägt ist. Da Freude als ein sehr umfassender Status des Bewegt- und Gehobenseins selbst wieder die verschiedensten Anlässe haben kann, muß die Untersuchung sich fragen, ob die Ausdrucksgebärde des freudigen Gestimmtseins echtes Lachen ist und worauf sie sich bezieht. Denn es ist keineswegs sicher, daß das, worüber man sich freut, den Grund darstellt, aus welchem man lacht.

Der Kitzel ist demgegenüber ein eng begrenzter, sinnlich präzisierbarer, als Reizmodus darstellbarer Zustand, der an der Oberfläche bleibt. Als Auslösungsfaktor des Lachens kommt ihm deshalb ein besonderes Interesse insofern zu, als er Möglichkeiten einer exakten, am Modell Reiz-Reaktion orientierten Analyse zu eröffnen scheint. Wenn hier aber tatsächlich ein Reflex am Werk wäre, müßte man sich fragen, ob das derart erzwungene Lachen noch als Ausdrucksgebärde, geschweige denn als echtes Lachen gelten könnte.

Nach allgemeiner Ansicht gehört Lachen zu Freude, Frohsinn, Fröhlichkeit, Lustigkeit, Heiterkeit. Fröhliches Lachen als Index einer entspannt und gehoben gestimmten Geselligkeit gibt dieser Ansicht ständig neue Nahrung. Die Frage der James-Langeschen Affektenlehre: Lacht

119

man, weil man fröhlich ist, oder ist man fröhlich, weil man lacht? scheint eine Bekräftigung der ausdrucksmäßigen Verbundenheit zwischen diesen Stimmungen und dem Lachen zu sein. Denn die Frage nach ihrer Trennbarkeit hat doch nur da einen Sinn, wo die innige Verbundenheit zwischen Innerem und Äußerung die Eigenständigkeit des Inneren oder eines für innerlich ausgegebenen Zustandes (des Affekts der Freude usw.) in Frage stellt. Fehlen die Äußerungsformen – und das gilt bekanntlich allgemein für die ganze Skala der Affekte und Emotionen, soweit sie in Gebärden des ganzen Körpers, des Gesichts oder der Stimme ausschwingen –, so fehlen eben auch (jedenfalls in voller Entfaltung) die entsprechenden Gemütsbewegungen. Ihre Unterdrückung kommt zum guten Teil ihrem Schwinden gleich.

Wem das Herz im Leibe hüpft, weil er eine frohe Botschaft bekommen hat, wer freudig überrascht ist durch ein unerwartetes Geschenk, wer lustig und guter Dinge ist, weil er einmal dem grauen Einerlei alltäglichen Sorgendrucks entrinnen konnte – der kann lachen. Aber sein Lachen ist in Wirklichkeit Jubeln. Es ist jenes unbändige Ausschwingen in der Stimme, das dem allgemein expansiven Bewegungsdrang der freudigen Bewegtheit folgt. Je unerwarteter, je überraschender das Freude auslösende Ereignis kommt, desto entfesselnder wirkt es. Hat man es lange, heimlich und mit Sorge erwartet, dann kann der Ausdruck der Freude auch ein ganz anderer sein. Haben wir dann überhaupt noch die Kraft, uns freuen zu können, so wird es uns übermannen und zu Tränen rühren.

Der Jubel ist die Ausdrucksgebärde des vor Glück Zerspringens. So wie wir hochspringen, herumtanzen, Dummheiten machen, sinnlos gestikulieren, vom Überschwang in seiner ganzen Vehemenz hingerissen, so brechen wir in Jubel aus. Es ist dabei nicht immer leicht, zu sagen, wieweit er noch unmittelbare Gebärde oder schon Geste ist. Bei Kindern und Primitiven kann die Hemmung durch soziale Rücksichten entfallen, wo aber das Leben unter dem Auge gesellschaftlicher Konvention abrollt, wird der unmittelbare Ausdruck stark gebremst, und die Geste tritt an seine Stelle. Nur hat der Jubel als stimmliche Äußerung keine spezifische Prägung. Als fessellose Entladung überströmenden Gefühls (»vor Freude nicht wissen, was man beginnen soll«, »sich nicht lassen können vor Freude« usw.) schwingt er stimmlich zum Teil in ähnlich klingenden Lautfolgen aus wie das Lachen. Aber das feine Ohr hört doch den Unterschied. Der Jubel löst sich nicht so vom Menschen ab wie die Lachsalve. Er hat nichts von jener gepreßt-pressenden Automatik, die den Lachenden außer Atem bringt und schüttelt. Darum drängt auch der Jubel aus der Ungeformtheit des ungebändigten Ausbruchs und Schreis zum Singen »aus übervollem Herzen«, »aus geschwellter Brust« und verebbt mit dem ruhiger werdenden Gefühl.

Jubeln und Lachen sind zweierlei, so zwar, daß sie sich verbinden können: Ein selten guter Witz, eine ungewöhnlich komische Situation zwingt nicht nur zum Lachen, sie begeistert, sie ist ein Geschenk des Schicksals. Und wie es jubelndes Lachen gibt, so fröhliches, lustiges, heiteres Gelächter in allen Skalen affektiver Temperatur, in allen Mischungen der jeweiligen Situation. Dabei ist nicht zu übersehen, daß die Auflockerung heiterer, fröhlicher, freudiger Stimmung zu Scherz, Witz, mit einem Wort: zum Nicht-ernst-Nehmen disponiert. Überall da, wo die Schwere vom Menschen genommen ist, die Perspektive sich weitet, die Schranken zurückweichen, gewinnt er die Leichtigkeit des Abstands zu seinesgleichen und den Dingen. In solchem abständigen Sichlösen werden die eigentlichen Quellen des Lachens: Scherz, Komik, Witz, freigelegt. Alle Formen der Leichtigkeit, die wir unterscheiden, haben also die Bedeutung des Klimas, in dem der Mensch zu Scherz und Witz aufgelegt und bei Laune ist, aber das Lachen selbst lösen sie nicht aus.

Richtig ist, daß in froher Stimmung dem Lachen jeder bittere Zusatz fehlt. Das Nicht-ernst-Nehmen hält sich zumeist in den Grenzen der Harmlosigkeit. Man lacht leicht, aber flach. Die geringsten Anlässe genügen schon, um etwas komisch und amüsant zu finden. Je anspruchsloser eine Gesellschaft ist, desto größer wird ihre Bereitschaft zu solcher Stimmung sein. Mit etwas Alkohol läßt sie sich leicht schaffen. Man neckt den anderen, zieht ihn auf, macht sich lustig. Damit Komik und Witz wirkliche Tiefe bekommen, muß der Humor auf die Probe gestellt sein. Dann erst gewinnt Lachen Größe, weil ihm Jubel beigemischt ist, der Siegesjubel über bezwungenen Schmerz. Die im Durchblick auf die wirkliche Unbeantwortbarkeit in der Essenz der Dinge erkämpfte und gleichsam gehärtete Leichtigkeit ist das beste Klima für ein voll heraufquellendes Lachen. In solchen seltenen Lagen (die sich natürlich nach dem Niveau des einzelnen richten und nicht nach allgemeinen Kriterien für alle verbindlich sein können) wird Lachen zur Ausdrucksgebärde des Jubels. Daraus entsteht dann der falsche Anschein, als sei Lachen überhaupt Gebärde. In Wirklichkeit fängt sich der Mensch sein eigenes Gelächter nur ein und läßt in ihm seine jubelnde Unbändigkeit – die nach irgendeinem Ausdruck sucht – austönen. Jubeln an sich führt nicht zum Lachen. Da tut's auch ein Sprung über den Stuhl.

Das andere Phänomen, auf welches sich die These vom Gebärdencharakter des Lachens berufen kann, ist der Kitzel: ein eng begrenzter, sinnlich präzisierbarer, als Reizmodus darstellbarer Zustand, der – vom Menschen aus gesehen – an der Oberfläche bleibt. Unmittelbar ist man kitzlig z.B. unter den Armen, an den Fußsohlen, im Nacken, an Stellen also, die im allgemeinen keinen leichten, flüchtigen Tastreizen ausgesetzt sind und im Körperschema ausgezeichnete Stellen einnehmen. Es kitzelt aber auch, wenn eine Fliege über die Haut läuft, die Kohlensäure kitzelt in der Nase, und delikate Gerichte sind ein Kitzel für den Gaumen. Im übertragenen Sinne spricht man von kitzligen Situationen und Geschichten, vom erotischen Kitzel, vom Nervenkitzel der Sensationen. In allen diesen Formen muß ein gemeinsames Genus sein Wesen treiben, das uns bisweilen Lachen abzwingt.

Kitzel ist ein ambivalenter Reizzustand von zugleich angenehmer und unangenehmer Färbung. In ihm halten sich lockende und lästige Momente die Waage. In diesem Wechselspiel von Anziehung und Abstoßung, dieser Unausgleichbarkeit von Lust und Unlust, die ein beständiges Schwanken und Oszillieren darstellt, besteht das Wesen des Kitzels, einerlei, ob ich ihn an der Fußsohle oder beim Anblick eines Autorennens empfinde. Nicht die Intensität der Reize bzw. Eindrücke entscheidet über die Qualität des Kitzels, sondern die Ambivalenz, die freilich auf sehr verschiedene Weise zustande kommen kann und – was wieder den Gebrauch des Wortes in übertragener Bedeutung erklärt – nicht an die Zone sinnlichen Empfindens gebunden ist. Wer sich etwa in Gefahr begibt, weil er den »Reiz auskosten« will, der sucht die Ambivalenz des Kitzels. Wer die Zweideutigkeit, das Lockere, Schlüpfrige liebt, den nimmt der Reiz der kitzligen Dinge gefangen. Die erotische Sphäre hat ihn im doppelten Sinne: als Region ambivalenter Erregung im sinnlichen Empfinden wie im seelischen Kontakt des Spiels, des Flirts, und als »offenes Geheimnis«, als verschwiegene Allgegenwärtigkeit in den gesellschaftlichen Beziehungen, auf die unter der Herrschaft verdrängender Normen nur »angespielt« werden darf. Schwache Reize auf eng begrenztem Raum geben im Gebiet des Tastsinns den Eindruck des Kitzels. Die Undeutlichkeit und Oberflächlichkeit weckt zugleich das Streben nach größerer Prägnanz und nach Beseitigung des »Reizes«. In zum Teil anderer Weise wieder reagieren die Schleimhäute der Nase und des Mundes. Gewisse Geschmäcke und Gerüche kitzeln den Gaumen durch ihre pikanten Qualitäten. Leise abstoßende und anziehende Momente verdrängen wechselnd einander und wecken den Appetit nach eindeutig-kräftiger Kost. Die Kitzelqualität der Wollustempfindungen findet ihren unmittelbaren Ausdruck in der Motorik des Begattungsakts. In dem Antagonismus schmerzhafter und lusthafter Momente sind die Möglichkeiten der Perversion im Keim angelegt. Unentschieden mag die Frage bleiben, ob im Bereich des Gehörs und des Gesichts von Kitzel die Rede sein kann.

Zur Charakterisierung eines gewissen dissonanzenfreudigen Impressionismus in der Musik wird der Begriff bisweilen verwendet. Der auf Prägnanz und Ferne gestellten Funktion des Sehens aber scheint die Möglichkeit der ambivalenten Erfüllung auch da, wo es sich um Phänomene des Glänzens und Flimmerns handelt, fremd zu sein.

Wem es um Kitzel zu tun ist, dem ist es um den »Reiz« zu tun: er ist auch im Seelischen und Geistigen ein sinnlicher Mensch. Der Genußmensch ist an keinen Bereich ausschließlich gebunden, ihm können Sport und Krieg, Politik und Erotik, Bücher und Bilder im Grunde das gleiche sein wie ein gutes Gericht. Erträglich machen diesen Typus (dessen Verruchtheit gründlich aus der Mode ist) nur zwei Dinge: ästhetische Kultur oder Einsatzbereitschaft. Kultivierung des Geschmacks dämpft die Gefahr einer Überbetonung der Sinnlichkeit. Einsatzbereitschaft nimmt ihr das Widrige passiver Unverbindlichkeit. Sie schafft eine Art moralischen Ausgleichs für den mangelnden ethischen Ernst. Wem der Kitzel höchster Gefahr über alles geht, zahlt schließlich seinen Preis dafür. In beiden Richtungen wird die Sinnlichkeit, wenn auch nicht überwunden, so doch zu einer Haltung geformt, die nicht mehr an den »niederen« Regionen organgebundenen Empfindens haftet. Die Unbeherrschtheit des sinnlichen Ausdrucks verliert sich.

Aber in Momenten sinnlicher Irritiertheit, die ihre eigentümliche Zuspitzung im Kitzel erfährt, bricht er als kicherndes Lachen hervor. Das mimische Bild, das zu ihm gehört, mit dem schmal geschlossenen Lidspalt der Augen und dem breit auseinandergezogenen Mund, findet seine stimmliche Ergänzung in jener Folge von Lautstößen, die dem Lachen zum Verwechseln ähnelt. Ist jemand besonders kitzlig, so läßt sich dieses Kichern leicht und wie ein Reflex hervorrufen. Typisch verbindet sich dem Kichern, das auch als unterdrücktes Lachen bei anderen Anlässen erscheint, die Haltung des Sichverkriechens, Sich-kleiner-Machens, eine symbolische Gebärde des mit seiner Haut, d. h. Sinnesoberfläche, Aus-dem-Felde-Gehens.

Fraglos liegt im Kichern eine echte Ausdrucksgebärde vor. Sie beantwortet im mimischen Rahmen mit der Stimme unwillkürlich die Kitzelqualität des Reizes. Von ihr hat sie die Prägung des Oszillierens und der Oberflächlichkeit. Aber sie ist noch nicht Lachen. Darum, daß das Lachen im Modus seiner Unterdrücktheit zum Kichern werden kann, ist das Kichern als Ausdruck des Kitzels noch keine Vorform des Lachens. Die Sinnverschiedenheit in beiden Fällen ist nicht zu übersehen.

Wohl aber entdeckt die Ausdrucksgebärde des Kicherns einen sinnvollen Zug an der Ausdrucksweise des Lachens. In sie ist etwas von der Gebärde aufgenommen und verarbeitet. Das Stoßweise, Eruptive des Lachens weist auf eine gewisse Verwandtschaft seiner Anlässe mit dem Anlaß des Kicherns hin: die Ambivalenz[18] des Kitzels. Während aber hier die Ambivalenz die Qualität des Reizes hat und sinnlich gebunden bleibt (wohlgemerkt auch noch in der Übertragung auf Wirklichkeiten anderer Ordnung, wie z. B. Sensationen der Gefahr, der zweideutigen Situation usw.), entfaltet sich dort, wo die Antwort des Lachens am Platze ist, die Ambivalenz zum Doppelsinn, zur Mehrdeutigkeit des Komischen und des Witzes, zur nicht mehr zu bewältigenden Situation der Verlegenheit und der Verzweiflung. Im Zusammenhang damit ist noch auf eine wichtige Täuschungsquelle hinzuweisen. Aus dem Kichern kann echtes Lachen werden, wenn der Mensch seine Kitzligkeit – komisch findet. Im Kitzel finden wir uns einem ambivalenten Reizzustand ausgeliefert, der in keinem rechten Verhältnis weder zu der auslösenden Ursache, z. B. eines Tastreizes, noch zu uns selbst steht. Wir befinden uns in einer Verlegenheit, deren wir nicht Herr werden können. Das Unverhältnismäßige der damit geschaffenen Lage eines Gefesseltseins durch einen geringfügigen, zugleich angenehmen und lästigen Reiz wirkt komisch. Man entdeckt sich als Gefangenen seines Körpers, ähnlich den Fällen, in denen man stolpert, sich ungeschickt benimmt, täppisch sich aufführt. Dann schlägt das ursprünglich ausdruckshafte Kichern in echtes Lachen um und erweckt so den Anschein, als hätte im Kichern das Lachen begonnen. In Wirklichkeit aber hat die Lage ein komisches Aussehen bekommen und ist die Gebärde des Kicherns vom echten Lachen verdrängt worden.

2. Spielen

Eine eigentümliche Beziehung zum Lachen hat das Spiel. Dabei darf man zunächst nicht an die hochentwickelten, an komplizierte Regeln gebundenen Brett- und Kartenspiele, auch nicht an die Rasenspiele denken, die sportiven Charakter haben. Hier werden Geschicklichkeit und Aufmerksamkeit in solchem Grade beansprucht, daß zu überschüssigen Äußerungen keine Kraft mehr bleibt und keine Distanz. Der Abstand des Spielers zu seinem Spiel ist hier von der Hingabe an die taktisch-strategischen Probleme verdrängt, die Spielsphäre seiner frei gestaltenden Phantasie, seinem Willen zum Unernst entzogen, vielmehr als ein festes Arbeitsfeld, als Kampfbahn und Spielraum mit soundso viel Möglichkeiten und Verboten vorgegeben. Hier steht die Leistung im Vordergrund, der Stil, die Punktzahl, die Schnelligkeit.

Anders bei den einfachen, aus den elementaren Umwelt- und Mitweltbeziehungen sich ergebenden Spielen, auf die vor allem die Kinder immer wieder verfallen und die zum Teil schon bei den höheren Tieren in primitiven Ansätzen vorkommen, wie etwa kriegen spielen, sich balgen, mit rollenden, dehnbaren, wippenden, also irgendwie eigenwilligen Dingen sich abgeben. Der Mensch nützt diese regulierbare Eigenwilligkeit zu Schaukel, Wippe, Rundlauf, Ball- und Balancespielen aus. Ohne weiteres ist klar, daß die einfache Losgelassenheit des sich Tummelns eine Quelle der Freude und des Jubels ist. Und ebenso nahe liegt natürlich die Komik der Ungeschicklichkeit, bei der man sich und die anderen ertappt. Hiervon wird noch gesondert zu reden sein. Wie aber kommt es, daß Spielen als solches Lachen auslöst?

Die Antwort ergibt sich von jener Ambivalenz aus, die uns bisher im Phänomen des Kitzels auf eine allerdings sehr zugespitzte Art begegnete, die aber offenbar weiterreichende Perspektiven eröffnet. Ambivalenz, Doppelwertigkeit braucht nicht nur als Qualität eines zugleich angenehmen und unangenehmen, kosenden und lästigen Reizes aufzutreten. Sie kann den Charakter einer *Situation* bestimmen, die wir als schwebend empfinden, weil sie von unserer schöpferischen Bereitschaft und Gestaltung abhängt und diese zugleich in eigenwilliger Selbständigkeit bindet. Wir sind in Einem frei und nicht frei, wir binden und sind gebunden. Zwischen uns und dem Objekt (dem Ding, dem Kameraden) herrscht eine ambivalente Beziehung, der wir Herr und doch nicht Herr sind, weil sie uns ebenso gefangennimmt, wie wir sie in der Hand haben. Eine derartige Beziehung stiftet sich mit unserem Willen und gegen unseren Willen im Spiel.

Spielen ist immer ein Spielen mit etwas, das auch mit dem Spieler spielt,[19] und eine gegensinnige Beziehung, die zur Bindung verlockt, ohne doch so weit sich zu verfestigen, daß die Willkür des einzelnen ganz verlorengeht. Gleichwohl besteht die Gefahr des Umschlags, in jedem Augenblick. Die lockere, bildhafte Bindung verfliegt dann, und die Eindeutigkeit schiebt sich an ihre Stelle: aus dem Spiel wird Ernst, aus dem sich Jagen, Fangen und Balgen wird Kampf, das Bild wird von der Wirklichkeit verdrängt. Solange man nur so tut, als ob …, solange man auf die bildhaften Qualitäten der Dinge, ihr Wippen und Schwingen, ihr Rollen und Tanzen, die Schmalheit des gespannten Seils, die Glätte des Bodens, die Schiefheit der Gleitfläche, die Elastizität des Balles anspricht, ist die Bindung da. Entzieht man sich ihrer Resonanz, verwandeln sie sich in die Qualität ihres Ernstes, in Dinge des Gebrauchs und der eindeutigen Wirklichkeit.

Bildhaftigkeit und Ansprechbarkeit sind die Wesenseigentümlichkeiten des Spielobjekts bzw. des Mitspielers. Ein gespanntes Gummiband, das ich in Spannung halte, damit es mir Widerstand leistet, zeigt sie unmittelbar. Ich bin auf nichts anderes an diesem Ding als auf seine Elastizität konzentriert und auch auf diese nicht – wie etwa der Techniker – als auf eine objektive Eigenschaft, sondern mache mit ihr mit. Wie sie mich anspricht, so erwidere ich ihr. Sie zieht mich in ihren Bann, insofern ich mich ihr überlasse.

Diese ganz in der vitalen Schicht der reinen Gegenseitigkeit und der Eindruckswerte sich haltende Bindung, die weder von des Gedankens Blässe, d.h. der Objektivität, noch vom Aspekt der Absicht und des Zwecks angegriffen ist, stimmt zur Triebrichtung vieler Tiere, besonders der Jagdtiere, und hier wieder zur Jugendphase mit ihrem noch ungerichteten Bewegungsdrang, ihrem noch starken Triebüberschuß (worauf Buytendijk in erster Linie hingewiesen hat). Natürlich verfügen Tiere im Rahmen ihrer jeweiligen Umwelt, verglichen mit dem Menschen, nur über begrenzte Spielmöglichkeiten. Bisweilen spielen sie auch mit ihrem eigenen Körper, wie man das etwa bei Hunden beobachten kann, die nach ihrem eigenen Schwanz haschen. Zugleich geraten sie viel leichter als der Mensch und ohne eigentlichen Bruch vom Ernst (der für sie als Ernst nicht zum Bewußtsein kommt, weil sie es nur mit Gebrauchsdingen, Nahrungsdingen, Beutedingen, Feinden, Gefahren, Verlockungen, Hindernissen, Partnern, Chancen im Bewegungsfeld, Verstecken usw. also mit *Lagen*, nicht mit Sachen zu tun haben) ins Spiel, vom Spiel in den Ernst.

Dem Menschen dagegen stellt sich die Spielsphäre im Gegensatz zur Ernstsphäre dar. Er lebt im Bewußtsein der Eigentlichkeit. Er kann auch schon als Kind das Eigentlich-Sachliche, Wirkliche, Mögliche und Notwendige kraft seiner exzentrischen Stellung zur Welt vom Bildhaft-Ansprechbaren vitaler Bindung unterscheiden. Ihm fehlt in früher Jugend nur die intellektuelle Entwicklung, um innerhalb der Ernstsphäre die Dinge in ihrem wirklichen Zusammenhang zu überblicken und die Tragweite seiner Handlungen zu beurteilen. Aber dieser Mangel an Einsicht und Belehrtheit macht sich nur als Unsicherheit in der *Abgrenzung* der Sphäre des Unernstes, des Spiels und der Einbildungskraft oder als Vagheit in der *Gliederung* innerhalb der Sphäre des Ernstes geltend. Der Unterschied der Sphären als solcher wird ihm in frühester Jugend deutlich, so daß das Kind schon im ersten Lebensjahr zu Leistungen befähigt ist, die ein Schimpanse nie lernt.

Im Gegensatz zur (und insofern auf dem latent gegenwärtigen Hintergrund der) Ernstsphäre heben sich dem Menschen Bildhaftigkeit und Ansprechbarkeit des Spielobjekts und Spielpartners in doppelter Weise als uneigentlich vom Eigentlichen ab. Einmal als *Sphäre*, zum anderen als auf Gegenseitigkeit und Gegensinnigkeit beruhende *Bindung*. Die Spielsphäre, in die er eintritt und die er irgendwann wieder verläßt, ist in sich geschlossen und hängt mit der Wirklichkeit als solcher nicht zusammen: sie liegt nicht in ihrer Ebene. Wenn wir Indianer spielen, dann tun wir so, als wären wir Indianer, und wenn der andere nicht darauf eingeht oder aus der Rolle fällt und z. B. etwas übelnimmt, dann verdirbt er das Spiel. Aber das Tun als ob … ist nur eine der möglichen Spielformen. Im Nachlaufen braucht sie schon nicht mehr gegeben zu sein. Beim Schaukeln oder Balancieren ist sie bestimmt nicht da. Rolle und Verkleidung können also fehlen, ohne die Verwirklichung der Spielsphäre zu stören. Verwirklicht aber muß sie werden, weil in jedem Augenblick der Ernst von seiten des Eigentlichen droht. Sie verlangt – und hier greift das andere Moment ein – die Bereitschaft zur Ansprechbarkeit und bildhaften Bindung, man könnte sagen: den Willen zur Immanenz, zum Binden und Sich-binden-Lassen.

Spielen ist also für den Menschen ein Sichhalten im Zwischen in doppelter Hinsicht. Einmal gelingt es ihm nur, wenn er die beständig gegenwärtige Wirklichkeit abdeckt: insofern scheint sie ihm ständig in die geschlossene Sphäre des Spiels hinein. Zum anderen hält er sich in ihr nur durch die Wahrung des labilen Zwischenzustands einer immer wieder zu erneuernden Bindung, die gegenseitig und gegensinnig zugleich ist, weil sie in Binden und

Sich-binden-Lassen besteht. Auf diese Ambivalenz eines doppelten Zwischen: zwischen Wirklichkeit und Schein, zwischen Binden und Gebundensein reagiert der Mensch – mit Lachen.

Womit natürlich nicht gesagt sein soll, daß hierin der einzige Grund für das Erheiternde des Spielens liegt. Spielen macht Freude, weil es uns erleichtert, den alltäglichen Druck von uns nimmt und dem aufgestauten Bewegungsdrang, dem (in der Jugend besonders starken) Drang nach Betätigung der Einbildungskraft freie Bahn schafft. Spielen schafft Gelegenheiten zu kitzligen Situationen, zum Nervenkitzel, und schließlich ist es eine Quelle für die verschiedensten Arten der Komik. In jeder dieser Hinsichten kann es uns zum Lachen reizen. Aber es kann das auch als Spiel schlechthin, allein durch den Reiz, den die Sphäre des Scheins und der doppelsinnigen Gebundenheit auf uns ausübt. Faktisch mag dieser Anlaß nie von den übrigen ganz zu trennen sein, weder beim Kind noch beim Erwachsenen. Aber die besondere Lust am Schwebezustand des Spielens, an der Labilität eines Gleichgewichts, das eigentlich kein Gleichgewicht ist, am Untertauchen in eine Welt, die aus uns stammt und doch nicht aus uns stammt, die eigenwillig ist und sich doch nach unserem Willen richtet – ist darum nicht zu übersehen. Sie ist eindeutig Lust, aber Lust an etwas Mehrdeutigem, das sich dem eindeutigen Entweder-Oder der Wirklichkeit nicht fügt.

Darüber lachen wir, nicht weil es uns komisch und lächerlich vorkommt oder weil es uns kitzelt, wohl aber, weil wir damit eigentlich nicht fertig werden. Die Erregung des Schwebezustandes im Spiel ergibt sich aus der beständigen Oszillation zwischen Anziehung und Abstoßung, die in den Verhältnissen des Spielers und Mitspielers (bzw. des Spielobjekts) herrscht. Darum hat hier das Lachen noch etwas von einer echten Ausdrucksgebärde an sich, in der sich der Kitzel malt. Zugleich aber meldet es sich als eine Antwort auf eine nicht mehr eindeutige Situation, von der wir Abstand nehmen, ohne uns in Wirklichkeit von ihr lösen zu wollen. Gespanntheit und Irritiertheit setzen sich unmittelbar in den stimmlichen Ausdruck um, der aber vom Spielenden aus den Sinn einer Reaktion erhält: Reaktion auf eine Grenzlage gegen die eindeutigen Beziehungen, mit denen er sonst im Leben zu rechnen hat.

3. Komik

Zum Lachen im eigentlichen Sinne ist das Komische. Stellte sich Lachen bei den bisher besprochenen Anlässen als eine noch nicht zu ihrem vollen Wesen entfaltete Reaktion ein, die, in der Schicht der Ausdrucksgebärde mehr oder weniger gefangen, teils Expression der Freude, teils der sinnlichen Erregtheit und des Kitzels bleibt und erst beim Spiel in der Lust am Schweben zwischen Willkür und Gebundenheit echtes Lachen wird, so findet das Komische in ihm seine sinngemäße Antwort. In den abwandlungsreichen Formen der komischen Erscheinung, des komischen Aussehens und Benehmens, komischer Dinge und Bewegungen, der Situations-, Wort- und Charakterkomik, im täglichen Leben und in der Kunst begegnet es und übt, je nach unserer Empfänglichkeit dafür, seinen Zwang auf uns aus.

Die Bestimmung des Komischen ist ein altes Anliegen der Philosophie, der Ästhetik, der Theorie der Komödie und seit dem 18. Jahrhundert auch der Psychologie. Wie es bei einem derartigen Problem gar nicht anders sein kann, haben die verschiedensten Motive und Rücksichten in den Antworten ihren Niederschlag gefunden: moralische Bedenken, pädagogische Gesichtspunkte und vor allem wissenschaftliche Prinzipien und Vorurteile. Eine Geschichte der Wesensbestimmung des Komischen bliebe ohne beständigen Kontakt mit der Geschichte der Philosophie, Psychologie, der Erziehung und künstlerischen Ideale Stückwerk. Das Interesse an ihrem bleibenden Ertrag freilich möchte diese Mühe kaum lohnen. Denn von einem Fortschritt in der Theorie des Phänomens darf man nicht sprechen. Für jeden Aspekt bietet sich eine geeignete Strukturformel, die uns das Wesen des Komischen in mehr oder weniger treffende Ausdrücke übersetzt, es in solchen wenigstens einfängt. Wechselt der Aspekt, dann verblassen auch die Ausdrücke, und aus erkalteten Formen ist das Leben entflohen. Wer wollte bestreiten, daß Einfühlungsästhetik oder Assoziationspsychologie, daß hegelsche Dialektik oder kantischer Kritizismus nicht längst eine treffende Fassung für das Komische gefunden haben? Aber da ihr Gesichtskreis, ihr terminologisches Rüstzeug, ihre philosophische Gesamthaltung für uns nicht mehr unbestritten sind, werden wir uns mit ihren Lösungen nicht einfach zufriedengeben können, weder als definitiven noch als vorbereitenden. Die Kenntnis vergangenen Bemühens enthebt uns nicht des eigenen, die Essenz des Komischen an Beispielen lebendig werden zu lassen, zumal da wir es im Hinblick auf die Reaktion des Lachens verstehen wollen und nur im Seitenblick als ästhetische Kategorie.

In gleicher Absicht ist nun allerdings die sehr bekannte Analyse Bergsons, »Le rire«, an das Phänomen herangegangen, gegen die man nur einwenden kann, daß sie das Lachen ausschließlich im Gesichtskreis des Komischen untersucht, was ihren Einsichten freilich keinen Abbruch tut.

Der Umfang des Komischen ist nach Bergson durch die menschliche Sphäre bestimmt. Wolken- und Felsbildungen, Pflanzen- und Tierformen kommen uns komisch (d.h. nicht seltsam und ungewohnt, sondern erheiternd und lächerlich) nur dann vor, wenn sie irgendwie an das Menschliche erinnern: an ein Gesicht, eine Figur, einen Teil des menschlichen Körpers. Sie führen uns dann im Bilde gewisse Züge des Gesamteindrucks vom Menschen in einer Abgelöstheit und Verselbständigung vor, die seiner natürlichen und geforderten Lebendigkeit, d.h. unlösbaren Verbundenheit mit ihm, widerspricht. Wir lachen also eigentlich nicht über sie, sondern über die Widerspenstigkeit des menschlichen Körpers, der sich dem Gesetz des Lebens (hier freilich nur im Bilde eines Erinnerung weckenden Naturphänomens) entzieht.

Solche scheinbar außermenschliche Komik ist also im Grunde die gleiche, die uns bei irgendwelchen Zerstreutheiten oder Fixiertheiten an menschlichem Benehmen trifft und die wir in der Karikatur oder der Imitation festnageln. Nur hat die Natur hier die Rolle des Karikaturisten oder Imitators übernommen. Dabei gilt der Satz: »Stellungen, Gebärden und Bewegungen des menschlichen Körpers sind in dem Maße komisch, als uns dieser Körper dabei an einen bloßen Mechanismus erinnert.« Jedesmal, wenn eine Person uns wie eine Sache erscheint – als Marionette, Puppe, Clown –, wenn unsere Aufmerksamkeit auf die physische Natur eines Menschen hingelenkt wird, bei Situationen, in welchen seine geistige im Vordergrund steht – etwa Niesen mitten in einer Rede –, ist der komische Tatbestand da.

Warum? Nach Bergson wehrt sich hier unser sozialer Instinkt. Wie Lachen nach ihm stets Lachen einer Gruppe ist – auch dann, wenn ich für mich allein lache –, so stellt das Komische einen Verstoß gegen das Grundprinzip des Zusammenlebens dar: Sei elastisch, passe dich allen Lagen an, nimm dich zusammen. Es beruht auf einem Verfall der Lebendigkeit ins mechanisch Erstarrte, es ist im Grunde identisch mit dem Phänomen der Zerstreutheit. Und das Lachen ist die Strafe dafür. Wir lachen den Zerstreuten aus, wir lachen als Tadel, als Korrektur, aber auch als Warnung. Im Lachen signalisiert die Gesellschaft in uns, der soziale Instinkt, eine Gefahr, der der Mensch durch seine physische Existenz ausgesetzt ist, und indem es den Gestrauchelten straft, heilt es zugleich die Wunde, die es ihm schlägt: es stellt die Lebendigkeit wieder her.

Unaufmerksamkeit, Zerstreutheit, Starrheit äußern sich gern in Plumpheit und Fixiertheit des Benehmens und lenken damit die Blicke der Mitwelt auf Dinge, die an sich unvordringlich sein sollen. Statt in der Rolle des Mitspielers zu bleiben, die die Gesellschaft dem einzelnen überträgt, fällt dieser in der »Zerstreutheit« aus der Rolle und wird dadurch den anderen zum Schauspiel. Die Gründe wie die Ausdrucksformen können dabei ganz verschieden sein. Der zerstreute Professor, der in seinen Problemen lebt und allerhand Nonsens vollführt, stolpert, Dinge vertauscht, stehende Redensarten annimmt; das Opfer eines Budenzaubers, das die plötzlich verkehrte Welt nicht bemerkt, wirken ebenso komisch wie der unmäßig Dicke oder eine zu große Nase, wie ein Tick im Benehmen. Natürlich kommt dem Körper eine Vorzugsrolle als Träger komischer Eigenschaften zu, obwohl sein Träger meistens nichts dafür kann. Sie drängen sich und ihn ins Blickfeld auf eine Weise, die dem Menschlichen widerspricht. Denn die Gesellschaft will nicht an Nasen, Ohren und Füße erinnert werden, auch wenn solche Gebilde zum Leben irgendwie nötig sind.

Jegliche Emanzipation der Mittel, ob körperlicher oder unkörperlicher, wirkt – soweit nicht Mitleid oder Ekel, wie etwa beim Anblick von Krüppeln oder Kranken, überwiegen – komisch. Übertriebenes Zeremoniell, automatisierte Bürokratie, Hybris, welche menschliche Regelung an die Stelle der Natur setzte, sind lächerlich. Nicht die Häßlichkeit, die nur abstößt, oder die Widervernünftigkeit, die uns ärgert, entscheiden hier, sondern die Steifheit und Unlebendigkeit. Jede Form, die den Gehalt unterdrückt, jeder Buchstabe, der den Geist schikanieren will, jede Funktion des Lebens, die das Leben tyrannisiert oder zu tyrannisieren scheint, werden komisch. Denn in ihnen ist eine Verkettung gegeben, die uns die Illusion oder Gewißheit des Lebens zugleich mit dem Gefühl eines mechanischen Arrangements verschafft.

Bergson hat richtig erkannt, daß die komische Kunst sich von jeher dieses Mittels bedient und das Generelle, Vertretbare, d.h. irgendwie Schematische mit Vorliebe zum Thema wählt, während die ernste, tragische Kunst das Individuum in den Mittelpunkt stellt. Komödien heißen: Der Geizhals, Der eingebildete Kranke, Der

Schwierige; Tragödien: Othello, Hamlet, Faust. Hier waltet gewiß keine durchgehende Regel, wohl aber eine bedeutsame Vorliebe, denn (um es mit Bergsons Worten zu sagen) Lebendigkeit zeigt sich in steter Veränderung des Aussehens, Unumkehrbarkeit der Erscheinungen, vollkommener Individualität einer in sich geschlossenen Reihe. Behauptet sie sich gegen die generalisierende, automatisierende Gewalt einer Leidenschaft, eines Lasters, läßt sie noch im Untergang durch solche Gewalten die Würde des Individuums erkennen, dann geht von ihm eine tragische Wirkung aus. Behauptet sich die Individualität gegen die Versteifung und Mechanisierung ihrer Leidenschaft nicht, macht sie daraus keinen zentralen Kampf gegen das Schicksal, verfällt sie ihr (und ohne zu ernste Folgen), so überwiegt die komische Wirkung.

Was widerspricht dem Leben und der Einmaligkeit und kann doch des Lebens sich bemächtigen? Wiederholbarkeit, Umkehrbarkeit, Doppelsinnigkeit. Auf ihrer Verwendung, die um so unwiderstehlicher wirkt, je natürlicher sie im Ursprung sind, beruht die Komik von Situationen, Worten und Charakteren. Stehende Redensarten, periodische Wiederholungen von bestimmten Phrasen, ungewollte Wiederkehr von Situationen sind Beispiele der Repetition; »Retourkutschen«, Umdrehungen von Sätzen und ganzen Szenen (wie etwa im Lieblingsfall des betrogenen Betrügers), Beispiele der Inversion. Und die Verwechslungen, auf die der Schwankdichter offenbar überhaupt nicht verzichten kann, sind Beispiele der Doppelsinnigkeit, der Interferenz der Reihen, denen das Ereignis, jede unabhängig von der anderen, angehört.

Bergsons Analyse des Komischen stößt in allen Variationen der Situations-, Wort- und Charakterkomik auf das bereits an komischen Formen und Bewegungen gefundene Kernphänomen einer Lebendigkeit, die zugleich den Eindruck eines gewissen Mechanismus macht. Der Nachdruck liegt nicht so sehr auf dem Konflikt zwischen Lebendigkeit und Steifheit, auch nicht auf den Formen, in denen Lebendigkeit und Steifheit erscheinen wie etwa in

Individualität und Typus, als vielmehr auf der *Gegensinnigkeit*, die gleichwohl *als Einheit* sich vorstellt und hingenommen werden will. Solche Gegensinnigkeit weiß Bergson an drei elementaren Phänomenen zu demonstrieren, die in ihrer Sinnfälligkeit schon dem Kinde einleuchten: dem Springteufel, der Marionette und dem Schneeball. In allen dreien zeigt sich eine gewisse Eigenwilligkeit und Selbständigkeit, eine Schnellkraft, eine überzeugende Beweglichkeit, ein expansives Vermögen, die in den offenbaren Automatismus und Mechanismus, in die Regulierbarkeit und Dirigierbarkeit verschränkt sind. So verlocken sie zum Spielen, ähnlich dem Gummiball und der Schaukel. Aber sie sind nicht nur Spielzeug, sondern darüber hinaus komisch. Der Schneeball ist nicht bloß Ball, sondern im Rollen über die Schneefläche wird er zu etwas anderem, von dem eine anfangs nicht zu übersehende Wirkung ausgeht: ein expansiver Mechanismus von eklatanter Unverhältnismäßigkeit.

Alles Unverhältnismäßige: große Umwege, gewaltige Anstrengungen, die zum Ausgangspunkt zurückführen, Spannungen, die in Nichts zergehen, Gesten und Gebärden, die ihre Hohlheit nicht verbergen – wirkt überwältigend komisch, denn es demonstriert Gegensinnigkeit als Einheit. Und es fragt sich nur, ob diese Gegensinnigkeit zwischen dem Lebendigen und dem Mechanischen – beides in seiner menschlichen Bedeutung genommen – spielen muß, ob wir (in welchem Aspekt auch) das Individuelle irgendwie immer auf einer Erstarrung oder jedenfalls im Verfall zur Erstarrung ertappen müssen, um etwas komisch zu finden. Ist das Komische auf die Sphäre des Menschen beschränkt, läßt es sich als ein Zugleich von Lebendigkeit und Starre fassen? Schließlich: ist es von Ursprung und Funktion sozialen Wesens?

Beschränktheit des Komischen auf die menschliche Sphäre bedeutet nicht, daß wir nur über Menschen lachen, nur Menschen komisch finden können. Bergson gibt selbst die besten Gegenbeispiele: ein halbgeschorener Hund, ein Gartenbeet mit künstlichen Blumen, ein Wald, dessen Bäume mit Wahlaufrufen beklebt sind, ein künstlich regulierbarer Wasserfall, den der Beschauer gegen Eintrittsgeld durch Ziehen an der Schnur zur Auslösung bringt. Aber er deutet sie als Fälle von Verkleidung: Die Natur erscheine hier wie in einer Maske. Sie braucht dadurch nicht geradezu vermenschlicht gedacht zu werden, aber sie trägt, was ihrem Wesen widerspricht, ein Kleid, sie spielt eine Rolle. Sie übt – gegen ihr Wesen und bloß durch den Willen des Menschen – eine Funktion aus, die wir sonst nur vom Menschen her kennen.

Die Natur ist eindeutig. Sie mag seltsam, unheimlich, gewaltig sein, aber sie ist, wie sie ist, ganz und offenbar. Steine, Pflanzen, Tiere mögen einem Plan der Vorsehung oder dem schöpferischen Spiel blinder Gewalten entstammen – so, wie sie nun einmal sind, haben sie nichts zu verbergen. Weder Kern noch Schale, sind sie alles mit einem Male. Aber es kann Fälle geben, welche diesen Eindruck nicht aufkommen lassen. Der Zoologe wird für derartige Empfindungen weniger empfänglich sein als etwa ein Kind oder ein Ahnungsloser, die das Nilpferd, den See-Elefanten oder den Nashornvogel ebenso komisch finden wie den Pinguin oder den kunstvoll geschorenen Hund. Pinguin und Hund erinnern dabei an den Menschen, aber Nilpferd, See-Elefant und Nashornvogel wirken an sich komisch. Warum?

Hier ist nichts Menschliches mehr im Spiel, sondern sie erscheinen selber als Karikaturen von Tieren. Wir tragen nun einmal, sicher durch unseren Erfahrungskreis bedingt und oft zu Unrecht, eine Art Idee oder Schema von Tier in uns, der die bekanntesten Arten entsprechen: nicht zu groß, nicht zu dick, nicht zu unproportioniert. Schlangen und Fische, Vögel und Wild, Löwe und Walfisch – jedem ist seine Form zugemessen, die selbst wieder wie eine der vielen Möglichkeiten wirkt, in denen tierisches Leben sich gestalten kann. Aber dann gibt es Ausnahmen, die als groteske Übertreibungen einer Form, als Witze der Schöpfung erscheinen (zu deren Humorlosigkeit sich nur der Wissenschaftler vom Fach durchringt).

Offenbar sind Pflanzen und anorganische Bildungen komischer Wirkungsmöglichkeit entzogen, vorausgesetzt, daß sie nicht wie etwa Kakteen oder Fels- und Wolkenformen an andere Gebilde pflanzlicher, tierischer oder menschlicher Art erinnern. Pflanzen, Steinen, Bergen und Seen gegenüber ist unsere Phantasie gewissermaßen frei von Vorurteilen. Es sind Gewächse bzw. reine Gestalten, deren Mannigfaltigkeit spielen kann, wie sie will. Unter der Idee des Gewächses und der Gestalt gibt es keine Maßlosigkeit des Zu-Dick oder -Dünn, Zu-Flach oder –-Rund. Vielleicht ist hierfür die Bewegungslosigkeit von Bedeutung. Pflanzen, Wasser, Wolken, Steine werden bewegt, aber bewegen nicht sich selbst. Ihr Habitus ist passiv, sie verraten nichts von einem Benehmen.

Tierischer Habitus dagegen ist aktiv, Tiere benehmen sich – geschickt oder plump, rasch oder langsam, aggressiv oder tastend. Dadurch kommt in die Erscheinung tierischen Lebens Perspektive auf eine Normierbarkeit. Denn wo immer ein Verhalten uns entgegentritt, präsentiert es sich im Lichte von Normen, die – wie Geschicklichkeit, Schnelligkeit, Aggressivität – zwar auch auf den Menschen passen, aber nicht vom Menschen hergeholt sind. Am Verhalten wiederum erhält die jeweilige Form ihr Relief, ihre bedeutungshafte Prägung: der dicke Leib erscheint als tote Last (wenn er's auch in Wirklichkeit gar nicht ist), der gebogene Schnabel als permanente Verleugnung aller »natürlichen« Proportionen zwischen Schnabel, Kopf und Rumpf. Ein Lebewesen also, das sich benimmt, sich verhält (und das heißt: irgendwie »sich« bewegt), steht mit seinem Leib mehr oder weniger in Einklang oder im Gegensatz, es bekommt etwas Provozierendes – für unser Auge. Und darauf kommt es allein an, um etwas am Benehmen oder an der Figur widersinnig-komisch zu finden.

Komik an Tieren beruht nicht auf mehr oder weniger bewußten Analogien zum Menschen, sondern auf einem Konflikt zwischen einer Idee oder Norm, die wir in unserer Einbildungskraft (aus Gründen der Gewohnheit und ästhetischer Vorurteile) an die Erscheinung herantragen – in deren Licht uns die tierische Form unmittelbar erscheint –, *und* der jeweiligen Art des Tieres. Der Zoologe wird uns in diesem Punkt umsonst belehren. Für ihn gibt es Seltsamkeiten, aber keine Komik, ebensowenig als es für ihn z. B. ekelhafte Tiere geben kann. Denn in der Natur, im Unterschied zur Menschenwelt, muß alles so sein, wie es ist. Und doch heben sich die Tiere als Erscheinungen heraus. Sie scheinen für naive Gemüter bisweilen der Norm, die weitherzig die größten Extreme gelten läßt und doch wieder über jeder Form wacht, als Entgleisungen der Natur zu widersprechen und somit (gegen alle ernste Belehrung) jenen nach Bergson typischen Wettstreit zwischen Lebendigkeit und Mechanismus an sich zu haben, der uns zum Lachen reizt.

Gerade als solcher ist der komische Konflikt *nicht* an die menschliche Sphäre gebunden, sondern kann überall da hervorbrechen wo eine Norm durch die Erscheinung, die ihr *gleichwohl offensichtlich gehorcht,* verletzt wird. Bei Tieren ist dieser Widerspruch gegen die Norm nur scheinbar, da wir uns vom ernsthaften Sinn, von der Zweckmäßigkeit und Notwendigkeit ihres Aussehens und Benehmens überzeugen müssen. Sie können sich nicht verstellen und verkleiden, nicht anders sein, als sie sind. Darum ist das anscheinend Komische doch in ihrer Erscheinung begründet und nicht nur im Widerschein menschlicher Analogien. Unser biologisches Urteil korrigiert – besser gesagt: vertreibt den komischen Eindruckscharakter in solchen Fällen mit Recht; aber dem Eindruckscharakter selbst kann es nichts anhaben. Der Eindruck hat seine ästhetische Wahrheit und seine eigene Beurteilungsnorm. Auch das uneigentlich Komische ist von echter Komik. Sie nimmt an Echtheit nicht zu, wenn sie in der menschlichen Sphäre auftritt. Für sie ist die Möglichkeit, freiwillig oder unfreiwillig zu sein, ebensowenig entscheidend, als es die Zumutbarkeit der Norm ist, gegen welche die Erscheinung rebelliert.

Nur die komische Wirkung, nicht die komische Essenz

verstärkt sich in der Sphäre des Menschen, weil ihm als freiem Wesen von Verantwortung und Haltung Normen zugemutet werden können. Mit der Zumutbarkeit ist dem Menschen eine Tiefe in sich selber, ein Abstand zu sich zuerkannt. Aus ihr heraus muß er ihn irgendwie überbrücken, um ein richtiges Verhältnis zu den Dingen zu gewinnen. Beim Tier sieht's dem naiven Auge nur so aus, beim Menschen ist es wirklich so. Die Natur hat ihn als eine Existenz mit doppeltem Boden geschaffen, mehreren Ebenen und Aspekten angehörig, auf welche sich die widerstreitenden Kräfte verteilen, um gegebenenfalls den komischen Eindruck auszulösen. Auf dem Hintergrund solcher Ansprüche, wie sie der Mensch erhebt: auf Individualität, also Einzigkeit, Einmaligkeit und Unvertretbarkeit, auf Würde, Beherrschtheit, Elastizität, Ebenmaß, Einklang zwischen Leib, Seele, Geist – kann so gut wie alles, was er ist, hat und tut, komisch wirken. Ähnlichkeit, die zwei Menschen nicht mehr unterscheidbar macht, ist lächerlich; Nachahmung von Gesicht, Tonfall, Bewegungen – lächerlich; Verwechslung – lächerlich; Verkleidung (und jede Kleidung, die lange genug aus der Mode ist, und nicht zu lange, um bereits unserer Einfühlung entglitten zu sein, wirkt als Verkleidung) – lächerlich. Unproportionierte Formen, ungeschicktes Benehmen, Übertriebenheiten jeder Art, Monomanien, Zerstreutheiten, Fixiertheiten: unerschöpfliche Quellen der Komik im Vergleich zu der nur gelegentlichen und uneigentlichen, wenn auch echten Komik der Tiere.

Eigentlich komisch ist nur der Mensch, weil er mehreren Ebenen des Daseins zugleich angehört. Die Verschränkung seiner individuellen in die soziale Existenz, seiner moralischen Person in den leibseelisch bedingten Charakter und Typus, seiner Geistigkeit in den Körper eröffnet immer wieder neue Chancen der Kollision mit irgendeiner Norm. Deshalb wird die Theorie des Komischen stets dazu neigen, das uneigentlich Komische der Tiere zu vernachlässigen und es für abgeleitet zu halten, was es nicht ist. So verdirbt sie sich eine entscheidende Einsicht: daß das

Komische von Ursprung und Funktion nicht sozialen Wesens ist, auch wenn es sich im Umkreis sozialen Daseins erst zu seinem vollen Reichtum entfaltet. Was eine Gesellschaft komisch findet, worüber sie lacht, das wechselt im Lauf der Geschichte, weil es zum Wandel des Normenbewußtseins gehört. Das Komische selbst dagegen ist kein Sozialprodukt, und das Lachen, das ihm antwortet, kein Warnungssignal, keine Strafe (zu der es in einer Gesellschaft werden kann), sondern eine elementare Reaktion gegen das Bedrängende des komischen Konflikts. Exzentrisch zur Umwelt, im Durchblick auf eine Welt steht der Mensch zwischen Ernst und Unernst, Sinn und Sinnlosigkeit und damit vor der Möglichkeit ihrer unauflösbaren, mehrdeutigen, gegensinnigen Verbindung, mit der er nicht fertig werden kann, von der er sich ablösen muß und die ihn doch zugleich an sich bindet.

Insoweit wäre das Komische als Anlaß zum Lachen aufgeklärt. Wieder begegnet in ihm die Ausgangsform einer Ambivalenz, die freilich nicht mehr in der Qualität des Kitzelreizes gefangen bleibt und auch dem Schwebezustand des Spielens zwischen Gebundenheit und Willkür entwachsen ist. Das Komische liegt ganz auf der Seite des Gegenstandes, der Situation, des Charakters unseres Gegenüber (zu dem ich selber gehöre, wenn ich mir komisch vorkomme). Es ist eine Qualität seiner Erscheinung. Es wendet sich zwar nicht allein an unsere Sinne, sondern an unsere Auffassung und unser Verständnis für: Benehmen, Gesichter, Haltung, Sprache, Anzug usw., aber es löst sich auch nie völlig von ihnen ab. Komische Phänomene, Szenen, Handlungen, Personen sind in sich als Erscheinungen ambivalent und gegensinnig für unsere Auffassung. So lassen sie uns nicht in Ruhe und bieten doch nie die Aussicht, daß wir mit ihnen »zu Rande kommen«. Da gleichwohl die Erscheinung selbst – trotz ihrer »Unmöglichkeit« – beharrt und es mit ihr offensichtlich »geht«, so geraten wir in eine ambivalente Stellung zu ihr, die zwischen Anziehung und Abstoßung, zwischen Ja und Nein nicht nur keine Entscheidung findet (und den

141

Charakter von Unentschiedenheit und Zweifel annimmt), sondern überhaupt eine Entscheidung ausschließt und zwingt, die Erscheinung zu akzeptieren. Wir tun's, wir nehmen sie hin, aber wir überlassen sie sich selber: wir nehmen sie nicht ernst.

Eine in seiner Erscheinung sich dokumentierende Ambivalenz zwingt dazu, daß wir uns vom komischen Gegenstand lösen, den Kontakt des Verstehens und Umgehens mit ihm (wie auch immer) unterbrechen und ihn seiner bloßen Erscheinung überlassen. Welcher Art ist nun diese Ambivalenz, Doppelwertigkeit und Doppeldeutigkeit? Welcher Art ist der komische Konflikt, der komische Widerspruch?

Die Bergsonsche Antwort läßt sich mit der unsrigen insofern verbinden, als das Zugleich von Lebendigkeit und Mechanismus eine Normwidrigkeit darstellt, bei welcher dem Leben die Rolle der Norm, dem Mechanismus die der Störung zukommt. Normwidrigkeit (das Geschmacklose, Falsche, Häßliche, Schlechte) hat an sich etwas Anstößiges und nichts Erheiterndes. Um zu erheitern, muß die Normwidrigkeit irgendwie auch wieder paralysiert sein. Die Hemmung für die Verwirklichung des Wertes muß zugleich den Triumph des Wertes herbeiführen und bezeugen. So meint es auch Bergson. Darin wird das Phänomen unernst. Die Bestreitung und Verleugnung der Norm muß unterliegen, der Effekt des Konflikts zum Aufwand oder zur Sinnfälligkeit der Herausforderung in offensichtlichem Mißverhältnis stehen.

Erläutern wir dieses für das Eintreten komischer Wirkung entscheidende Verhältnis zwischen Norm und Gegebenheit an einer Formulierung F. G. Jüngers aus seiner Schrift »Über das Komische«, einer der letzten Untersuchungen zum Thema, die an Eindringlichkeit älteren und bekannteren Bearbeitungen gewiß nichts nachgibt. Nur durch Beziehung auf eine Regel, der es widerstreitend gegenübertritt, ergibt sich das Komische. Vom tragischen Konflikt unterscheidet sich der komische durch Unebenbürtigkeit der streitenden Parteien. Wächst die tragische

Wirkung mit der Ebenbürtigkeit der Gegner und dem Gleichgewicht ihrer Kräfte, so daß der Ausgang des Kampfes nicht von vornherein feststehen darf, so nimmt umgekehrt die komische Wirkung mit der Unebenbürtigkeit der Gegengewichte zu. Die Komik liegt darin, daß bei der offenbaren Überlegenheit des Gegners der offenbar Unterlegene den Kampf überhaupt beginnt: die überlange Nase, nach der sich gewissermaßen das Gesicht richten soll; der Orchestermusiker, der sich im Konzert als Solist gebärdet.

Dabei genügt es nicht, daß der Unterlegene (die Nase, der Musiker) unterliegt; er muß den Streit beginnen. Die Provokation gehört zum Schema des komischen Konflikts, und zwar die unangemessene Provokation, die einen Widerspruch in sich begreift. So gibt sich der Konflikt von vornherein nicht nur als aussichtslos, sondern als nicht ernsthaft zu erkennen. Irrtümer, Versehen, Verwechslungen, Täuschungen zeigen als Quellen der Komik die Widersprüchlichkeit der Provokation aufs deutlichste: Don Quijote gegen Windmühlen; der Eilige, der seinen Kragenknopf sucht.

Schließlich vollendet sich der komische Konflikt in der Replik, der Entgegnung des Überlegenen, die nichts anderes als das Sich-geltend-Machen der Regel bedeutet. Schon die bloße Wahrnehmung der unangemessenen Provokation enthält sie. Darüber hinaus kann sie sich selbständig äußern: witzig, paradox, ironisch, humoristisch. In jedem Falle muß sie angemessen sein. Sie darf eine Verwechslung nicht etwa mit Vernichtung beantworten. Ein verwechselnder »Griff nach der Giftflasche, der den Tod des Trinkenden herbeiführt, der Irrtum des Schützen, der Kreislauf des Verdurstenden in der Wüste sind Fälle, in denen das Komische nicht aufkommen kann, weil die Replik zu stark ist und weil eine so mächtige Rückwirkung in keiner ästhetisch angemessenen Beziehung zu der schwachen Provokation steht«. Nicht die Größe des Schadens, sondern die Angemessenheit der Replik auf die in sich unangemessene Provokation entscheidet. Es gibt eben auch Fälle, in denen man eines komischen Todes sterben kann.

Die komische Provokation ist nichts ohne ihr Begriffenwerden. In der Replik auf das Phänomen einer in sich widerspruchsvollen, nicht ernst zu nehmenden (wenn auch bisweilen sehr ernst gemeinten) Herausforderung von seiten eines Unterlegenen vollendet sich erst das Phänomen. Hierin steckt – und das ist vielleicht das Beste an Jüngers Schema des komischen Konflikts – der Grund dafür, daß die komische Wirkung sich nur in der Gesellschaft voll entfaltet. Der Zuschauer ist hier nicht das bloße Auge, das fertige Bilder aufnimmt, sondern das Maß und die Regel, die Vergegenwärtigung der Norm, vor der allein das Schiefe schief, das Krumme krumm erscheint. Von mehreren Personen braucht darum die Komik nicht abzuhängen; ich bin auch mein eigener Zuschauer. Aber das Spiel des unernsten Konflikts entwickelt sich nur im Reflex der Norm, die ihr Licht eben nicht auf das Phänomen zurückfallen läßt, wenn kein Spiegel da ist, der es reflektiert. Und da die Benommenheit der Menschen von sich selbst und ihren eigenen Angelegenheiten zu groß ist, als daß sie ein Auge für sich haben, entdeckt sich ihre und der Welt Komik nur den unbeteiligten Zuschauern, den lachenden (bisweilen unter Tränen lachenden) Dritten.

Vielleicht blickt die Formulierung Jüngers zu sehr auf die Welt der Machtverhältnisse, einer deutschen Neigung in diesen Jahren nachgebend. Aber alle Formulierungen eines ästhetischen Sachverhalts sind wesentlich indirekt und übertragen zu verstehen. Er läßt sich in ihnen nur vorübergehend fangen, solange die Worte und die Perspektive unverbraucht sind. Seine Struktur muß immer wieder von neuem erschlossen werden. Gäbe es für die Ambivalenz des Komischen einen adäquaten und erschöpfenden begrifflichen Ausdruck, dann wäre dem Komischen seine Essenz und uns die Möglichkeit der Replik genommen. Zum Lachen ist es ja nur, weil wir nicht damit fertig werden. Eine Theorie, die fertiger werden will als wir, hätte das Phänomen durch einen Begriff erstickt.

Gleichwohl, um Prägnanz muß sie bemüht sein. Die anstößige, beunruhigende Gegensinnigkeit des Komischen ist dem, der Sinn dafür hat, höchst eindeutig und bestimmt. Mit dem Komischen dadurch fertig werden, daß man es nicht ernst nimmt, heißt nicht etwa zum Komischen kein Verhältnis finden. Das einzig mögliche Verhältnis zu ihm *ist* der Unernst. Aber Notwendigkeit solchen Unernstes läßt sich nur im Hinblick auf ein sonst eben Nicht-fertig-Werden begreifen, das der Gegensinnigkeit im Aufbau des komisch wirkenden Anlasses entspricht. Insofern bedeutet komisch: aus dem Rahmen fallend, anstößig, widersprechend, doppelsinnig – etwas, womit man nichts anfangen, was man sich nicht zurechtlegen kann. Deshalb neigt die Dummheit viel mehr zum Lachen als die Intelligenz. Je enger der Horizont, desto ärmer die Möglichkeiten des Verstehens, desto rascher an der Grenze der Sinnlosigkeit und Ambivalenz.

Diese Grenze erfährt der Mensch am Komischen jedoch nicht nur subjektiv als sein Unvermögen, mit der Sache fertig zu werden, sondern zugleich als Struktur der Sache, die es verbietet. Am offenbaren Triumph des Seins über die Eindeutigkeit, den die Erscheinung schlicht verkündet, zeigt sich ihre Verstiegenheit, ihr Überstieg, ihr Sich-selber-entglitten-Sein: das Über-die-Grenze-geraten-Sein der komischen Dinge. Und es versöhnt mit der Dummheit, die zu leicht alles komisch findet, daß die starke Intelligenz von weitem Horizont die gleiche Bilanz aufmachen kann. Nur darf ihr über solcher wahrhaft doppelten Buchführung nicht das Lachen vergangen sein.

Humor als die Gabe, den Sinn für das Komische nicht zu verlieren, soll darum nicht einseitig gefaßt und mit dem Gefühl oder dem Verstand verbunden werden. Dem Komischen antwortet der Mensch im Ganzen. Ist von Widerspruch, Doppeldeutigkeit und Doppelsinn, ja von einem sich selber in der Erscheinung auflösenden Widerspruch die Rede, so liegt er doch nicht in der rationalen Sphäre; er scheint nur in sie hinein. Bestimmt man das Komische als Verhältnis einer unangemessenen Provokation, die von einem Unterlegenen ausgeht, so beruft man die Norm. Aber es wäre falsch, den Kreis ein für allemal festlegen zu wollen, zu dem die Norm gehört. Das Komische ist kein logischer, kein ethischer, kein (im engeren Sinne) ästhetischer Konflikt, es hat mit den Alternativen Wahr-Falsch, Gut-Böse, Schön-Häßlich nichts zu tun; sie können in ihm aufscheinen, aber es geht in ihnen nicht auf.

Komik gehört der Ebene an, auf die alle Normierungen spezieller Art zurückweisen: die Ebene, in der sich der Mensch als solcher und im Ganzen in der Welt und gegen die Welt behauptet. Sein Irgendwo-irgendwann-Darinstehen, d. h. seine exzentrische Position, ermöglicht ihm, sich und seine Welt, in der er zu Hause ist und auf die er sich versteht, als begrenzt und offen zugleich zu nehmen, vertraut und fremd, sinnvoll und widersinnig.

In diesem Zugleich steckt der Kern der Komik, aber der normale Gang des Lebens und der Geschäfte läßt ihn uns vergessen. Man nimmt die Dinge in dieser oder jener Hinsicht und dichtet sie gegen Zweideutigkeit ab. Aber unsere Technik, die Welt ernst zu nehmen und sie uns zu verbinden, tätig und schauend, deutend und fühlend, hat Lücken im einzelnen wie im Ganzen. Die Dinge überraschen uns durch ihr Aussehen, sie nehmen eine unvorhergesehene Wendung, sie bilden Situationen, zu denen sich kein ernstes Verhältnis mehr finden läßt. Bedeuten solche Überraschungen und Grenzlagen unserer Weltorientierung im Ganzen für uns keine Gefahr, oder haben wir die Kraft, dieser Gefahr gegenüber die Freiheit des Abstandes zu wahren, so finden wir sie – falls die näheren Bedingungen im Phänomen erfüllt sind – komisch.

Die Abgründigkeit der Komik als solcher mag dabei nicht zum Bewußtsein kommen. Aber sie macht sich trotzdem geltend und erinnert auch in der geringfügigsten Erscheinung an die exzentrische Position des Menschen. Die Kunst des großen Komikers: des Karikaturisten, Dichters, Schauspielers, Clowns weiß davon und gewinnt ihr die eigentlich treffenden, die wahrhaft unerbittlichen Wirkungen ab, die an Leuchtkraft gewinnen, je näher sie dem Dunkel der Tragik kommen.

4. Witz

Witz, nicht als Gabe verstanden, rasch, kraftvoll und ursprünglich sich ein Urteil zu bilden und ihm auf sinnfällige Weise Ausdruck zu verleihen (woran Begriffe wie Mutterwitz, gewitzigt und ähnliche Wendungen zum Teil altertümlicher Art erinnern), sondern als Ausdrucksform, wird häufig als Unterart des Komischen aufgefaßt. Kuno Fischer z. B. definiert ihn »als Vorstellungsart, der die erzeugende und mitteilende Kraft des Komischen innewohnt«. Leitend ist hierbei offenbar die eindeutige Beziehung aufs Lachen, das den Witz beantwortet, die erheiternde Wirkung, die von ihm ausgeht und der er dient, und schließlich eine gewisse Verwandtschaft zur Struktur des Komischen, der Doppeldeutigkeit und Gegensinnigkeit. Darüber, daß Witz eine Ausdrucksform ist oder jedenfalls am Ausdruck hängt, kann im Ernst nicht gestritten werden. Wendungen wie: Treppenwitz der Weltgeschichte; dieser Mensch, diese Begegnung, Tat, Leistung ist ja der reine Witz, geben sich als Metaphern deutlich zu erkennen. Schwieriger zu beantworten ist die Frage, ob Witz am sprachlichen Ausdruck hängt. Man spricht von witziger Palette, Instrumentation, witzigen Sachen und Situationen. Die Übergänge zu geistreich, einfallsreich, pikant, spritzig, kitzlig, komisch, überraschend sind nicht immer leicht zu ziehen.

Es ist deshalb richtiger, die Eigenart des sprachlichen Ausdrucks von vornherein zu bedenken und sich die Frage zu stellen, welche spezifischen Lacheffekte ihm über die komische Wirkung hinaus abzugewinnen sind. Man wird dann von selbst auf den Witz geführt.

»Komisch« ist es, wenn jemand, wie Bergson sagt, in die Schlingen der Sprache fällt und so gewissermaßen über seine eigenen Beine stolpert. Ein unvergeßlicher Komiker wie Max Pallenberg zog aus dieser Technik seine stärksten Wirkungen. Im Flusse der Rede tritt unversehens ihre gewissermaßen körperliche Außenseite hervor. Man zerkaut die Worte, spielt mit ihnen wie mit Fremdkörpern: das Phänomen des komischen Wettstreits ist da. In diesen Kreis gehört auch die komische Verwechslung von Fremdworten, die Komik ausgesprochenen Dialekts, des Stotterns. Bald entfaltet sich die Komik an der Artikulation und Satzstellung, bald am Klangbild des Wortes, bald an der Bedeutung, bald am Sprechakt. Aber sie bleibt in jedem Fall Komik.

Klang- und Wort*witze* dagegen, sie mögen noch so dumm sein, gehorchen einem anderen Prinzip. In der Antwort auf die Frage: Welche Ringe sind nicht rund? Die Heringe – ist die Klanggleichheit ohne Rücksicht auf die Worteinheit und Wortbedeutung zur Basis der Abgrenzung eines unter die Gattung Ring fallenden Wesens gemacht: in Analogie zu einem in vielen Fällen durch die Wortform legitimierten Verfahren. Flach ist der Witz nicht darum, weil seine Pointe (Bildung mit der Endsilbe ...ring weist auf Zugehörigkeit zur Gattung Ring) an der Oberfläche des Klangbildes angreift, sondern weil er damit nichts sagt. Auch mit solcher Technik läßt sich gegebenenfalls etwas Bedeutendes ausdrücken (»ihr Ant*e*semitismus war mir bekannt, Ihr Ant*i*semitismus ist mir neu«). Stützt sich die Pointe auf die Doppelsinnigkeit eines Ausdrucks wie in den sogenannten Wortspielen, so kommt unter Umständen ein Witz von Relief zum Vorschein. Etwa mit Bezug auf die Wegnahme der Güter des Hauses Orleans, die eine der ersten Regentenhandlungen Napoleons war. C'est le premier vol (Flug und Raub) de l'aigle.

Doppelsinnigkeit als Mehrsinnigkeit, die Gegensatz oder Widerspruch einschließt, ist häufig das Ziel einer Technik der Verdichtung, wie sie Freud genannt hat. Verballhornung von Worten, künstliche Wortbildungen, Aufspaltung eines Wortes in Bestandteile von Wortcharakter sind Wege dieser Technik: Leopold von Belgien als Freund der Cléo de Mérode: Cleopold; Rothschild gegenüber seinem Hühneraugenoperateur: famillionär; Berliner Urteil über eine zu moderne Aufführung der Antigone: Antik-oh-nee. Die Witzigkeit solcher Wortbildungen liegt in der geglückten Verknüpfung einer vielsagenden Bedeutung mit einer nichtssagenden Äußerlichkeit des Klangbildes. Bei Antigone wird das Urteil als von ihm versteckt mit ausgesprochen vorgestellt. In den anderen Fällen sagen Worte, die keine sind, in zugleich symbolischer Verbindung der Namen oder Eigenschaften, auf die sie es absehen, mehr, als echte Worte zu sagen vermöchten. Mit einer Klappe, die keine ist, werden zwei Fliegen auf einmal geschlagen.

Obwohl in den genannten Beispielen die erheiternde Wirkung auf dem Klangbild und der Wortfassade des sprachlichen Ausdrucks mit beruht, läßt sich die Witzigkeit der jeweiligen Formung nicht übersehen. In ihnen herrscht nicht das Prinzip der Komik, sondern ein eigenes Prinzip, das an der *Pointiertheit* zu erkennen ist. Komik als solche, einerlei, ob flach oder tief, hat keine Pointe. Ihr fehlt ein Mittel- oder Angelpunkt, von dem die erheiternde Wirkung ausgeht, auch dann, wenn sie sich im Gebiet von Wortbedeutungen entfaltet. Fehlgriffe im Gebrauch von Fremdworten wirken komisch, wenn Klangähnlichkeit bei stärkster Bedeutungsdivergenz Anlaß zur Verwechslung gibt (Republik statt Rubrik). Aber im Prinzip liegt dann der gleiche Tatbestand vor, wie wenn jemand irgendein Fremdwort nicht richtig ausspricht. Sobald aber die verkehrte Aussprache oder die Verwechslung ihrerseits einen Sinn ergibt (etwa statt Maîtresse Matratze), dann fügt sich zum Vergnügen über unfreiwillige Komik die Freude über einen unfreiwilligen und im speziellen Fall erotisch anzüglichen Witz.

Pointiertheit des Witzigen besagt nicht Pointiertheit der Ausdrucksnuance. Ich hatte einen Kölner im Philosophicum über Kants kategorischen Imperativ zu prüfen. Mehr als mühsames Buchstabieren eingelernter Formeln war dem Mann nicht zu entlocken. Auf keine noch so allgemein gestellte Frage über Art, Sinn und Lebenshaltung dieser Ethik wußte er etwas zu sagen. Schließlich, um ihn auf die Dringlichkeit und Radikalität des Imperativs zu bringen: »Wie stehen denn Sie zu einer solchen Ethik rigoroser Pflichterfüllung?« Antwort: »Och, ich bin eigentlich immer ganz gut damit gefahren.« Das Überwältigende des Mißverhältnisses tritt hier, unterstützt vom gemütlich-indifferenten Tonfall des Kölners, im bescheiden-selbstzufriedenen Ausdruck zutage, mit dem eine Ethik, die nichts schärfer abwehrt als den Gesichtspunkt des Erfolgs, unter ihm akzeptiert wird. Und um das Maß voll zu machen, nicht etwa mit Haut und Haaren (wie es dem Rigoros-Kategorischen wenigstens temperamentmäßig entspräche), sondern persönlich milde bilanzierend, als wäre Ethik eine Geschäftsmaxime, eine Zigarrenmarke oder ein Medikament.

Alle Bedingungen für den Witz sind vorhanden. Nur fehlt der Antwort des Kandidaten die Pointierung der »Verschiebung«, die sie tatsächlich gegenüber dem Fragesinn vornimmt. Sie ist im höchsten Grade witzig, obwohl sie am Leitfaden sprachlichen Ausdrucks an die Frage nicht anschließt. So liegt die Verschiebung ebenso wie der Selbstwiderspruch einer Bewertung der Pflichtethik unter dem Aspekt persönlicher Zufriedenheit unausgesprochen in der Antwort. Der Beziehungsreichtum an Lebensperspektiven in ihr (Instinktsicherheit und relativierend abwägende Haltung des nicht auf Prinzipien festgelegten Menschen alter rheinischer Kultur gegenüber dem preußischen Pflichtrigorismus ostdeutscher Prägung) gibt dem Witz seine besondere menschliche Farbe. Er versöhnt mit der Sinnverschiebung und dem Selbstwiderspruch, die in der Antwort enthalten sind, ohne daß der Antwortende selber darauf hinweist.

Die Analyse lehrt uns folgendes: Ein Ausspruch kann nach Inhalt, Form und Situation noch so komisch sein – wenn gewisse Bedingungen nicht erfüllt sind, durch welche die Pointe Ausdruck gewinnt, ist er nicht witzig. Diese

Bedingungen hängen nicht von der verbalen Fassung der in einem Ausspruch vorhandenen Bedeutung bzw. Doppelbedeutung ab, auch nicht von der Meinung des Sprechenden, sondern vom Gehalt des Ausspruchs, durch den er die Pointe zu verstehen gibt.

Unsere Analyse von Aussprüchen kann diese Wahrheit verdecken, indem sie beim Interpretieren einer Ausspruchsbedeutung, die offen oder versteckt, direkt oder indirekt, ausdrücklich oder in Anspielung gefaßt ist, notgedrungen ein oder mehrere *Urteile* für eine solche einsetzt, denen die fragliche Bedeutung inhaltlich äquivalent ist. Sie setzt bei der Analyse Urteile ein, um das von dem fraglichen Ausspruch Gesagte klar und die Komplikation der Bedeutung sichtbar zu machen.

Aus einer Interpretation wird so unversehens eine Interpolation, aus einer Auslegung des Sinnes als Trägers komischen und witzigen Charakters und erheiternder Wirkung eine Übersetzung in die Sprachweise gleichwertiger, ernsthafter Aussagen. Im Glauben, in solchen urteilsmäßigen Aussagen nicht nur das ernste Äquivalent des erheiternden Ausspruchs, sondern auch seinen eigentlichen Sinn gefaßt zu haben, kommt die Analyse im Blick auf ihr logisch gegliedertes Ergebnis zu der Überzeugung, daß der Witz Urteil ist oder Urteile ausspricht. In der Formulierung z. B. Hochfelds[20] nimmt sich die Überzeugung folgendermaßen aus: »Der Witz ist ein Satz, der auf Grund der Zweideutigkeit eines Wortes zwei Urteile, die nichts als den Wortlaut miteinander gemein haben, zugleich ausspricht, doch so, daß das eine Urteil offen, das zweite verhüllt dargeboten wird. Die Wirkung jedes Witzes beruht auf der überraschenden Entdeckung des verhüllten Sinnes, im letzten Grunde auf der Tatsache, daß unsere dem vorwissenschaftlichen menschlichen Bewußtsein entstammende Sprache in ihren Wörtern und Redewendungen nicht eindeutig ist.« Unser Beispiel widerlegt diese Theorie vollkommen.

Wo stecken im Ausspruch des Berliner Zoobesuchers beim Anblick der Giraffe: »So 'n Hals und dann 'n Kümmel« die zwei Urteile, welche nichts als den Wortlaut miteinander gemein haben? Die witzige Prägnanz, die mit Übergehen nicht nur von Urteilen, sondern eines ganzen Gedankenganges erreicht wird (dessen Kern die Form annehmen kann: je länger der Hals, desto länger der Genuß), weil sie in einem Minimum von Ausdruck ein Maximum von (unerfüllbarem) Wunsch stoßseufzerhaft äußert – auf Grund eines ebenso überraschend naheliegenden als anfechtbaren Gedankens –, hängt an einer verschwiegenen Zweideutigkeit. In der »Erklärung« muß sie natürlich gesagt werden, aber der Ausspruch selbst enthält sie nicht. Er »gibt sie nur zu verstehen«. Um sie verständlich zu machen, d.h. in die Sprache ernster Urteile zu übertragen, muß die Zweideutigkeit der »Länge« an zwei Urteilen demonstriert werden, von denen das eine offen, das andere verdeckt dargeboten wird. An diesem Punkt schießt die Theorie über das Phänomen hinaus.

Zu verstehen geben im Modus des Anspielens kraft einer Mehrdeutigkeit, die auf sehr verschiedene Weise erreicht werden kann, ist die eigentliche Kunst, die innere Form des Witzes. Verschweigend sagen, doch so, daß das Verschwiegene nicht dem Belieben des Sprechenden oder des Hörenden anvertraut, sondern dem Ausspruch selbst ausgeliefert ist: durch doppelsinnige Wortbedeutungen, durch Verschiebung in der Antwort auf eine Frage (die auf den Doppelsinn nur hinweist), durch Weglassen vermittelnder Gedankengänge, durch Paradoxien – ist die Funktion jeder Pointe. In ihr ist der Ausgangspunkt der erheiternden Wirksamkeit radikal greifbar geworden, im Unterschied zum Komischen, das uns ergreift, ohne daß wir sagen könnten, warum. Zugleich aber entzieht sich der Dreh- und Angelpunkt dem direkten Zugriff der Einsicht. Nur der in einem *anderen* Medium durchscheinende, aufscheinende Sinn wirkt witzig. Verwandelt sich die Indirektheit in Direktheit, die Ausspruchsbedeutung in Aussagesätze von Urteilscharakter, dann verfliegt die Wirkung.

Deshalb von jeher die Einsicht, daß die Essenz des Witzes in der Kürze, im Einfall, in der blitzartigen Erhellung, in der überraschenden Entdeckung, in der plötzlichen Verbindung einander fremder Elemente liege. Deshalb auch die Rede von der Inkongruenz zwischen Begriff und Anschauung, die im Witz überbrückt werde. Etwa in Schopenhauers Formulierung: Der Witz ist eine paradoxe Subsumtion einer Erscheinung unter einem heterogenen Begriff, eine Subsumtion, die aber einen gewissen Schein der Wirklichkeit und Berechtigung hat. Deshalb schließlich seine Apostrophierung als spielendes Urteil, das scheinbar unvereinbare Dinge in unerwartete Beziehung bringt, »der verkleidete Priester, der jedes Paar kopuliert … mit verschiedenen Trauformeln« (aber – ergänzt F. Th. Vischer den Satz Jean Pauls: es ist der Schmied zu Gretna-Green, der lauter Paare traut, deren Trauung die Verwandten nicht dulden wollen).

Spannung, die sich in Nichts (in ein logisches Nichts) lustvoll auflöst, blitzartige Überraschung, Kürze im temporalen und formalen Sinn, momentaner Anschein sachlicher Zusammengehörigkeit, die unmittelbarer Besinnung auf den wirklichen Sachverhalt nicht standhält – alle derartigen Bestimmungen sind ebenso wie die zum Zweck der Analyse des Witzes berufenen Urteile Äquivalente des in der Anspielung zu verstehen gegebenen Doppelsinns. Während Doppelsinn für sich ebensowenig witzig zu wirken braucht wie bloße Anspielung, erfüllt Anspielung durch Doppelsinn die Bedingungen des Witzes. Seine Stoßkraft entnimmt er der Verdecktheit bzw. der Aufdeckung des anderen Sinnes, seine Tiefe dem Gehalt, auf den wir durch sie gebracht werden.

Auf etwas anspielen, etwas andeuten, durch die Blume sagen, zu verstehen geben, durchblicken lassen ist sprachlich auf sehr verschiedene Weise möglich, die auf die Situation Rücksicht nimmt. In ernsten Lagen wird sie sich des Mittels der Doppelbedeutung nicht bedienen, außer es gehört zum Stil wie etwa in der altgriechischen Orakelpraxis. Durchblicken lassen ist z. B. assoziativ möglich, indem Erinnerungen geweckt, Gedanken nahegelegt, Wünsche erregt werden, und bedeutet in jedem Falle nur das

153

Erschließen einer tieferen, anderen und nicht direkt gewiesenen Richtung des Verstehens. Doppelsinn wiederum besagt die Möglichkeit, durch ein und denselben Ausdruck auf zwei verschiedene Sachen gebracht zu werden. Der Gebrauch des Ausdrucks schließt für gewöhnlich den einen Sinn aus. Richtet man es aber so ein, daß der Doppelsinn erhalten bleibt, so läßt sich mit ihm auf etwas anspielen, das selbst nicht gesagt wird. Eine Form, es so einzurichten, aber keineswegs die einzige Form ist die Verwendung eines Wortes oder einer Phrase mit doppelter Bedeutung. Hier liegt die Pointe des Witzes zutage, des Wortwitzes im eigentlichen Sinne. Die Pointe kann aber – und wird es bei den abgründigeren Witzen sogar meistens – verdeckt und indirekt gegeben werden, ohne selbst Vergegenwärtigung in einem bestimmten Ausdruck zu finden. Weglassen und Aussparen von Worten, Selbstwidersprüche, Einbeziehung der Situation, in welcher der Ausspruch steht, sind Kunstmittel der Pointierung.

Eine Form finden, im Sagen verschwiegen etwas anzudeuten, heißt witzig reden. Die erheiternde Wirkung geht also nicht auf eine angeschaute Ungereimtheit, ein Spiel mit dem Unsinn, ein für klug gelten wollendes Unlogisches zurück. Alle derartigen Bestimmungen sind zu eng und treffen nur auf gewisse Kategorien von Witz zu. Unsinn und Widersinn können ebensogut zu verstehen gegeben werden wie Irrtümer oder Wahrheiten, die sinnvoll sind. Paradoxie kann witzige Form annehmen, aber Witz fällt weder notwendig mit Paradoxie zusammen, noch ist er an Paradoxie gebunden. Nur auf die Überlagerung mehrfachen Sinnes, d. h. auf die Möglichkeit, durch sprachlichen Ausdruck in verschiedener Richtung auf etwas gebracht zu werden, kommt es beim Witz an. In welchem Verhältnis der überlagerte zum überlagernden Sinn steht, ist damit noch nicht entschieden und entscheidet auch nicht über die Witzigkeit der Ausdrucksform. Die Überlagerung und Überschneidung ist das Wesentliche, und die Überschneidungs*stelle* verstehen wir als Pointe. Sie ergreifen wir, allerdings nicht für sich, sondern im *Voll-*

zug der Transparenz von Sinn im Sinn, im Flug gewissermaßen, wie sie uns als Wendung, Überraschung, über-
springender Funke, blitzartige Erhellung und Schock ergreift.

Reimanns Prägung: »Deutschland ist ein Columbusei.
Man muß es nur auf die Spitze treiben, reiten wird es
schon von selber können!« – enthält in ihrem Mittelteil
die mehrdeutige Phrase »auf die Spitze treiben« – als solche ein geläufiges Bild, das jedoch in Verbindung mit dem
ersten und dem letzten Teil des ganzen Satzes einen Knall-
effekt bewirkt. Deutschland ist ein Problem, mit dem keiner fertig wird und für das es eine genial einfache Lösung
gibt, eine Lösung wirklich im Sinne des Columbus, im
Sinne des Extremismus, d. h. des Auf-die-Spitze-Treibens.
Eine solche Spannung verlangt nach Lösung. Der doppelt
unmögliche Ausdruck läßt die Spannung jedoch in nichts
zergehen und wird damit zu einer versteckten Anspielung
auf die Gewissenlosigkeit der Katastrophenpolitik, die das
Land seinem Schicksal überläßt, zu einer ironischen Ver-
beugung vor dem Bismarckwort des In-den-Sattel-Set-
zens, das die Geschichte bitter widerlegt hat. Eine doppelte Pointe also: einmal repräsentiert in dem Doppelsinn
des Auf-die-Spitze-Treibens, sodann nicht repräsentiert,
aber wirksam in dem Abbruch des Bildes durch ein Zitat,
das wie die Faust aufs Auge, wie das Ei aufs Pferd paßt –
und die Vergeblichkeit des Zum-Äußersten-Greifens, der
genialen Lösung unter umgekehrter Verwendung des Bis-
marckschen Ausspruchs durchblicken läßt.

Im Einzelfall mag es schwer sein, Einstimmigkeit darüber zu erlangen, ob ein witziger Ausspruch unter die
literarische Kategorie des Witzes fällt.[21] Die schon erwähn-
ten Orakelsprüche, die Rätsel und Sprichworte arbeiten
mit den gleichen Bedingungen des verschwiegenen Doppelsinns, der Sinnüberlagerung und -überschneidung. Ihnen gegenüber grenzt sich der Witz als ein gelegentlicher
Ausspruch ab, der weder an die Frageform gebunden ist
noch eine allgemeine Lebenserfahrung ausdrücken muß.
Witzigkeit dagegen ist eine Art und Weise des Redens, die

unverkennbar weiter greift als der literarische Formbereich »Witz«. Ihr gelingt durch das Mittel der Sinnüberschneidung die erheiternde Auflockerung.

Witz im eigentlich geprägten Sinne steht hier als Vertreter für Witzigkeit, wenn es darauf ankommt, den Grund ihrer (im Lachen quittierten) erheiternden Wirkung zu ermitteln. Zumal in unserem Zusammenhang darf diese sprachästhetische Differenz vernachlässigt werden. Denn wir suchen von vornherein nach Lacheffekten, welche der Sprache über ihre komischen Wirkungen hinaus abzugewinnen sind. Eine witzige Sprache zu führen vermag gewiß nicht nur der Witzbold und Witzeerzähler, sondern auch jemand, der souverän über Anspielung und prägnante Formulierung verfügt.

Warum aber wirkt Witzigkeit erheiternd, warum zwingt sie zum Lachen? Mit einer allgemeinen Bestimmung wie Doppelsinn, Doppeldeutigkeit, Ambivalenz ist noch wenig gewonnen. Zwar läßt sie die Verwandtschaft zur Komik, zum Spielen, ja selbst zum Kitzel durchblicken und faßt den Unernst der Situation im Mangel der Eindeutigkeit der Rede, die nicht als vage Unbestimmtheit, sondern als Zweideutigkeit im präzisen Sinne verstanden werden soll. Aber da die besondere Leistung des Witzes darin besteht, mehrere Bedeutungen so in eins zu setzen, daß sie einander (bildlich gesprochen) überlagern und *nicht* verdrängen, gehalten durch einen Ausdruck von besonderer Prägnanz, so gerät eben mit dem Witz die Sprache über ihre Grenze. Ein an den Ausdruck gebundenes und gewiesenes Verstehen verselbständigt sich *gegen* ihn `durch` Bindung und Verweisung an ihn.

Diese Entdeckung, die der Mensch mit jeder witzigen Wendung und Bemerkung aufs neue macht, ist es, die ihn überrascht und ihm sein doppeltes Verhältnis zur Sprache offenbart: in ihr zu reden und gegen sie zu reden. Was er sich in abstracto klarmachen kann und womit er auf alle mögliche Weise in der Praxis zu tun bekommt: daß es einen im Sinne völliger Kongruenz zwischen Form und Inhalt »treffenden« Ausdruck gibt *und* doch wiederum kein Ausdruck trifft, unüberbrückbarer Abstand zwischen Wort und Sache das Wort entbehrlich macht, vollzieht der Witz in konkreter Einheit. Nur im Unterschied zur Sprachkomik nicht in der Schicht der Sprache (dem Sprechen, Aussprechen usw.) durch Mittel des Versprechens, Verwechselns von Ausdrücken, Stotterns, des Dialekts, sondern in der Schicht der Rede (der Sinnbezüge) durch Mittel der Sinnüberschneidung.

In Parenthese: Auf diesem doppelten Verhältnis zur Sprache ruht auch die Möglichkeit witzigen Ausdrucks in Bildern und Gesten. Der Charakter des in ihnen zu verstehen gegebenen Sinnes verändert sich bezeichnenderweise nicht, wenn statt eines Wortes oder Satzes eine Zeichnung oder eine musikalische Phrase bzw. eine körperliche Geste gewählt ist. Deshalb ist der Streit um die Frage, ob Witz an die Sprache gebunden sei oder nicht, durch Hinweis auf Witz in Bildern, Tonfolgen oder körperlichen Gesten allein nicht entschieden. Nicht das Ausdrucksmittel entscheidet, sondern die Art des Ausdruckssinnes, der durch sie mitgeteilt wird, und sie ist ihrem Wesen nach Sprachbedeutung; unmißverständlich gesagt: Redebedeutung, die auch in Worten und Sätzen gefaßt werden kann. Witz ist redegebunden und entfaltet sich nur an Bedeutungen, für deren Mitteilung und Verständnis die Sprache oder sprachvertretende Ausdrucksmittel wie Bilder, Tonfolgen und Gesten beansprucht werden. Wortgebunden oder gar urteilsgebunden ist dagegen der Witz nicht.

Die Grenzen zur Komik werden damit nicht verwischt. Ein Beispiel[22]: Die amerikanischen Kongreßwahlen stehen vor der Tür. Das Nationalkomitee der Republikanischen Partei verspricht sich von einem symbolischen Emblem, in dem sich der vorwärtsstürmende Elan darstellt, viel für den Wahlkampf. Nun zeigt das traditionelle Parteiemblem einen Elefanten, der Unverrückbarkeit und Macht, Solidität und Schwerbeweglichkeit, Gravität und Ruhe verkörpert. Beschluß: ein neues Emblem, auf dem der Elefant in wilder Bewegung von elementarem Ungestüm erfüllt zu sein scheint. »Ein Witzbold hat dieses kämpferische Bild durch eine kleine Zutat in sein Gegenteil verkehrt. Er hat dem guten alten Elefanten nämlich eine Biene an den Schwanz gesetzt, die ihm mit dem Gift des New Deal so übel zusetzt, daß er schleunigst die Flucht ergreift.«

Zugegeben, daß ein von einem Bienenstich in wilde Bewegung gebrachter Elefant durch das Mißverhältnis von Ursache und Wirkung komisch wirken kann. Aber darüber lacht man hier nicht, sondern über die witzige Sinnverschiebung des Bildes in sein Gegenteil, die dem Bilde allein nicht zu entnehmen ist, auch wenn es auf längeren Begleittext verzichten kann. Aber man muß wissen, was der Elefant bedeutet, man muß die Situation kennen, um den Sinn zu erfassen, der sich in diesem Fall einer wortlosen, aber desto prägnanteren Sprache bedient. Komische Wirkung dagegen braucht keine Erläuterung. Sie »spricht« durch sich selbst, d. h., sie gibt nichts zu verstehen.

Nach dieser Abschweifung kehren wir zu unserer Frage zurück: Warum wirkt Witzigkeit erheiternd, warum zwingt sie zum Lachen? Den Ausschlag gibt, wie wir wissen, das Mittel der Sinnüberschneidung. Von ihr muß die erheiternde Wirkung ausgehen. Am nächsten liegt es natürlich, die Doppelsinnigkeit zur Sonderform der Komik zu erklären; wogegen das unverbildete Gefühl bereits sich zur Wehr setzt, das Komik von Witzigkeit sehr sicher unterscheidet. Pointiertheit und Prägnanz mehrerer gegeneinander abgehobener und in eins gesetzter Bedeutungen sind unübersehbare Unterscheidungsmerkmale.

Darum hat man versucht, den Witz als eine Art Spiel darzustellen (womit man in Versuchung gerät, in jedem Witz ein Wortspiel zu sehen). Abgesehen davon, daß der Ausweg, Witz zum Gedankenspiel bzw. zu einem spielenden Urteil[23] zu machen, nicht weit führt, weil manche Gedankenspiele und manches Spielen mit Gedanken nichts weniger als witzig sind (und wenn sie es sind, warum sind sie es dann?), bleibt der Spielcharakter des Witzes fraglich.

Wir pendeln nicht zwischen den sich überdeckenden Bedeutungen hin und her, können in der überraschenden Entdeckung kein beständig sich erneuerndes Spannungsmoment erkennen, welches zur Wiederholung reizt. Im Gegenteil: Der Witz büßt den größten Teil seiner erheiternden Wirkung (nicht seine Güte) ein, wenn man ihn schon kennt. Nimmt man aber den Begriff Spiel in der Weite der Kant-Schillerschen Ästhetik, so verflüchtigt er sich gegenüber der begrenzten Kategorie des Witzes und Witzigen. Er besagt dann nicht mehr und nicht weniger als Unernst, womit er zwar den Charakter der ästhetischen Sphäre im Ganzen trifft (im Sinne von: ernst ist das Leben, heiter ist die Kunst), die begrenztere Sphäre des Erheiternden jedoch verfehlt.

Schließlich bleibt nur noch das Phänomen des Kitzels, auf das man den Witz reduzieren zu müssen glaubt, um seinen Lacheffekt zu verstehen. Dieser entlegenen Idee leistet merkwürdigerweise die Urteilstheorie des Witzes Vorschub, die ihn auf paradoxe Subsumtion einer Erscheinung unter einem heterogenen Begriff mit einem gewissen Schein von Berechtigung (Schopenhauer), auf Verknüpfung entlegener Vorstellungen festlegen will; im Sinne der Kantischen Formel: »Der Witz paart heterogene Vorstellungen, die oft nach dem Gesetz der Einbildungskraft weit auseinanderliegen, und ist ein eigentümliches Verähnlichungsvermögen, welches dem Verstande, sofern er die Gegenstände unter Gattungen bringt, angehört.« Da diese (auch von Jean Paul, Vischer und im Idealismus viel vertretene) Auffassung den Nachdruck auf die Verbindung von Begriffen und Elementen legt, die ihrem Wesen nach nichts, nur dem Schein nach etwas miteinander zu tun haben, ordnet sie der in sich widerstrebenden Verbindung eine psychische Verfassung zu, in welcher Unlust und Lust in Wettstreit miteinander liegen. So formuliert Hecker (l. c.) diesen Gedanken: »Im Witz handelt es sich um zwei Vorstellungen, deren Unvereinbarkeit und doch wiederum mögliche Vereinbarkeit miteinander die Quelle von Lust und Unlust bildet.« Von hier ist es nur ein Schritt, um in dem zum Lachen zwingenden Wettstreit den gleichen funktionellen Mechanismus wiederzuerkennen, der in der ambivalenten Erregung des Kitzels herrscht. Tatsächlich aber ist weder von Wettstreit noch von Unlust die Rede, so daß selbst im übertragenen Sinn der Witz nicht als ein sublimer Geisteskitzel verstanden werden kann.

Die Frage nach dem Witz als Quelle der Heiterkeit sieht sich also auf seine ihm vorbehaltenen Eigenschaften zurückverwiesen, die im Dienste der Sinnüberschneidung stehen, die Ausdruckstechnik des Verdeckens und verschwiegenen Zu-verstehen-Gebens und die Überraschung. Beide lassen sich voneinander nicht trennen. Bisweilen versucht man allerdings, die erheiternde Wirkung allein auf den Schock zurückzuführen. Wir kennen jene Fälle, in denen wir von etwas tief erschreckt werden und dann in erleichtertes Lachen ausbrechen, wenn wir sehen, daß »es nichts war«. Die andere Kantische Formulierung des Witzes als einer Erwartung, die sich in nichts auflöst, scheint durch solche Erfahrung bekräftigt zu werden.

Offenbar fehlt aber dem Witz (auch bei kunstvoll vorbereiteter Exposition) die entscheidende Schreckhaftigkeit. Gerade wenn der Hörer in Spannung versetzt ist – was keineswegs für alle Witze und für das Verständnis der Witzigkeit schon gar nicht zutrifft –, erwartet er: einen Witz. Überrascht zu werden und eine Überraschung zu erwarten, macht aber für die psychische Dynamik einen entscheidenden Unterschied. Der Schock im ersten Fall resultiert aus dem völligen Unvorbereitetsein, mit dem etwas an mich herantritt, und das Lachen ergibt sich aus dem Mißverhältnis der Tiefe des Erschreckens und der Harmlosigkeit, ja Selbstverständlichkeit des Anlasses. (In welchem Falle übrigens beide Seiten des Übergangs zu beachten sind, die Stärke der Aufwallung, die nach Entladung drängt, in ihrem dynamischen Mißverhältnis zum Anlaß *und* die Komik des Mißverhältnisses in unserem Benehmen, über die wir nachträglich lachen.) Im zweiten Falle, da wir eine Überraschung erwarten, wird der

Schock zu klein sein, um einen starken Ausbruch hervorzurufen, und unser Benehmen gemessen bleiben.

Solchen Einseitigkeiten gegenüber hält Freuds[24] Theorie am Ziel fest, die erheiternde Wirkung aus dem Witz als einer *Einheit von Ausdrucksform und Gehalt* zu verstehen. Ihr Grundgedanke scheint uns freilich verfehlt zu sein, aber die Richtung, in der sie die Lösung sucht, wird davon nicht berührt. Humor, Komik, Witz sind für Freud Lustquellen, weil sie dem Menschen psychischen Aufwand ersparen. Für gewöhnlich legt unsere gesellschaftliche Erziehung uns Hemmungen, Einengungen und Verdrängungen auf. Werden sie uns erspart, so empfinden wir, daß eine Last von uns genommen ist. Verschüttete Lustquellen aus einer Lebenszeit, in der wir seelisch mit geringerem Kraftaufwand reagierten, aus der Kindheit, werden damit wieder freigelegt. Humor erregt Lust, weil er Gefühlsaufwand, Komik, weil sie Aufwand an Vorstellungen, Witz, weil er Aufwand an Hemmungen erspart.

Zunächst erreicht der Witz seinen Ersparniszweck durch die Ausdruckstechnik. Die ihm wesentliche Kürze bedeutet Einsparung von Worten. Verdichtung, Verschiebung bzw. Umbiegung, Unifizierung (durch Eingehen der Abwehr auf die Richtung des Angriffs), Darstellung durch Gegenteil (der Ironie verwandt), besonders beliebt in der Form der Überbietung, und schließlich die Anspielung sind typische Techniken seines Ausdrucks. (Der Fortschritt in der Klassifizierungsart gegenüber den früheren Einteilungen nach Klangwitzen, Wortspielen, Gedankenwitzen, Unsinnwitzen usw. ist deutlich. Freud sieht den natürlichen Systematisierungsansatz in der Pointe.)

Die Lust am Witz haftet aber nicht nur an der Technik, sondern ebensosehr an der Tendenz. Tendenzlose, harmlose Witze, die nur durch ihre Technik entzünden – Freud führt hier die Schüttelreime als Beispiel an, in denen die Lust am Wiederfinden von Bekanntem (»auch umgekehrt wird ein Schuh draus«) den Ausschlag gibt –, sind von geringer Empfindungsstärke. Dagegen ruft der tendenziöse Witz – der feindselige und der obszöne – wahre Ausbrüche befreit-befreienden Lachens hervor. Hier ist der Witz ein Ausweg in die Freiheit. Er umgeht die Hemmung und schafft die Möglichkeit, das Objekt unseres Hasses lächerlich oder die Unanständigkeit, an die man nicht rühren darf, verhüllt sichtbar zu machen.

Lustgewinn beim tendenziösen Witz ergibt sich aus der plötzlichen Erfüllung eines bisher gehemmten Triebes. Zur Erweckung wie zur Erhaltung psychischer Hemmung gehört psychischer Kraftaufwand. Ist diese Hemmung durchbrochen bzw. umgangen, so wird die sonst aufzuwendende Kraft frei und in Lachen abgeführt: der Lustgewinn entspricht dem ersparten Kraft- oder Hemmungsaufwand. Ersparung an Hemmungs- oder Unterdrückungsaufwand ist die Quelle lustvoller Erleichterung beim tendenziösen Witz. Beim harmlosen Witz macht uns das Kurzschlußverfahren der Ausdruckstechnik als solches Vergnügen, denn es erspart uns umständliche Gedankenarbeit, es erlaubt uns zu spielen und mit dem Unsinn ebenso souverän zu schalten wie mit ernsthaftem Sinn.

So läßt sich – meint Freud – nach Technik und Tendenz die Lust am Witz auf Erleichterung eines bestehenden Zwanges oder eines noch zu leistenden Kraftaufwandes zurückführen. Diese Erleichterung tritt aber erst ein, wenn die durch die Beseitigung der Hemmung frei gewordene Kraft im Lachen sich Bahn bricht. Einsparung allein tut's nicht. Deshalb entfaltet der Witz seine befreiende Wirkung ganz nur in der Mitteilung. Schöpfer und Hörer erlangen hier objektive Gewißheit darüber, daß der Pfeil sein Ziel getroffen hat. Im Lachen versichern sie sich ihrer wiedergewonnenen Freiheit.

Befreiend wirkt der Witz schließlich unter einer generellen Bedingung. Er darf nicht bewußter Überlegung und künstlicher Mache entstammen, wenn er die unbewußten Hemmungen niederlegen will. Er muß selbst das Produkt des Unterbewußtseins, aus dem Einfall geboren sein, um überzeugend, treffend, erlösend zu wirken.

Diese Herkunft zeigt der Witz durch seine Verwandtschaft mit dem Traum. Aufgabe des Traumes ist, die Hemmungen des Bewußtseins zu durchbrechen. Verdrängte Gedanken und Wünsche, die latenten Traumgedanken, werden durch die Traumarbeit zum Trauminhalt umgeformt. Durch Zusammendrängung und Verdichtung in Sinnbildern, durch Verschiebung aus Unterbewußtsein ins Bewußtsein und von dort rückwirkend aufs Unterbewußtsein, durch indirekte Darstellung vollzieht die Traumarbeit ihre Formung an den latenten Traumgedanken. Die Techniken des Witzes nun sind die gleichen wie die Techniken des Traums. Die spezifische Kürze des Witzes erscheint somit nicht mehr nur als Folge der Ersparungstendenz, sondern darüber hinaus als Ergebnis unbewußter Bearbeitung.

Traum und Witz lassen uns verschüttet gewesene Lustquellen wiederfinden, weil sie den Abgrund zwischen Bewußtsein und Unterbewußtsein überbrücken. Während beim Traum aber die Verschiebung so groß sein kann, daß ein Verständnis aus den uns bewußten Gedanken nicht gelingt, muß der Witz um seiner Wirkung willen die Bedingungen der Verständlichkeit einhalten. Der Traum, ein verkleideter Wunsch und in Relation zu unserem persönlichsten Lebensinteresse, ist ein asoziales Produkt mit der Tendenz der Unlustersparung. Hingegen ist der Witz ein soziales Gebilde und stellt eine Methode dar, um innerhalb der Gesellschaft, wohlgemerkt einer Gesellschaft von Erwachsenen, verlorengegangene Lustquellen zurückzugewinnen. Deshalb steht für Freud auch das Naive in naher Verwandtschaft zum Witz, weil es über Hemmungen, die im Beobachter vorhanden sind, hinwegzuspringen scheint. Die Übereinstimmung von Witz und naiver Rede kann bis in die technischen Mittel des Ausdrucks wie Gleichklang, Wortmißbrauch usw. gehen. Zwischen dem Komischen als einem unbeabsichtigten Fund und dem Witz bildet das Phänomen des Naiven gewissermaßen den Übergang.

Freuds Theorie bedeutet auch insofern gegenüber den früheren Erklärungen einen wesentlichen Fortschritt, als sie das Lachen aus dem Aufbau des Witzes verständlich macht. Wenn sie freilich auch nicht so weit geht zu fragen, warum der frei werdende Kraftüberschuß gerade als Lachen abreagiert wird (die Frage stellt sie überhaupt nicht, sie liegt außerhalb ihres Interessenkreises), so zeigt sie doch einen Grund dafür, daß die Erheiterung eine reale Erleichterung, einen plötzlichen Kraftgewinn bringt, der lustvoll, eruptiv und zugleich gesundend wirkt. Dieser Gewinn soll aus einer Ersparung von Hemmungsaufwand herkommen, der unbewußt geleistet wird. Für die tendenziösen Witze mag die Erklärung plausibel sein. Für die harmlosen, von denen Freud selbst sagt, daß sie durchaus nicht gehaltlos oder weniger gut als die tendenziösen zu sein brauchen, erscheint sie jedoch gezwungen. Kürze als Sparsamkeit in Worten wird durchweg vermehrten Aufwand, vermehrte Intensität an Verständnis, Aufmerksamkeit, Einsicht, Schwungkraft der Phantasie verbrauchen, beim Schöpfer des Witzes wie bei seinen Hörern. Ausgearbeitete Gedankenführung nach logischen Regeln und umständlich-umsichtige Argumentation sparen an geistigem Aufwand im Vergleich zum blitzartig erhellenden Einfall, der mehr verlangt und darum auch ein kleineres Publikum hat. Will man überhaupt mit dem Gedanken der Einsparung operieren (der in Dingen der Psyche höchst problematisch ist), dann stimmt an diesem Punkt Freuds Rechnung nicht.

Kürze ist Zumutung an die Fassungskraft, somit Hemmung und Stauung, die der Hörer überwinden soll. Die Technik des verschwiegenen Verdeckens und der heimlichen Sinnverzauberung *schafft* erst den Widerstand, dessen *Brechung* sie zugleich herbeiführt. Hierin ist der Witz dem Rätsel verwandt, auf dessen Frageform er jedoch für gewöhnlich verzichtet, um eine reinere Sinnüberlegung zu erreichen. Hat man aber die Ausdruckstechnik des Witzes und der Witzigkeit als Hemmungsmittel durchschaut, dann braucht man unbewußte Hemmungen nicht zu berufen, um aus ihrer Durchbrechung den lustvollen Gewinn an frei werdendem Kraftüberschuß zu erklären. Dann ergibt sich der lustvolle Überschuß, die plötzliche Erleichterung aus dem Doppelspiel, eine Schwierigkeit zu schaffen, die sich selbst überwindet. Natürlich können Tendenzen, die in einer Gesellschaft durch Moral, Politik oder welche Umstände immer nicht verwirklicht werden, sich dieses Doppelspiels bedienen, und die Eruptivität des Lachens zeigt, daß in solchen Fällen noch eine besondere latente Spannung dahintersteht. Der Witz als solcher und seine Wirkung dürfen deshalb nicht nur aus einem unbewußten Mechanismus und nicht nach einem Sparsamkeitsprinzip begriffen werden.

Auch für die Motive von Witz und Witzigkeit ist der Freudsche Gesichtspunkt nicht erschöpfend. Witz kann einfach aus Freude an Beweglichkeit und Indirektheit, am Spiel von Hemmung und Lösung kommen. Er kann im Dienste feindseliger und obszöner Tendenzen stehen. Nicht weniger häufig aber ist er ein Mittel, sich von seinen Gefühlen zu befreien, sie zu verdecken oder jedenfalls so zu tun, als sei man ihrer Herr. Als Modus, von Dingen zu reden, die zu schwer und zu heikel sind, um sie im Ernst zu berühren, wird er oft bitter sein, sarkastisch, kaustisch, zynisch, vielfach ironisch, seltener humorvoll und entkrampft. Für ihn gilt Nietzsches Wort: Der Witz ist das Epigramm auf den Tod eines Gefühls. Wir fügen hinzu: ein Epigramm, das den Nagel zu seinem Sarg auf den Kopf trifft.[25]

Hängt somit die Wirkungs*tiefe* eines Witzes von Stärke und Charakter der Spannung ab, die hinter ihm steht, so beruht gleichwohl die erheiternde Wirkung auf der witzigen Technik der verschwiegenen Sinnverwandlung und heimlichen Sinnüberschneidung, die eine Hemmung mit denselben Mitteln schafft, mit welchen sie sie überwindet. Darin liegt der Unernst des Witzes. Will man schon von Paradox oder Selbstwiderspruch reden, dann müssen diese Begriffe auf die Funktion der Witzigkeit, nicht auf die Bedeutungen, um die es gerade geht, bezogen werden. Die mit der Hemmung angestaute Spannung wird im

Durchblick auf die Pointe durchbrochen und fließt im Lachen ab.

Aber warum es gerade Lachen ist, das diese Entspannung besorgt – diese Frage bleibt noch aufzuklären.

5. Verlegenheit und Verzweiflung

Als letzte Gruppe von Anlässen des Lachens behandeln wir die Situationen der Verlegenheit und der Verzweiflung. Es ist kein Zufall, daß die Analyse seiner Ursachen meistens an ihnen vorbeigeht. Hier fehlt ihm der eindeutig-befreiende, erleichtert-erheiternde Zug. Das Lachen klingt gepreßt, und der Verlegene oder Verzweifelte hat das Gefühl eines deplacierten Ausdrucks. Außerdem wird dem Verlegenen sehr leicht durch das Bewußtsein der Komik seiner Lage, zumal in den Augen der anderen, das eigene Befinden überdeckt, so daß er darüber lacht, und nicht aus Verlegenheit.

Dieser Umschlag liegt gerade in solchen Situationen nahe, in denen der Mensch nichts mehr anzufangen weiß, weder mit sich noch mit der Welt, in denen er mit seinem Latein zu Ende ist und im Leeren steht wie vor einer Mauer oder vor einem Abgrund. Er wird auf sich zurückgeworfen und erlebt eine höchst fatale Pause, einen Abbruch seines Daseins, der ihm das Mißverhältnis zwischen sich und der Umwelt offenbart. Ein Mißverhältnis, das die Quelle seiner Not und zugleich ihrer Linderung, Fessel und Befreiung wie in einem sein kann, *wenn* er sich von der Komik des Deplaciertseins packen läßt. Diese Flucht in die Komik erklärt zu einem guten Teil das Lachen in Verlegenheit (und Verzweiflung). Und doch gibt es daneben das echte verlegene oder verzweifelte Lachen.

Hilflos kann man gegenüber Dingen, Aufgaben, Menschen, Lagen sein. Verlegen ist man gegenüber Menschen, von denen man sich beobachtet oder durchschaut wähnt. Man weiß sich nicht zu benehmen, findet kein Verhältnis zur Situation und befindet sich so in einem Zustand der unfreiwilligen Isolierung. Man möchte den richtigen Ansatzpunkt finden, sieht sich aber gehemmt. Typisch ist für viele Menschen die Verlegenheit beim Eintritt in eine Gesellschaft, wie denn das Wissen, beobachtet zu werden, besonders ungewandte Menschen, vor allem Kinder und Halbwüchsige, verlegen macht. Viele Augen auf sich gerichtet wissen bzw. glauben, macht unsicher. Man sieht sich als Bild, d. h. daraufhin genommen, was man für eine Figur macht. Diese Unsicherheit steigert sich zur Verlegenheit, wenn das Wissen oder vermeintliche Wissen darum das zur Erfüllung des jeweils erforderten Benehmens richtige Verhältnis des Menschen zu seinem Körper unterbindet. Er findet dann keine Worte, stottert, stolpert oder steht wie angewurzelt.

Sich beobachtet und als Figur genommen glauben, ist aber nur eine Quelle der Verlegenheit. Intensiver wirkt das Sich-durchschaut- und Erkannt-Wähnen. So wird auch den Abgebrühten Befangenheit und Verlegenheit befallen, wenn er sich einem Menschen von durchdringendem Urteil gegenübersieht; zumal bei Begegnungen, von denen viel abhängt. Der Verlegene wähnt sich in jedem Falle objektiviert und gewissermaßen »ausgezogen«. Anders liegt es in den Fällen der Verlegenheit im Bewußtsein eines nicht überbrückbaren Abstandes zum Mitmenschen oder eines Unvermögens, den richtigen Ton zu treffen, von der bisweilen Erwachsene Kindern gegenüber ebensogut befallen werden können wie Tanzstundenjünglinge gegenüber ihren Damen.

Der Verlegene schämt sich allenfalls seiner Verlegenheit, die eine zu starke Ichbindung, Minderwertigkeitsbewußtsein, Ambition und Eitelkeit verrät. Aber die Verlegenheit hat als solche mit Scham nichts zu tun. Sie entspringt unter Umständen ausgeprägter Schamhaftigkeit und Empfindlichkeit, ist aber mit dem Sichschämen nicht zu verwechseln.[26] Man schämt sich aus irgendeinem Grunde, einer Sache, eines Negativums, und dieses Bewußtsein ist nicht an Gemeinschaft gebunden. Verlegenheit dagegen ist das Unvermögen, mit einer Lage, die durch irgendein Zusammensein bestimmt wird, fertig zu werden. Im Unterschied zur einfachen Desorientiertheit aber überblickt man die Lage nur allzu gut, d.h. glaubt sie zu überblicken und wird sich auf diese Weise eines Mißverhältnisses zwischen Überblick und Verständnis für die Anforderungen der Situation und dem Unvermögen, ihnen zu entsprechen, bewußt. Tieren bleibt dieses Bewußtsein einer fatalen Überkreuzung zwischen Lage, in der man ist, und Lage, die man beherrscht, erspart. Denn sie haben kein Bewußtsein ihres Irgendwo-Stehens. Sie können zwar erheblich desorientiert und aus dem Konzept gebracht sein, sie können auch zweifeln und in Unsicherheit geraten, aber verlegen sein können sie nicht.

In der Verlegenheit gerät der Mensch außer Zusammenhang mit seiner Lage, gelegentlich und äußerlich, aber für den Augenblick doch fundamental. Einerlei, welche Motive im einzelnen auch maßgebend sind und welche Wirkung die Verlegenheit auf den Verlegenen haben kann (die ihm unter Umständen sehr komisch vorkommt), genügt die Unterbrechung des Kontakts, die Herausgelöstheit und Abständigkeit, um ein Lachen hervorzurufen. Der Mensch quittiert eine Desorganisation im Verhältnis zu seiner »Position«, zu seiner »Befindlichkeit«, die angesichts der vermittelnden Rolle seines Körpers das Verhältnis zu diesem mitbetrifft. Wie der Ausdruck des Lachens selbst eine Verlegenheit für den Ausdrückenden ist, wird er zur adäquaten Reaktion auf – eine Verlegenheit.

Was wir oben sagten, findet jetzt seine Anwendung: Fehlt die Eindeutigkeit der Situation, wird sie selbst mehrdeutig – und die »Überkreuzung« in der Verlegenheit ist ein bezeichnender Fall von Mehrdeutigkeit –, dann versagen Sprache und Geste, Handlung und Gebärde. In solchen Lagen fehlender Bewandtnis entfällt notwendigerweise auch das, woraufhin der Mensch zu seiner physischen Existenz ein Verhältnis finden soll. Die Desorganisation ist da.

Daß der Ausdruck des Lachens hier nur Verlegenheit ist, zeigt sich daran, daß der Verlegene ebensogut in Weinen ausbrechen kann. Allerdings wird das eher Kindern und naiveren, weicheren Gemütern passieren als disziplinierten Temperamenten, die nicht gleich kapitulieren und sich bemitleidenswert finden. Bei diesen überwiegt das Bewußtsein der Distanz und des »Verquerseins«, das wiederum seinen Niederschlag in einer gewissen Blödheit und Ratlosigkeit hat, zu der Lächeln oder Lachen einer bestimmten Nuance passen. Sie bleiben der Verlegenheit ausgesetzt, ohne – wie die Weinenden – unter ihr zusammenzubrechen bzw. »aus dem Felde zu gehen«. Daß im übrigen beide Ausdrucksweisen nur Verlegenheitsreaktionen sind, wird an ihrer Vertretbarkeit durch Erröten, Schweißausbruch u. ä. deutlich. Verlegenheit kann über kein Ausdrucksreservat verfügen. Sie würde sich dann im Ausdruck selbst verleugnen, der Ausdruck ihr selber untreu werden. Verlegenheit muß um Ausdruck – verlegen sein; deshalb kann sie ebensogut lachen wie weinen und trifft doch in beiden Fällen das Richtige.

Verzweiflung ist dagegen um keinen Ausdruck verlegen. Ihr ist jeder recht, weil ihr keiner recht sein kann. Verlegenheit läßt dem Verlegenen noch einen Spielraum der Äußerung, in dem er sich vergreifend aufführt. Die Situation ist unbeantwortbar, aber nicht bedrohend, es liegt kein Grund vor, den Kopf zu verlieren. Für den Verzweifelten, der nicht mehr aus noch ein weiß, gibt es keinen Spielraum der Äußerung. Er kann alles beginnen und nichts beginnen, und vielleicht ist die stille Verzweiflung die tiefere. Wer die Kraft aufbringt, um sich zu schlagen, zu toben, zu weinen oder zu lachen, hat sich noch nicht verlorengegeben, denn er realisiert noch den Abstand zu seiner Lage. Ihm schwindelt, aber er ist nicht ganz am Ende. Zwar wirkt Weinen hier »natürlicher«, weil es die Kapitulation und Entspannung anzeigt, und das hohle, harte, gequälte Lachen widernatürlich, höllisch, weil es nach Trotz, Hohn oder Betrug klingt. Aber in der Verzweiflung selbst, die weder den Ausweg in die Selbstaufgabe noch in den Galgenhumor gefunden hat, sind Lachen und Weinen gleich echt und gleich fehl am Ort.

Unbeantwortbare und bedrohende Situationen erregen Schwindel. Der Mensch kapituliert vor ihnen als Person, er verliert den Kopf. In der Verzweiflung ist aber erst die Grenze erreicht, welche die Zone der Ratlosigkeit und Aussichtslosigkeit von der wirklichen Kapitulation trennt. Bevor er sie überschreitet, gerät er in den unmöglichen Zustand der vollkommenen Ausweglosigkeit, in dem kein Ausdruck mehr am Platz ist. Die Desorganisation des Verhältnisses von Mensch und Umwelt verhindert ein organisiertes Verhältnis des Menschen zu seinem Körper. So können – wie in der Verlegenheit, nur unter gesteigertem Druck – die Ausdrucksreaktionen der Desorganisiertheit, Lachen und Weinen, den Verzweifelten überkommen. Mit dem Ausdruck des Galgenhumors oder der Selbstaufgabe sind sie nicht zu verwechseln. Denn in ihnen hat der Mensch seine Verzweiflung – nach oben oder nach unten – überwunden und vielleicht jenen Frieden des letzten Verzichts erreicht, der die Versöhnung der Gegensätze, die Einheit von Sieg und Niederlage in dem Ausdruck besiegelt, unter Tränen zu lächeln.

6. Das auslösende Moment

Bei aller gebotenen Vorsicht gegenüber Versuchen, die Ergebnisse der einzelnen Analyse auf zusammenfassende Formeln zu bringen und in wenigen Worten womöglich zu definieren, was eigentlich im Kern Lachen auslöst und worin das Gemeinsame seiner verschiedenen Anlässe besteht, wird man vorläufig sagen dürfen: Nur solche Grenzlagen reizen zum Lachen, die, ohne bedrohend zu sein, durch ihre Nichtbeantwortbarkeit es dem Menschen zugleich verwehren, ihrer Herr zu werden und mit ihnen etwas anzufangen. Andernfalls gibt es nur zwei Möglichkeiten: *entweder* ist die Lage so, daß sich intellektuell oder gefühlsmäßig, betrachtend oder gestaltend, mit Worten oder Handlungen, Gesten oder Gebärden an sie anknüpfen läßt; *oder* aber es läßt sich nicht mehr an sie anknüpfen, die Lage wird unerträglich und zwingt den Menschen zur Flucht. Im ersten Fall wird er mit der Lage irgendwie fertig, er setzt sich mit ihr erfolgreich oder erfolglos auseinander, immerhin: er akzeptiert sie. Im zweiten Fall überwältigt ihn die Lage; entweder er entflieht ihr, wie auch immer: er gibt es auf, verliert den Kopf, ihn schwindelt, oder er geht an ihr zugrunde.

Unbeantwortbarkeit bei fehlender unmittelbarer Existenzbedrohung ist die notwendige, aber noch nicht hinreichende Bedingung, die eine Situation erfüllen muß, um zum Lachen zu reizen. *Wenn sie keine Bindung* auf den Menschen ausübt, wird er ohne jeden Aufwand an Kraft von ihr Abstand nehmen. Die Ablösung, die im Lachen sich anzeigt – im Lachen quittiert der Mensch die jeweilige Situation, d. h., er bestätigt sie und er durchbricht sie –, geschieht gegen einen Widerstand. Nur dieser Widerstand erklärt die Spannung, die sich im Lachen löst, und er wiederum ist auf die Bindung bezogen, welche die Situation auf den Menschen ausübt. Sie hält ihn fest und verwehrt ihm zugleich jede Möglichkeit der Anknüpfung. Bestimmungen wie Ambivalenz, Mehrdeutigkeit, Mehrsinnigkeit, Sinnüberkreuzung sind auf diesen Antagonismus zwischen Bindung und Unbeantwortbarkeit bezogen.

Denkbar wäre, daß diesen Antagonismus verschiedene Eigenschaften der Situation auslösten, etwa eine starke Erregung der Phantasie bei Abwesenheit z. B. jedes logischen Zusammenhanges oder Eröffnung großer Gewinnchancen bei fehlender Möglichkeit, sie auszunutzen. Bei solcher Verteilung des bindenden und des abstoßenden Momentes auf getrennte Eigenschaften oder Verantwortlichkeiten läge es immer an Zufällen oder an Hindernissen, wenn zwischen Mensch und Situation eine unausgleichbare Spannung herrscht. Sie begründete ein Verhältnis verhinderten Ernstes, aber keinen positiven Unernst, der nur dem *inneren* Antagonismus zwischen

Bindung und Abstoßung entspricht. Unbeantwortbarkeit und bindende Kraft dürfen der Grenzlage nicht in dieser oder jener Hinsicht zukommen, sondern müssen ihr Wesen ausmachen. Die Bedingungen, welche ihre Beantwortbarkeit ausschließen, entscheiden zugleich über ihre bindende Kraft. Nur solche Lagen geben zu Lachen Anlaß.

Am reinsten zeigt sich die befreiende Wirkung der Überkreuzung des abdrängenden und des anziehenden Charakters in Situationen der Komik und des Witzes, in denen sich der Antagonismus zwischen anschaulicher Eindeutigkeit und sinnhafter Mehrdeutigkeit, zwischen Sinn und Sinn entfaltet. Die Überkreuzung erscheint gegenständlich, an einem Gesicht, einem Benehmen, einem Ausspruch, einem Gedankengang. Selbst dann, wenn wir uns selber, unsere Lage, unser Sein und Tun komisch und witzig finden, rücken wir von uns innerlich ab und geraten zu uns in gegenständliche Distanz. In Situationen der Komik und des Witzes sind wir Zuschauer und Hörer, gegebenenfalls unser selbst. Wir können also beteiligt sein (als Objekte) und sind doch unbeteiligt, nur Auge und Verstand (als Subjekte), vorausgesetzt, wir haben Humor. Insofern Komik und Witz an unsere Auffassung appellieren, schaffen sie für sie eine besondere Lage, die den Bedingungen der Auffassung auf jeweils besondere Weise entgegenkommt *und* widerstreitet. Daß hier das Lachen am reinsten und freiesten sich entfaltet, liegt zweifellos an der ästhetischen Distanz, die nur unser Anschauen und Auffassen in Anspruch nimmt und uns auch dann noch im Parkett sitzen läßt, wenn wir selbst auf der Bühne stehen.

Im Bewußtsein der Unbeteiligtheit des (gleichwohl getroffenen!) Zuschauers und -hörers – das bei humorlosen Menschen sofort aufhört, wenn es sich um sie selber handelt – weiß man sich geborgen. Das Vergnügen, bei etwas dabeizusein, was einen nichts angeht, womöglich sich auf Kosten anderer lustig machen zu können – jene billigste und schmutzigste Methode der Geselligkeit, welche durch

Bergsons Deutung des Lachens als Auslachen sehr zu Unrecht einen kleinen Heiligenschein bekommen hat – und der Pharisäismus des Überlegenheitsgefühls, durch eigenen Sinn für Witz und Humor über alles und jedes sich erheben zu können, alle diese Zugaben der kontemplativen Geborgenheit nehmen dem Lachen jede Hemmung. Beim Spielen dagegen oder wieder in der Verlegenheit, von den Situationen des Kitzels und der Verzweiflung gar nicht zu reden, überwiegt die Hingenommenheit und Mitbeteiligung des ganzen Menschen zu sehr, als daß er aus vollem Herzen und vollem Halse lachen könnte. Sein Lachen klingt gepreßt, irritiert und wie abgelenkt. Der Mensch ist nicht frei genug, um den Unernst der Lage selbst noch auszukosten.

So spannt sich von den mittelbaren Anlässen der überschwenglichen Freude und des Kitzels bis zu den Grenzlagen der Verlegenheit und der Verzweiflung der Bogen des Lachens. Der Scheitel des Bogens, welcher den Anlässen der Komik und des Witzes zugeordnet ist, bezeichnet das Lachen in seiner vollen Entfaltung. Darum dürfen die anderen Arten des Lachens doch nicht einfach im Lichte seiner Art gesehen werden. Sein ausgesprochen heiterer Zug ergibt sich aus dem besonderen Unbeteiligtsein des Zuschauers und -hörers, das den rechten Boden bereitet, sich der Gewalt der Ausdrucksreaktion zu überlassen.

Lachen als solches ist zwar lustvoll, aber nicht heiter, auch wenn es für gewöhnlich diese affektive Tönung bekommt. Lustvoll ist es als Entladung einer Spannung, die im Überschwang der Freude dem Bewegungsdrang, im Kitzel der sinnlichen Erregungsambivalenz, im Spiel dem Zwischenzustand zwischen Freiheit und Bindung, bei Komik und Witz der doppelsinnigen Transparenz der Erscheinung (und damit der Zumutung an unsere Fassungskraft), in Verlegenheit und Verzweiflung schließlich der Überkreuzung zwischen Überblick und Ohnmacht entspringt. Lustvoll und »gesund« ist es als Reaktion des Sichloslassens in einen körperlichen Automatismus, als Preisgabe der beherrschten Einheit von Mensch und Körper, die einen ständigen Aufwand an Hemmung und Impulsen verlangt. Lustvoll ist es schließlich als die in seiner Ursprünglichkeit und Hemmungslosigkeit, in seiner Emanzipiertheit vom Menschen zugleich sinnvolle Antwort auf eine Lage, der gegenüber jede andere Antwort versagt ist.

Im übrigen muß die Beurteilung der verschiedenen Anlässe des Lachens von systematischen Vermutungen frei bleiben. Unsere Skala trägt allein der Tatsache Rechnung, daß das Lachen mit zunehmender Distanz des Menschen zum Anlaß Freiheit und Heiterkeit, Fülle und Tiefe gewinnt, mit schwindender Distanz, d. h. wachsender Mitgenommenheit und Benommenheit aber sie verliert. Affektive Beteiligung kann die Eindeutigkeit des Lachens in Frage stellen. Starke Freude und Verzweiflung führen ebenso leicht zum Weinen wie zum Lachen. Ein Gleiches läßt sich überhaupt bei starken Erregungen beobachten. Wut, Zorn, Überspannung können sich trotz der Ausdrucksmöglichkeit in Gebärden in »nervösem« Lachen und Weinen entladen. Das vitale System des Menschen ist durch sie erschüttert, seine Einheit von »unten« her desorganisiert. Übermüdung wirkt daher wie Überanstrengung oder übermäßige Aufregung: Der Mensch verliert seine Fassung und gerät nun (ähnlich wie in der Trunkenheit) in Lachen oder Weinen; nicht weil er die Dinge lustig oder traurig findet, sondern weil ihm die Herrschaft über seinen Körper verlorengeht. Daneben besteht natürlich auch noch die Möglichkeit der Bewußtseinsveränderung und des in ihr motivierten (also nicht direkt, sondern nur indirekt vital ausgelösten) Lachens und Weinens.

Setzt man – was nicht richtig ist – menschliche Distanz zum Anlaß und Kälte des Gefühls einander gleich, dann stimmt die oft geäußerte Ansicht von der Gefühlskälte des Lachens. Tatsächlich handelt es sich aber nicht um Qualität und Tiefe des Gefühls, sondern um eine enge Verbundenheit des Lachens mit dem Bewußtsein, die ihrerseits den Anschein der Gefühlskälte hervorruft. Die Anlässe des Kitzels (in seinen verschiedenen Formen), des

Spielens, der Komik und des Witzes bleiben, auch wenn sie unbewußtes *Material* verarbeiten, menschlich gesprochen – d.h. in Beziehung zum Zentrum der Person, das sie nur erlebt, wenn sie sich für etwas einsetzt –, an der Peripherie: des sinnlichen Empfindens und der Sensation, der Anschauung und Phantasie, der Auffassung und des Denkens. So haftet auch dem herzhaftesten, humorvollsten, aus der Tiefe des Gefühls heraufquellenden Lachen etwas Oberflächliches an. Der Mensch antwortet mit ihm direkt, ohne sich in die Antwort mit einzubeziehen. Im Lachen wird er gewissermaßen anonym – ein Grund für die ansteckende Kraft, die ihm innewohnt.

Immer wieder hat man auf die enge Verbindung des Lachens mit dem Verstande (Schopenhauer), auf seinen instinktiven Zug zum Allgemeinen (Bergson) hingewiesen, der sich einmal aus dem generellen Charakter des Anlasses, zumal des komischen Anlasses und der Gedankenmäßigkeit des Witzes, zum anderen aus der Zugewandtheit des Lachenden zur Gemeinschaft erkläre, da er Mitlachende braucht, um seines Lachens ganz froh zu werden. In gewissen Grenzen läßt sich das bestätigen. Der Lachende ist zur Welt geöffnet. Das Bewußtsein seiner Abgehobenheit und Herausgehobenheit, das sich häufig als ein Bewußtsein der Überlegenheit darstellt, bedeutet Ablösung aus der gegebenen Lage und Geöffnetheit, Unfixiertheit in einem. Derart entbunden, sucht sich der Mensch anderen zu verbinden. Und es wirkt nicht zufällig, daß der Ausbruch des Lachens unmittelbar, mehr oder weniger »schlagartig« einsetzt und wie zum Ausdruck des Geöffnetseins des Lachenden auf der Ausatmung in die Welt hineinschallt; während das Weinen allmählich, weil vermittelt, und wie zum Ausdruck der Abkehr von der Welt und der Isolierung in der Richtung der Einatmung sich entwickelt.

(1941)

KARL VALENTIN
[Der Radfahrer oder Der Zufall]

aus: Tingeltangel

K.V.: Ja, da –
DER KAPELLMEISTER: Das können Sie sich denken – jetzt marsch – holen Sie sich rasch die Pauke herüber.
K.V.: Die kann ich aber nicht allein tragen.
DER KAPELLMEISTER: Lassen Sie sich helfen, ersuchen Sie einen Kollegen, da hilft Ihnen schon einer.
K.V.: Anderl, helfen!
DER KAPELLMEISTER: Nur recht ungebildet sein. Anderl, Sie müssen helfen.
ANDERL *geht hin zu ihm:* Um was handelt sich's denn?
K.V.: Der Zuber soll da hinüber kommen.
ANDERL: Wann denn?
K.V.: Der Anderl läßt fragen, wann?
DER KAPELLMEISTER: Augenblicklich –
K.V.: Magst lieber da tragen? *Sie wechseln den Platz.*
ANDERL: Lieber wär's mir aber schon dort gewesen, weil ich da besser tragen könnte, weil ich links bin.
K.V.: Du bist links? Machst du alles links – Essen – Trinken – Schlafen – Husten?
Anderl sagt zu allem ja.
DER KAPELLMEISTER: Was ist denn das für eine Privatunterhaltung?
K.V.: Der Anderl erzählt mir grad, daß er links ist, der macht alles links.
DER KAPELLMEISTER: Ach der – spinnt ja.
K.V.: Auch links?
DER KAPELLMEISTER: Das interessiert doch keinen Menschen, was der für Untugenden hat.
K.V.: Nein, mir hat er's eben erzählt, und ich war ganz überrascht davon.
DER KAPELLMEISTER: Das ist ja zu interessant.
K.V.: Also, dann gehst hinüber. *Sie wechseln den Platz.*

DER KAPELLMEISTER: Ja, hört jetzt die Rumtanzerei noch nicht bald auf?

K.V.: Ja, der Anderl möcht eben lieber drenten tragen.

DER KAPELLMEISTER: Das ist doch gleich, wo man hier trägt – die Pauke ist doch rund.

K.V.: Es ist eben sein sehnlichster Wunsch.

DER KAPELLMEISTER: Dann soll er machen, daß er nüberkommt.

K.V.: Er will aber drenten tragen.

DER KAPELLMEISTER: Ist ja recht – kommen Sie rüber auf diese Seite, und er soll hinübergehen. Vorwärts – keine Widerrede mehr.

Die beiden wechseln unwillig und zögernd den Platz.

K.V.: Jetzt haben Sie uns doch mißverstanden – er will nämlich drenten tragen.

DER KAPELLMEISTER: Da war er ja grad – warum ist er denn dann hinübergelaufen?

K.V.: Weil Sie ihn nübergeschickt haben.

DER KAPELLMEISTER: Sie haben gesagt, er will drenten tragen – und drenten ist meiner Ansicht nach drüben auf der andern Seite.

K.V.: Ja, von Ihnen aus ist drenten drüben – aber vom Anderl aus ist drenten herüben, außer er steht herenten, dann ist es umgekehrt.

DER KAPELLMEISTER: Das kann kein Mensch verstehen, drenten und herenten – sprechen Sie Deutsch, daß man sich auskennt.

K.V.: Das ist ganz einfach – sagen wir zum Beispiel – –

DER KAPELLMEISTER: Ich will gar nichts mehr wissen von Ihnen.

Beide heben die Pauke langsam vom Boden.

DER KAPELLMEISTER: Was ist denn jetzt wieder?

K.V.: Weil Sie sagen, Sie wollen helfen.

DER KAPELLMEISTER: Ich helfe euch dann hernach, wenn wir fertig sind. Vorwärts – schneller!

K.V.: Der Anderl sieht nicht, wo er hingeht.

DER KAPELLMEISTER: Der soll seine Augen aufmachen, dann sieht er schon.

K.V.: Hint hat er doch keine Augen. Geh nur zu, Anderl, ich sag dir's schon, wennst wo anstoßt. *Sie stoßen an.* Jetzt. *Beide gehen wieder ein Stück zurück. Valentin dreht sich um und sagt:* Jetzt laß sie nunter – halt – jetzt bist mir in den Schuh neikommen. *Sie stellen die Pauke auf den Boden. Dann leise:* Jetzt ham mir's wieder.

DER KAPELLMEISTER: Ich verstehe Sie nicht – sprechen S' lauter.

K.V.: Ich sag, jetzt ham ma's wieder.

DER KAPELLMEISTER: Anderl, sind Sie fertig? Gehn S' doch auf Ihren Platz – der schläft mir direkt im Stehen ein.

K.V.: Das ist ein langweiliger Tropf.

DER KAPELLMEISTER: Ist nur gut, daß Sie so flink sind – sonst wär's überhaupt nichts. So, jetzt rasch die Pauke stimmen – halt, was hat denn die für einen Ton?

K.V.: Einen gräuslichen. Wia a Kanapee.

DER KAPELLMEISTER: Wie kommt denn das?

K.V.: Vielleicht macht's das aus, weil die Tschinelle drauf liegt?

DER KAPELLMEISTER: Ja, natürlich, das ist doch ganz klar. *Karl Valentin stimmt und horcht jetzt am Schlegel.*

DER KAPELLMEISTER *muß auch horchen und sagt:* Jetzt ist's besser. So, da sind Ihre Noten, zählen Sie gut mit und haun Sie ja nicht zu früh hinein, am Anfang haben Sie acht Takt Pause.

K.V.: Acht Tag??

DER KAPELLMEISTER: Acht Takt hab ich gesagt – der möchte gleich acht Tag Pause machen. Übrigens, was seh ich denn da, Sie haben ja gar keine Gläser in Ihre Augengläser drin.

K.V.: Seit fünf Jahren schon nimmer; die sind mir einmal zerbrochen, weil ich draufgetreten bin; und seit der Zeit hab ich s' nicht mehr, weil ich s' da ganz herausgeschlagen hab.

DER KAPELLMEISTER: Was setzen Sie dann das leere Gestell auf, das hat doch gar keinen Zweck.

K.V.: Besser ist's doch wie gar nichts.

DER KAPELLMEISTER: Sie haben immer eine gute Ausrede – so, jetzt fangen wir an.

K.V.: Hat's Ihnen der Anderl schon erzählt?

DER KAPELLMEISTER: Warum, was will er denn noch?

K.V.: Denken S' Ihnen nur, wir haben gestern einen Zufall erlebt. Ich und der Anderl gehen gestern in der Kaufinger Straße und reden grad so von einem Radfahrer – im selben Moment, wo wir von dem Radfahrer sprechen, kommt zufälligerweise grad einer daher.

DER KAPELLMEISTER: Ja – weiter?

K.V.: Was weiter?

DER KAPELLMEISTER: Wo ist denn da der Zufall?

K.V.: Ich sag, mir haben von einem Radfahrer gesprochen – und im selben Moment, wo mir von dem Radfahrer gredt habn, is grad einer daherkomma!

DER KAPELLMEISTER: Ja – und was war dann mit dem Radfahrer? Was hat denn der getan?

K.V.: Nichts! – Weitergfahrn is er.

DER KAPELLMEISTER: Also, das ist doch kein Zufall mit dem Radfahrer da! – Das ist überhaupt nix! – Gar nichts!

K.V.: Sie ham halt a andre Weltanschauung.

DER KAPELLMEISTER: Das ist doch kein Zufall, wenn da in der Kaufinger Straßn a Radfahrer daherkommt! – Da fahrn ja im Tag tausend Radfahrer umanander!

K.V.: Nein, einer is bloß komma! Dann wär's ja kein Zufall, wenn man von einem redt, und tausend kommen daher.

DER KAPELLMEISTER: Auf einmal kommen s' natürlich nicht, ich meine, da kommt fast alle Meter wieder a anderer Radfahrer daher!

K.V.: Ja, aber net, wenn man davon redt!

DER KAPELLMEISTER: Der Radfahrer wär auch gekommen, wenn Sie nicht von ihm gredt hätten.

K.V.: Das weiß ich nicht.

DER KAPELLMEISTER: Ach, da hätten Sie schon von was ganz anderem reden sollen.

K.V.: Wir haben aber von nix anderm gredt!

DER KAPELLMEISTER: Das weiß ich schon – ich mein nur, wenn Sie zum Beispiel von einem Flieger gesprochen hätten –

K.V.: Ham ma net! – Mir ham von einem Radfahrer gredt!

DER KAPELLMEISTER: Das weiß ich ja – ich mein wenn Sie von einem Flieger gesprochen hätten! – Und im selben Moment wär da oben einer dahergekommen, dann wär's eher ein Zufall gwesn!

K.V.: Ja – naufgschaut ham ja mir net!

DER KAPELLMEISTER: Aber ich mein doch nur – wenn Sie statt von dem Radfahrer von einem Flieger gsprochn hätten!

K.V.: Wieso? – Wie kann ich denn von einem Flieger sprechen, wenn ich von einem Radfahrer sprech?

DER KAPELLMEISTER: Ich mein eben – grad so gut, wie Sie von einem Radfahrer gredt habn, hätten S' auch von einem Flieger sprechen können!

K.V.: Ausgeschlossen!

DER KAPELLMEISTER: Ja, haben Sie denn noch nie in Ihrem Leben von einem Flieger gesprochen?

K.V.: Schon oft – aber da nicht – da habn mir nur von einem Radfahrer gredt!

DER KAPELLMEISTER: Jetzt lassen S' mir mei Ruh, ich will nichts mehr hören von Ihnen!

K.V.: Also morgen gehn wir wieder spazieren – dann reden wir von einem Flieger – aber wehe! – wenn dann a Radfahrer daherkommt!

Nun hebt ein unglaubliches Musizieren an: Das Vorstadtorchester spielt die Ouvertüre zu Dichter und Bauer. Der Kapellmeister dirigiert mit Leidenschaft. Sein Lötkrawattl rutscht ihm auf den Rücken. Die beiden Gummiröllchen fliegen nacheinander im hohen Bogen durch die Luft und landen im Orchester. Karl Valentin verpaßt an seiner großen Trommel natürlich alle Einsätze und donnert immer im falschen Moment, was jedesmal mit wütenden Blicken und Gesten seitens des Kapellmeisters quittiert wird und alsdann neue Entschuldigungsgebärden und -verrenkungen des unglückseligen Aushilfspaukers auslöst. Was sich bei dieser Ouvertüre, die den Schluß des Stegreifspiels krönt, an komischen Einfällen und grotesken Gags alles abspielt, ist unbe-

schreiblich. Jedenfalls zeigen die acht Musiker und ihr Kapellmeister in zunehmendem Maße alle Zeichen der völligen Er-
schöpfung, wenn sich endlich der Vorhang schließt.

(um 1918)

FRIEDRICH DÜRRENMATT

aus: Cop

[Freiheit als ironischer Begriff]

Cop vermag sich nur ironisch verständlich zu machen und kann nur ironisch verstanden werden, nur von dem, der seine Ironie versteht: Die Ironie stellt das einzige Verständigungsmittel zwischen den Absolut-Einzelnen dar.

Ästhetisch gesehen ist die Ironie eine schwierige Kategorie, weil sie die Ästhetik überspielt und damit auch das Komische und das Tragische. Nach der Ansicht Kierkegaards ist Sokrates ein ironischer Held. Offenbar ist Cop auch einer, bleibt doch seine Glaubwürdigkeit, wie die des Sokrates, dem Allgemeinen gegenüber fragwürdig, ja unglaubwürdig: Ebensowenig wie Sokrates glaubwürdig beweisen kann, daß er nichts weiß – er muß schließlich etwas wissen, sein Nichtwissen nämlich –, ebensowenig vermag Cop irgend jemanden davon zu überzeugen, daß er als einziger in einer Welt, die ohne Gerechtigkeit auszukommen glaubt, die Gerechtigkeit suchte. Cops Gerechtigkeit leuchtet nur ihm selber ein. Doch das ist nicht das Wesentliche. Das Gemeinsame liegt in beider Tod. Er ist von beiden erzwungen: durch Sokrates' maßlose Forderungen an seine Richter, durch Cops Wahnwitz, eine Weltsekunde lang dem fatalen Abschnurren der Geschäfte Einhalt zu gebieten, ein sicher grandioses Unterfangen, das jedoch nur ihm nützt, dem Einzelnen, nicht aber uns, es sei denn, es leuchte ironischerweise gerade in solchen Momenten die menschliche Freiheit auf.

Denn die Freiheit ist ein ironischer Begriff. Im Ungefähren ist er nur in der Politik etwas Objektives: als die Freiheit, das zu tun, was einem notwendig erscheint, mit der Einschränkung, daß diese Notwendigkeit dem Allgemeinen nicht schade, womit dieser Freiheit der Zwang gegenübersteht, das tun zu müssen, was einem nicht notwendig erscheint, wobei diesem Nichtnotwendigen ebenfalls nachgesagt wird, es nütze dem Allgemeinen. Die *politische Freiheit* ist ein Regulativ zwischen verschiedenen Notwendigkeiten, zwischen jener des Individuums und jener des Staates, weshalb es sinnvoll ist, sich für die politischen Freiheiten einzusetzen. Für die *philosophische Freiheit* zu kämpfen ist hingegen sinnlos. Denn mit der philosophischen Freiheit ist nicht die Gedankenfreiheit gemeint, die zur politischen Freiheit gehört, aber auch nicht die Willensfreiheit oder die Freiheit der Wahl, auf die sich viele Philosophen zurückziehen, sondern der Gegensatz zur philosophischen Notwendigkeit, zur Determination, zum Zwang, zu jeder Wirkung auch eine vorhergehende Ursache zu denken. Die philosophische Freiheit ist die Legende, daß es etwas gäbe, das ohne Grund sei. Man kann sich darunter Gott vorstellen. Oder eine Welt, in der alles zufällig, ohne Grund geschehe, wobei das Kausale sich nachträglich rein statistisch einstelle, als statistisches Phänomen also, nach dem Gesetz der großen Zahl. Doch sind sowohl dieser Gott als auch diese Welt des Zufalls logische Taschenspielereien, der erste Grund ist ebenso eine logische Konstruktion wie das Unendliche, ebenso ein Hilfsbegriff wie der Zufall. Die Determination einmal gesetzt, gibt es keine Indetermination, und die Philosophie muß determinieren, will sie sich nicht endgültig mit der Wissenschaft überwerfen, die auch dort, wo sie vom Zufall ausgeht, immer wieder auf Notwendigkeiten stößt, die dieser Zufall setzt. Die Freiheit ist nur als ironischer Begriff zu retten, als ein subjektiver Begriff, als ein Begriff, den sich das Subjekt selber setzt.

Angenommen, Don Quijote wäre ein ironischer Held, so würde dieser Don Quijote zwar ebenfalls gegen eine Windmühle und gegen eine Schafherde anrennen, aber er würde wissen, daß diese Windmühle eine Windmühle ist und kein Riese und die Schafherde eine Schafherde und nicht ein Ritterheer; seine Ironie bestünde darin, daß er so täte, als hielte er die Windmühle für einen Riesen und die Schafherde für ein Ritterheer. Diese seine Ironie wäre eins mit einer Freiheit, die dem komischen Don Quijote fehlt, ist doch dieser, indem er die Literatur seiner Zeit wörtlich nimmt, gibt er etwas auf Ehre, zu seinem närrischen Treiben gezwungen; während der ironische Don Quijote, welcher die Literatur seiner Zeit durchschaut, sie in voller Freiheit ad absurdum führt, einen Menschen spielend, der diese Literatur wirklich ernst nimmt, und weil keine Riesen und Ritterheere mehr zu finden sind, Windmühlen und Schafherden dafür ausgibt, weshalb wir sagen können, daß der ironische Don Quijote Cervantes ist, der den komischen Don Quijote spielt, statt ihn zu schreiben. Und angenommen, Ajas wäre ein ironischer Held, so würde er zwar wie der tragische Ajas, von Agamemnon um die Rüstung des Achill betrogen, ebenfalls die Schafherden der Griechen niedermetzeln und zwei Schafböcke foltern, verkündend, es handle sich um Agamemnon und Odysseus, doch im Gegensatz zum tragischen Helden würde er es nicht im Wahnsinn tun, sondern im gespielten Wahnsinn, aus einer ebenso grandiosen wie makabren Ironie heraus: macht doch der gespielte Wahnsinn ihn nicht nur unangreifbar, was ebenfalls der echte täte, sondern auch frei. Was unabsichtlich war, ist nun Absicht: Eine niedergemetzelte Schafherde schädigt eine Invasionsarmee, die auf Proviant und Nachschub angewiesen ist, bösartiger als hundert niedergemetzelte Griechen (mehr hätte auch Ajas nicht geschafft), und der übersteigerte Ehrbegriff der Griechen wurde durch die Folterung der beiden Böcke härter beleidigt, als es eine persönliche Beleidigung Agamemnon und Odysseus gegenüber getan hätte, um so härter, als einem Wahnsinnigen gegenüber kein Einspruch möglich war. Aber auch der Selbstmord des Ajas wäre dann Ironie, eine Ironie im kühnsten Sinne freilich: In einer Welt, die des Achill Waffen dem Listigsten, Odysseus, vermacht und nicht dem Tapfersten, Ajas, in dieser Zeitwende bleibt, nach dem Tode Hektors und Achills, dem letzten der klassischen Helden nur noch der Selbstmord übrig: Er wäre ein tragischer Held (der er in Wirklichkeit ist), weil er sich in dieser Spätwelt lächerlich gemacht hat; er wäre ein ironischer Held (wie wir ihn fingieren), weil die Welt lächerlich geworden ist. Sein Selbstmord ist dann der blutig-ironische Ausdruck dafür, daß er nur noch einen ihm ebenbürtigen Gegner hat: sich selbst. Darin ist er Sokrates nicht unähnlich. Dieser wußte durch den Spruch des Orakels zu Delphi, daß keiner der Menschen weiser sei als er, der doch nichts wußte. Von diesem schrecklichen Moment des Wissens an, vom Augenblick an, wo er das Urteil des Gottes vernahm, vermochte Sokrates – so wie der fingierte »ironische« Ajas nur noch uneigentlich zu handeln weiß – nur noch uneigentlich zu reden, nicht mehr eigentlich, nur noch indirekt, nicht mehr direkt, er konnte nur noch so reden wie Hamlet, nachdem er vom Geist seines Vaters dessen Ermordung erfahren hatte: von da an war nichts mehr ernst, weder dem Sokrates noch dem Ajas unserer Geschichte. Ihre Position hat sich verändert, zum Ironischen eben, ohne daß nach außen eine Veränderung festzustellen wäre: ihr Bewußtsein ist anders geworden. Weder der ironische Don Quijote noch der ironische Ajas müßten neu geschrieben werden, die Aufgabe, sie ins Ironische umzuschreiben, wäre unsinnig, weil es genügt, den komischen Don Quijote und den tragischen Ajas ironisch zu lesen. Demnach gibt es zwei Literaturen, eine »wirkliche« und eine »ironische«, das heißt, daß jedes Buch gleichsam zweimal existiert, in zwei wortwörtlich identischen Texten verschiedenen Inhalts, eines direkt und eines indirekt gemeinten, daß, alle Bücher als eine Bibliothek betrachtet, demnach zwei Bibliotheken vorhanden sind. Das Komische liegt darin, daß die meisten Bücher in der falschen Bibliothek gelesen werden, besonders die philosophischen; doch auch die meisten Theaterstücke. Sie werden gleichsam auf falschen Bühnen falsch aufgeführt und falsch verstanden.

(1976)

Selbstgespräch
(11. Dezember 1985)

Ich habe viele Namen. So viele, daß ich mich an keinen mehr erinnere, und weil man mir so viele Namen gab, glaubte man auch, ich sei tausendfach, millionenfach, wahrscheinlich noch mehr, ich habe mich um Zahlen nie interessiert, später hat man mich in eine Eins zusammengezogen, es ist auch leichter, mit einem zu rechnen als mit vielem; daß man eine komplizierte Theorie ausgedacht hat, diese Eins sei eigentlich drei, möchte ich nur erwähnen, ich habe sie nie verstanden. Ich sage »man«. Ich weiß nicht, was ich damit meine. Offenbar etwas außer mir. Etwas außer mir kann ich mir nicht vorstellen. Auch das Mich, das Meiner und das Ich nicht. Ich kann mich nicht vorstellen. Ich bin nicht vorstellbar, ich bin nur denkbar, und denkbar ist auch das Unsinnigste. Ich bin das Unsinnigste. Ein Unsinn. Ich bin nicht ich, und ich bin ich. Ich existiere, und ich existiere nicht. Ich bin ein Punkt, eine Gerade, eine Fläche, ein Kubus, eine Kugel, ein n-dimensionaler Körper und nichts von allem, Nichts. Ich bin sowohl allmächtig und machtlos als auch allwissend und nichtwissend, ich bin alles, was man von mir behauptet, weil es gleichgültig ist, was man von mir behauptet, so komme ich immer wieder auf das Man. Ich habe es einmal geschaffen, oder es war einmal Ich, irgendeinmal, vor dem Augenblick, der jetzt ist, ich weiß nicht, wie lange davor, vielleicht unmittelbar davor oder eben jetzt, in der Zeitlosigkeit spielt das keine Rolle. Vielleicht ist alles nur eine Idee von mir, ein Einfall, der mir kam, kommt oder kommen wird, egal, wann auch immer, einmal eingefallen, in der Vorvergangenheit, in der Vergangenheit, in der Gegenwart, in der Zukunft, in der Nachzukunft, hinter jeder Unendlichkeit, würde der Einfall ins Unermeßliche wachsen, wieder in sich zusammenstürzen und zu nichts werden: Das Endlose und das Nichts sind dasselbe, und so bin ich denn identisch mit

dem, was ich geschaffen habe, schaffe oder schaffen
werde oder nicht geschaffen habe, nicht schaffe oder nicht
schaffen werde. Möglich, daß es in diesem realen oder
imaginären Geschaffenen, in dieser »Schöpfung«, um
pompös zu werden, etwas gibt, das denkt, das, weil das
Ich, das ich mir aus Wortbequemlichkeit zulege, auch
denkt, nur mit mir identisch sein könnte, möglich, daß
dieses Denk-Ich, das ich selber bin, mich denkt, aus lauter
Verzweiflung, nicht aus sich selber herauszukommen,
oder aus dem Wahn heraus, für sich einen Sinn zu finden.
Möglich, ich breche in ein Gelächter aus, in ein doppeltes
Gelächter, ist es doch überaus komisch, sich etwas vorzustellen, das sich nicht vorstellen läßt, welches in ein
Gelächter ausbricht, weil es sich etwas vorstellt, das in ein
Gelächter ausbricht, so daß sich endlos ein Gelächter an
ein Gelächter reiht. Aber vielleicht bin ich nur als etwas
Komisches denkbar, als etwas Groteskes, als ein reiner
Witz, als ein Witz an sich, als Pointe ohne Vorgeschichte,
die sich abschließt, ohne an etwas angeschlossen zu sein,
als ein Schluß ohne Prämisse, der sich ins Nichts des
Gelächters auflöst. Vielleicht bin ich das Gelächter an sich,
das Gelächter ohne Grund, bin ich doch ohne Grund und
damit ohne Sinn, weil es sinnlos ist, hinter einem Grund-
losen einen Sinn zu suchen. Dieses mögliche Denk-Ich
aber – und was ist in dieser möglichen Schöpfung, sei sie
nun real oder imaginär, nicht möglich – wird mich, welches es selber ist, lieben oder hassen müssen. Beides gleich
unanständig. Wird es mich lieben, wird es sich aufopfern,
weil man sich nur für etwas aufopfert, was man nicht begreift und dem man nur einen Sinn zu geben vermag,
wenn man sich aufopfert. Wird es mich hassen, wird es
sich verzehren, weil man sich nur eines Wesens wegen
verzehrt, dem man nur einen Sinn zu geben vermag,
wenn man es haßt, aber weil Liebe und Haß zu schwer
sein werden, wird es nur von mir schwätzen, weil man
nur von etwas zu schwätzen vermag, dessen Sinn gleichgültig ist. Nur die, welche von mir schwätzen, sind nicht
unanständig. Ich bin eins mit dem Geschwätz über mich.

Ich bin ein Geschwätz. Ich bin nur, insofern ich schwätze. Würde ich nicht schwätzen, nähme ich mich ernst; nähme ich mich ernst, müßte ich einen Sinn haben; hätte ich einen Sinn, müßte ich einen Grund haben. Das Grundlose hat keinen Sinn, immer wieder komme ich auf diesen Satz, in welchem, habe ich sie geschaffen, meine Schöpfung sich aufbläht und wieder in sich zusammenfällt, sinnlos wie ich, der sie schuf. Schuf ich sie, werde ich es nie wissen, weil im Sinnlosen die Erinnerung keinen Wert hat. Aber indem ich die Möglichkeit überdenke, daß ich etwas außer mir geschaffen haben, schaffen, schaffen werden könnte, eine Schöpfung, und weil in dieser Möglichkeit alle Möglichkeiten eingeschlossen wären, die vergangenen, seienden und zukünftigen, auch jene eines mit mir identischen Gedankens, so würde dieser Gedanke, unabhängig, wer der Träger dieses Gedankens ist, auch wenn mein Gelächter über ihn verklingt (wenn es überhaupt verklingen kann), nach dem Urheber seiner selbst suchen, auch wenn er ohne Sinn auszukommen verstünde. Ohne Grund kommt er nicht aus. Er wird sich einbilden, in mir liege der Grund, und den Sinn seines Seins wisse nur ich. Da ich aber nicht bin, wird er mich erfinden müssen. Dieses Erfinden wird er Glauben nennen, und da sein Glauben keinen festen Gegenstand hat, wird er mich endlos erfinden, mit endlosen Namen bezeichnen, er wird mich tausendfach, millionenfach vorhanden glauben oder mich zusammenziehen, in drei, in eins, in eine Idee, in ein Prinzip, in nichts endlich, in den einzig wahren Glauben, daß ich nicht bin. Aber diesen Glauben, der den Glauben aufhebt, wird man nicht glauben, man wird wieder glauben, daß ich dennoch ein Prinzip bin, eine Idee, eine Eins, eine Drei, ein Vielfaches, Tausendfaches, Millionenfaches: Bin ich einmal gedacht, bin ich gedacht; nur wenn ich nicht mehr gedacht werde, bin ich, was ich bin: nichts.

MANFRED FRANK

Vom Lachen

Über Komik, Witz und Ironie. Überlegungen im Ausgang von der Frühromantik

Wird von einer Theorie der Intelligenz geurteilt, sie sei selbst intelligent, so gilt das als schmeichelhaft. Aber eine Theorie des Lächerlichen soll selbst nicht lächerlich sein – auch wenn in diesem Sammelband viel, ja alles versucht wurde, Sie durch Theorie(n) zum Lachen zu bringen. Dafür sind wir den Akteuren gewiß dankbar. Aber Hand aufs Herz: Was haben wir dadurch übers Lachen gelernt?

Eine lächerliche Theorie des Lachens scheint etwas Unangemessenes zu sein. Das geben wir ohne weiteres zu. Womit begründen wir aber unsere spontane Zustimmung?

Offenbar fallen die Sätze dieser Theorie, und zumal einer philosophischen, nicht selbst in den Skopus dessen, worüber sie sprechen. Die Theologie ist nicht (notwendig) selbst fromm, die Kriminologie (normalerweise) nicht selbst kriminell, die Unschärfe-Relation (wahrscheinlich) nicht selbst unscharf, und – obwohl das den politischen Wächtern unserer Wissenschaftspraxis nur schwer beizubringen ist – die Theorie des Neomarxismus ist per se nicht marxistisch. Dergleichen Verwechslungen nennt man in meinem Fach bald »Kategorienfehler« (category mistakes), bald »Fehler durch Typensprünge«. Bei Kategorien-Verwechslungen werden Tatsachen eines bestimmten Sachbereichs so dargestellt, als gehörten sie zu einer bestimmten logischen Kategorie, während sie in Wirklichkeit unter eine andere fallen. Denken Sie sich einen Ausländer, der nach Oxford kommt. Man zeigt ihm der Reihe nach Colleges, Bibliotheken, Sportplätze, Museen, Laboratorien und Verwaltungsgebäude. Er sagt: »Schön, jetzt weiß ich, wo ihr die Post beantwortet, Gutachten schreibt, Tierversuche durchführt, Seminare abhaltet und Tennis

spielt – aber wo zum Teufel ist denn eigentlich die Uni?«
Oder: Ein Südseeinsulaner – so einer muß es sein: sonst
würde der Rassismus unserer Beispiele arbeitslos – sieht
seinem ersten Fußballspiel zu. Man erklärt ihm die Funktion des Torwarts, der Stürmer, Verteidiger, des Schieds-
richters usw., und er sagt nach einer Weile: »O.k., aber da
ist doch niemand, der den berühmten Mannschaftsgeist
beisteuert. Ich sehe, wer angreift, wer verteidigt, wer die
gelbe Karte zeigt und pfeift, aber niemanden, der den
Mannschaftsgeist verbreitet.«[27] Der Irrtum besteht in der
Unfähigkeit der beiden Sprecher, gewisse Begriffe (wie
»Universität« oder »Mannschaftsgeist«) richtig zu verwenden, sie nämlich nicht als Klassifikationsausdrücke,
sondern als Namen zu behandeln.

Die andere Konfusionsquelle (von Russell und White-
head aufgedeckt) sind »die Fehler durch Typensprünge«:
in ihnen werden Regeln (höherer Stufe) nicht auf das,
was unter sie fällt, sondern auf sich selbst angewandt, also
sich selbst als ihre eigenen Prädikate zugelegt. Dadurch
entstehen Paradoxe wie »Der Begriff ›imprädikabel‹ ist
prädikabel« oder »Was ich hier gerade behaupte, ist gelo-
gen«. Solchen Fehlern haftet grundsätzlich etwas Komisches an, wie – pars pro toto – aus dem Beispiel des Sophisten Protagoras erhellt: Protagoras hat mit seinem
Schüler Euathlos einen Vertrag abgeschlossen, wonach
Euathlos, gewinnt er nach der Ausbildung auch nur eine
einzige Streitsache, seinem Lehrer dafür bezahlen muß.
Nun gewinnt er, wie abzusehen war, keine einzige und
hat damit, sagt Protagoras, soeben eine gewonnen, nämlich die gegen den Lehrer selbst: also muß er in die Tasche
greifen und löhnen.[28]

Gewöhnlich scheuen die Philosophen die Lächerlichkeit wie die fromme Seele den Teufel. Was wäre auch
komischer als ein lächerlicher Weltweiser? Über dieser
Grenzmöglichkeit wacht das Emblem des auf allen vieren
durch den Hof Philipps von Makedonien kriechenden
Weiberhassers Aristoteles, den die schöne Hetäre Phyllis
reitend mit einem Peitschlein traktiert. Und doch sind die

190

Anekdoten-Bücher voll von Witzen über lächerliche Philosophen. Würde ich auch nur einige davon erzählen, so bräuchte ich Platz für einen weiteren Aufsatz.

Fast alle mir bekannten philosophischen Theorien des Lachens (von Cicero über Hutcheson bis Bergson) sind sich über eine Bestimmung einig: Das Lachen reagiert auf eine Unangemessenheit. Schopenhauer bestimmt sie 1819 präziser als die »plötzlich wahrgenommene Inkongruenz zwischen einem Begriff und den realen Objekten, die durch ihn, in irgend einer Beziehung, gedacht worden waren«[29]. Ein Beispiel liefert das folgende Epigramm:

> Brav' ist der treue Hirt, von dem die Bibel sprach:
> Wenn seine Heerde schläft, bleibt er allein noch wach.

Hier wird unter den Begriff eines bei der schlafenden Herde wachenden Hirten der langweilige Prediger subsumiert, der nach seiner Art die Gemeinde einschläfert »und nun«, wie Schopenhauer sich ausdrückt, »ungehört allein fortbelfert«[30]. Eine ähnlich komische Wirkung tut die Grabschrift eines Arztes: »Hier liegt er, wie ein Held in der Schlacht, und um ihn her ruht das Heer der Erschlagenen.« Die Inschrift subsumiert unter den für Helden ehrenvollen Begriff des »Ein-ganzes-Heer-geschlagen-Habens« die Leistung des Arztes, was zwar (wenigstens damals) durchaus realistisch, aber nicht im Geiste des Lebens-Erhaltungs-Gebots der Ärztekammer ist.[31] – Oder wenn »Einer an ein eben getrautes Paar, dessen weibliche Hälfte ihm gefiel, die Worte der Schiller'schen Ballade« richtete: »Ich sei, erlaubt mir die Bitte, / In eurem Bunde der Dritte«, so ist die Wirkung des Lächerlichen unausbleiblich, weil unter den Begriff eines von Schiller als moralisch edel gedachten Verhältnisses das eines menage à trois subsumiert wird, was logisch nicht unmöglich, aber dem Comment der gutbürgerlichen Ehe eher unangemessen ist.[32] Viele witzige Oxymora sind von dieser Art, so die Rede von der »freien Lohnarbeit« oder dem »zwanglosen Zwang des besseren Arguments« oder der »Autonomie der Hochschule« oder der »Freiheit von Forschung und Lehre«.

Halten wir jetzt nur die Struktur dieser Inkongruenz
fest. Sie besteht – noch einmal – in der »paradoxe[n] und
daher unerwartete[n] Subsumtion eines Gegenstandes
unter einen ihm übrigens heterogenen Begriff«. Mit Lachen – einer spontan und unverabredet sich einstellenden
Reaktion – drücken wir aus, daß wir eine »Inkongruenz
[wahrgenommen haben] zwischen einem solchen Begriff
und dem durch denselben gedachten realen Gegenstand,
also zwischen dem Abstrakten und dem anschaulichen«.
Die Inkongruenz kann – wie wir eingangs sahen – auch
auftreten als Effekt der Selbstanwendung eines Prädikats
unter Vernachlässigung des Typensprungs (zwischen Ob-
jekt- und Meta-Ebene): dann haben wir den kompromit-
tierenden Fall der selbst lächerlichen Lach-Theorie oder
des antiken Philosophen, der die These vertrat, Lachen sei
ein geselliges Phänomen. Als er von seinem Diener einmal in seinem einsamen Arbeitszimmer schallend lachend
angetroffen und gefragt wurde, warum er denn lache, da
er doch ganz allein sei, antwortete er: »Eben drum.«

So hat uns die Wahrnehmung der Kluft zwischen einer
Philosophie des Lachens und einer selbst lächerlichen Philosophie auf einen Gedanken geführt, bei dem wir einen
Augenblick verweilen wollen. Wie viele richtige Überlegungen ist er überhaupt nicht originell, auch wenn der
stark paranoische Schopenhauer ihn mit den folgenden
Worten einführt:

> *Kants* und *Jean Pauls* Theorien des Lächerlichen sind be-
> kannt. Ihre Unrichtigkeit nachzuweisen halte ich für
> überflüssig; da Jeder, welcher gegebene Fälle des
> Lächerlichen auf sie zurückzuführen versucht, bei den
> allermeisten die Ueberzeugung von ihrer Unzulänglich-
> keit sofort erhalten wird.[33]

Das wollen wir doch einmal an den geschmähten Texten
überprüfen. Kants berühmte Erklärung des Lachens findet sich in einer Anmerkung am Schluß der Deduktion
der ästhetischen Urteile.[34] Den Kontext bildet eine resü-
mierende Reflexion über den Unterschied des ästhetisch

(im reflektierenden Urteil) Geschätzten vom bloß in der Empfindung Gefallenden (dem Vergnüglichen als einem dem Lebensgefühl förderlichen Affekt). Musik (nach ihrer reizenden Seite hin) sowie Scherz und Witz finden (wenigstens teilweise) ihren Ort in der Sphäre des Angenehmen und Vergnüglichen; darum glaubt Kant, von ihnen nur eine psychologisch-physiologische Erklärung (im Stile Burkes und Humes) geben zu können. Das Lachen, heißt es dort, ist *»ein Affekt«*, der entsteht *»aus der plötzlichen Verwandlung einer gespannten Erwartung in nichts«.* Diese Verwandlung mag für den Verstand enttäuschend sein, körperlich wird sie erlebt als eine (wie Freud es nennen wird) Energieeinsparung oder -abfuhr, die den Kopf entlastet und dem Leib zugute kommt. Kant belegt seine These mit einigen Beispielen: Ich will sie hier wiedergeben, da Schopenhauer ihre Triftigkeit so arrogant bestritten hat und weil sie dem Vorurteil vom trockenen Stubengelehrten Kant, der vielmehr von seinen Studenten und Kollegen »magister elegantissimus« genannt wurde, launig zu widersprechen helfen:

Wenn jemand erzählt: daß ein Indianer [man achte übrigens wieder auf den latenten Rassismus unserer wissenschaftlichen Beispiel-Sätze!], der an der Tafel eines Engländers in Surate eine Bouteille mit Ale öffnen und alles Bier, in Schaum verwandelt, herausdringen sah, mit vielen Ausrufungen seine große Verwunderung anzeigte, und auf die Frage des Engländers: was ist denn hier sich so sehr zu verwundern? antwortete: Ich wundere mich auch nicht darüber, daß es herausgeht, sondern wie ihrs habt hereinkriegen können; so lachen wir, und es macht uns eine herzliche Lust: nicht, weil wir uns etwa klüger finden als diesen Unwissenden, oder sonst über etwas, was uns der Verstand hierin Wohlgefälliges bemerken ließe; sondern unsre Erwartung war gespannt, und verschwindet plötzlich in nichts. Oder wenn der Erbe eines reichen Verwandten diesem sein Leichenbegängnis recht feierlich veranstalten will, aber klagt, daß es ihm hiemit nicht recht gelingen wolle; denn (sagt er): je mehr ich meinen Trauerleuten Geld gebe [,] betrübt auszusehen, desto lustiger sehen sie aus; so lachen wir laut, und der Grund liegt darin, daß eine Erwartung sich plötzlich in nichts verwandelt. Man muß wohl bemerken: daß sie sich nicht in das positive Gegenteil eines erwarteten Gegenstandes – denn das ist immer etwas, und kann oft betrüben –, sondern in nichts verwandeln müsse. Denn wenn jemand uns mit der Erzählung einer Geschichte große Erwartung erregt, und wir beim Schlusse die Unwahrheit derselben sofort einsehen, so macht es uns Mißfallen; wie z. B. die von Leuten, welche vor großem Gram in einer Nacht graue Haare bekommen haben sollen. Dagegen, wenn auf eine dergleichen Erzählung zur Erwiderung, ein anderer Schalk sehr umständlich den Gram eines Kaufmanns erzählt, der, aus Indien mit allem seinem Vermögen in Waren nach Europa zurückkehrend, in einem schweren Sturm alles über Bord zu werfen genötigt wurde, und sich dermaßen grämte, daß ihm darüber in derselben Nacht die *Perücke* grau ward; so lachen wir, und es macht uns Vergnügen, weil wir hier unsern eignen Mißgriff nach einem für uns übrigens gleichgültigen Gegenstande, oder vielmehr unsere verfolgte Idee, wie einen Ball, noch eine Zeitlang hin- und herschlagen, indem wir bloß gemeint sind ihn zu greifen und festzuhalten.[35]

Ich habe immer gefunden, daß Kants Definition besonders gut auf die Physiognomie des Kölner Humors paßt. Ein Stück von dessen Charme besteht ja darin, daß er hochfliegende Weltveränderungs-Wünsche auf eine unreaktionäre Weise an die Unabänderlichkeit der Wirklichkeit verweist: Die Pointe der Witze ist oft der Nachweis, daß wir die Wirklichkeit fast immer auf *die* Weise verändern, daß wir unsere Einstellung zu ihrer Veränderbarkeit verändern. So in dem Witz von Tünnes, der traurig ist, weil er »in 'e Botz maach'«. Schääl verschreibt ihm hellsichtig eine Analyse beim »Psyscho-Psyscho«. Als er ihm nach drei Monaten Analyse, vor Freude von einem Bein aufs andere hüpfend, wiederbegegnet, fragt er: »Bisse nu nisch mehr truurisch?« – »Enee.« – »Maachse nisch mer in 'e Botz?« – »Edoch!« – »Ja, waröm bisse denn dann so fröhlich?« – »Isch machen mer nix mer druss!« – Und da ich einmal dran bin (und selbst aus dem Rheinland komme): Ein rheinisches Ehepaar hat Besuch und erzählt den Gästen: »Kürzlisch warem mer em Restorang. Da hän mer en Schwiinebroote jekresch, dä' wor so fätt, dat ma e' nisch ässe kunnt.« Es entsteht ein peinliches Schweigen, dann fragen die Gäste: »Jo, un wat häät ehr dann mit dem fätte Schwiinebroote jemaach'?« – »Na, mer han e' dann doch jejässe.« – Hier wird eine Erwartung hochgespannt (beidemal durch die Behauptung der Unerträglichkeit eines Zustandes), und die Erwartung bricht mit dem Nachweis der Doch-Erträglichkeit buchstäblich in nichts zusammen.

So hat denn die breite Diskussion um die Ursachen des Lachens Kants Theorie nicht im Positiven widersprochen, sondern nur in dem, was von ihr nicht erklärt wird. Werfen wir blitzschnell einen Blick auf die Tradition: Das Lächerliche (γελοῖον) – der Gegenstand bzw. Grund des Gelächters – ist von Platon und Aristoteles als »ein Mangel oder etwas Schimpfliches«[36] – freilich harmloser Natur – behandelt worden. In der rhetorischen Tradition zählt es wesentlich unter strategischen Gesichtspunkten (es gilt, den Gegner dem Gelächter auszusetzen). Soviel ich weiß, gibt es erst seit dem 17. und 18. Jahrhundert so etwas wie eine Analyse des Phänomens als solchen – unabhängig von den Gefühlen, die es in uns auslöst; und von La Bruyère bis Hegel und später verständigt man sich auf den Aspekt der »Inkongruenz« zwischen Sein und Anmaßung einer Person – womit übrigens zugleich meine Behauptung der Unoriginalität Schopenhauers erhärtet wird:

»Ein lächerliches Objekt ist ein solches, was uns die Vorstellung einer unbeträchtlichen, uninteressanten und nicht allzu gewöhnlichen Ungereimtheit darbietet« (Friedrich Justus Riedel, Theorie der schönen Künste und Wissenschaften. [2]1774, S. 105).

»Les objets nous paroi[ss]ent ridicules toutes les fois que nous apercevons dans eux de l'incongruité« (Die Dinge erscheinen uns jedesmal lächerlich, wenn wir Inkongruenz in ihnen entdecken; Alexander Gerard, Essai sur le goût. Paris/Dijon 1766, S. 82).

»Das Lächerliche entspringt aus einem sittlichen Kontrast, der auf eine unschädliche Weise für die Sinne in Verbindung gebracht wird« (Johann Wolfgang Goethe, Die Wahlverwandtschaften. T. 2, Kap. 4).

»Lächerlich kann jeder Kontrast des Wesentlichen und seiner Erscheinung, des Zwecks und der Mittel werden, ein Widerspruch, durch den sich die Erscheinung in sich selbst aufhebt, und der Zweck in seiner Realisation sich selbst um sein Ziel bringt« (Georg Wilhelm Friedrich Hegel, Ästhetik. Hrsg. von Friedrich Bassenge, Berlin 1955, S. 552).

Solcher Einigkeit in der Phänomenbeschreibung entspricht nicht eine ebensolche in der *Erklärung* des Affekts, der sich im Lachen ausdrückt. Während viele Erklärer das Lachhafte für einen Zug der Sache selbst halten, hat zumal die mit Thomas Hobbes (1588–1679) einsetzende britische Tradition (z. B. Hutcheson und J. Beattie) das Lächerliche in die Auffassungsweise des betrachtenden Subjekts verlegt. Diese Subjektivierung, in die sich auch Kants Definition des Lachens einfügt, ist in Jean Pauls »Vorschule der Ästhetik« von 1812[37] für das ganze 19. Jahrhundert folgenreich auf den Punkt gebracht worden. Da das Lächerliche nicht aus einem Mangel des Herzens, sondern des Verstandes entspringt (so schon La Bruyère), kann es geradehin »das Unverständige« heißen. Es weist »drei Bestandteile« auf: den »sinnlichen

Kontrast«, der anschaulich wird in einer Handlung oder Situation; den »objektiven« Kontrast als »Widerspruch, worin das Bestreben und das Sein des lächerlichen Wesens mit dem sinnlich angeschauten Verhältnis steht«; endlich den »subjektiven« Kontrast, der den objektiven allererst erzeugt, weil nichts an ihm selber lächerlich ist: erst unsere »Seele und Ansicht« tragen diesen Zug in die Sache hinein.[38]

> Wenn Sancho eine Nacht hindurch sich über einem seichten Graben in der Schwebe erhielt, weil er voraussetzte, ein Abgrund gaffe unter ihm: so ist bei dieser Voraussetzung seine Anstrengung recht verständig; und er wäre gerade erst toll, wenn er die Zerschmetterung wagte. Warum lachen wir gleichwohl? Hier kommt der Hauptpunkt: wir leihen seinem Bestreben unsere Einsicht und Ansicht und erzeugen durch einen solchen Widerspruch die unendliche Ungereimtheit […], so daß also das Komische, wie das Erhabene, nie im Objekte wohnt, sondern im Subjekte.[39]

Vor Jean Paul hatte insbesondere Ludwig Tieck in frühen Entwürfen eines unvollendet gebliebenen »Buchs über Shakespeare«[40] (Aufzeichnungen, deren Originalität in einem ungünstigen Verhältnis zu ihrer Unbekanntheit stehen) – ich sage: schon um 1794 hatte Tieck solch subjektive Einstellungs-Veränderung aus einem Wesenszug menschlicher Subjektivität verständlich zu machen versucht. Es sei die innere Transzendenz des Subjekts, die alle Weltgegenstände überschreite und so einen Abstand zwischen ihnen selbst und dem auftue, als was sie im subjektiven Entwurf erscheinen. Dieser Abstand zwischen Sein und Entwurf kann eins von beiden unter Umständen lächerlich erscheinen lassen.[41] Jedenfalls könnte ein Wesen, das nicht in ungleichen Momenten existierte, nie in eine spannungsreiche Beziehung zu seinem Gewordensein geraten. Es könnte nicht lachen; ja ihm wäre nicht einmal die Bedeutung des Ausdrucks »lachen« beizubringen.

Tieck hat seine Überlegungen über »das Wesen des Lächerlichen«[42] beim Lesen von Shakespeare-Komödien entwickelt und mit dem (berechtigten) Überlegenheitsgefühl des (in Dingen der Theorie raffinierteren) Frühromantikers gegen eine ganze Tradition (z. B. »Hobbes«) abgesetzt. Die Tradition habe insgesamt die Erfahrung ek-statischen Selbstseins verdrängt und an die Darstellbarkeit von in sich geründeten und gegründeten, vor Pausbäckigkeit wie ein Kinderpopo leuchtenden und von ihrer Entelechie determinierten Charakteren geglaubt: »So mußt du sein, dir kannst du nicht entfliehen«, wie der Oympier sagt. Gäbe es sie, so müßte ihnen die Zeit so äußerlich bleiben wie der aufgehenden Sonne der Uhrzeigerstand auf dem Zifferblatt. Aber etwas, das sich darin erschöpft, das zu sein, was es ist (ob Charakter oder Ding), ist nach unseren bisherigen Einsichten nicht lächerlich. Das Gelächter taucht in einer Welt von objektiven Bestimmtheiten erst durch ein solches Wesen auf, das über seine eigene Objektivität immer schon hinaus ist und darum im Abstand von sich selbst – ganz wörtlich: ek-sistiert, »aus sich heraussteht«. »Das Bewußtseyn«, notiert Tiecks Freund Novalis, »ist ein Seyn außer dem Seyn im Seyn.«[43] Und er versäumt auch nicht, die »bedeutungsvolle Etymologie dieses Worts«, nämlich »ek-sistirt«, herauszustreichen: »Das Ich existirt« meint: »Es findet sich, außer sich.«[44] Nur ein Wesen, dessen kompaktes Sein in ein Selbst-Verhältnis sich zersetzt, also ein Wesen, das, statt einfachhin dazusein, nur im Abstand einer Selbstdeutung existiert, nur ein solches Wesen kann auch in die Dinge oder fremden Charaktere und die zwischen ihnen waltenden Verhältnisse den »Widerspruch« hineintragen, der sein eigenes Sein charakterisiert. Anders gesagt: Weil wir als Subjekte nicht auf *die* Weise mit uns identisch sind, wie es der Granit-Block oder dies Pult sind, darum sind wir dem Gelächter ausgesetzte Wesen. Tiecks ganzes Werk illustriert diese Grunderfahrung.

Unter den idealistischen Philosophen hat nur Schelling eine mit Tiecks vergleichbare Theorie des Komischen entwickelt. In seiner »Philosophie der Kunst« von 1802 setzt er das Wesen des Komischen in »einen allgemeinen Gegensatz der Freiheit und der Nothwendigkeit«. Während in der Tragödie die Freiheit ins Subjekt falle, das dem notwendigen Gang des Schicksals erliegt, falle in der Komödie die Notwendigkeit ins Subjekt. Natürlich kann diese »Nothwendigkeit nur eine prätendirte, angenommene seyn« – wie die des Majors Tellheim, der seinen ehrbaren Starrsinn mit Sachzwängen begründet, die nur in seinem freien Willen liegen. So entlarve sich die prätendierte Notwendigkeit des komischen Charakters, der nun mal nicht anders könne, weil er nun mal so gefräßig oder so gutmütig oder so grausam sei, als »eine affektirte Absolutheit«, »die nun durch die Nothwendigkeit in der Gestalt der äußeren Differenz zu Schanden gemacht wird«[45]. Anders gesagt: Wir lachen, weil wir wissen, daß Subjekte, die nicht anders handeln zu können behaupten, unglaubwürdig sind, daß unser Herz bei allen unseren Zuständen und Dispositionen immer leer bleibt, daß nichts es ist, das uns zu diesen statt zu jenen Taten zwingt, so wie auch nichts es ist, das uns von ihnen abhält. Dieses uns mit uns entzweiende Nichts kann uns, wie Tieck an vielen unheimlichen Beispielen gezeigt hat, in einen wahren Möglichkeitstaumel stürzen. Aber es kann uns auch unserer Lächerlichkeit überführen.[46]

Tieck redet von »Situationskomik«, wenn der Widerspruch zwischen zwei Vorhaben oder Zwecken eines Subjekts oder zwischen dessen Charakter und seiner Umgebung auftritt; von »Charakterkomik«, wenn das Subjekt mit einem seiner selbst lancierten Entwürfe in Widerspruch gerät. Die Situationskomik interessiert ihn nicht, sie bleibt ja dem Charakter äußerlich und nimmt keinen, auch nicht den ernsthaftesten, aus. (So uns hier Versammelte, die wir in der objektiv komischen Situation sind, an einer Universität zu lehren oder zu lernen, die das aus sachlichen Gründen längst nicht mehr gestattet.) Dagegen macht »der komische Charakter [...] die Situation lächerlich«[47], indem er sein eigenes Sein von seinem Entwurf (oder »seinem moralischen Wesen«) abtrennt und die Differenz als »Mangel« aufscheinen läßt:

> Ein Betrunkener an sich ist nicht lächerlich, aber er wird es, sobald ihm ein guter Freund begegnet, der sich ganz ernsthaft einen vernünftigen Rat von ihm ausbäte, Molières Geiziger ist am lächerlichsten, wenn er gern freigebig scheinen möchte, Shakespeares Dummköpfe, wenn sie sich klug stellen. In Tiere oder leblose Wesen, sagt der Spectator, die wir belachen sollen, tragen wir erst den Verstand hinein, aber ebenso den Widerspruch mit sich selbst, oder wenigstens mit dem, womit sie ein Ganzes ausmachen[48].

Die Komik setzt also Bewußtsein voraus, und sie entspringt genauer einem Widerspruch desselben zu seinem eigenen Begriff oder Wesen, von dem her es sich versteht. Diesen Widerspruch bringt die Situationskomik von außen ins Spiel, während die Charakterkomik dem unangemessenen Überstieg eines Bewußtseins über »sich selbst« entspringt.

Tiecks Überlegungen sind von einer recht originellen Beobachtung angeregt: »Fast alle komischen Charaktere Shakespeares sind etwas *phlegmatisch*.« Tieck findet das »sehr natürlich« und erklärt es aus der eben gemachten Beobachtung: Wenn Komik das Ergebnis einer tätigen Selbstentzweiung ist, durch welche ein in die Zukunft vorlaufender Entwurf gegen eine zurückbleibende, gleichsam träge oder substantielle Natur des Selbst absticht, so muß

> der Dichter [...] eine Eigenschaft [aufsuchen], die allen seinen körperlichen Gefühlen, allen unentwickelten Charakteren gemein ist, die Seelenträgheit, ein gewisses *Phlegma*, daher diese phlegmatische Gleichmütigkeit in allen komischen Charakteren. Nimmt man dieses Phlegma hinweg, so [...] wird der Charakter entweder ein *ernsthafter* oder ein *witziger*, man kann nicht mehr über ihn *lachen*.[49]

Mit anderen Worten: Die tätige Selbstentzweiung, durch
welche ein Charakter sich über sich selbst »hinwegsetzt«,
kann als komisch nur dann empfunden werden, wenn das
Woraufhin der »Hinübersetzung« von der Trägheit der
zurückbleibenden Natur als bloße Prätention desavouiert
wird. So, wenn ein glühender Liebhaber sich selbst wie
folgt charakterisiert. »Du weißt, ich bin ein Liebhaber, ich
habe daher Langeweile, um zehn Morgen Landes damit
zu besäen.«[50] Wir lachen, wenn wir sehen, wie sich aus
der Schwerkraft der »Seelenträgheit« (eines »mental ha-
bit«, z. B. Gefräßigkeit und Faulheit), gleichsam verflüs-
sigt, eine aktuelle Gefühlsaufwallung (etwa Liebesglut)
so aufschwingt, daß das sich »erwärmende« Gefühl nie
ganz seinen phlegmatischen Bodensatz verleugnet oder
seiner Schwerkraft entkommt. Dies ist zum Beispiel bei
den philanthropischen Gefühlsaufwallungen des hem-
mungslos egoistischen Königs in Tiecks Komödie »Der gestiefelte Kater« der Fall, dessen Sinn auf den Verzehr eines
Kaninchens gerichtet ist. Als der Koch es ihm verbrannt
serviert, bekommt er einen grauenhaften »Zufall« – so
grauenhaft, daß er den »Don Carlos« und »Hamlet« zi-
tiert:

KÖNIG: Das Kaninchen ist verbrannt! –
           O Heer des Himmels! Erde? – Was noch
                                            sonst?
           Nenn' ich die Hölle mit? –
PRINZESSIN: Mein Vater –
KÖNIG: Wer ist das?
           Durch welchen Mißverstand hat dieser
                                         Fremdling
           Zu Menschen sich verirrt? – Sein Aug ist
                                          trocken!

*Alle erheben sich voll Besorgnis, Hanswurst läuft geschäftig
hin wieder, Hinze bleibt sitzen und ißt heimlich.*

           Gib diesen Toten mir heraus. Ich muß
           Ihn wieder haben!

PRINZESSIN:	Hole doch einer schnell den Besänftiger.
KÖNIG:	Der Koch Philipp sei das Jubelgeschrei
	der Hölle,
	wenn ein Undankbarer verbrannt wird![51]

Von diesem »Zufall« kann den Monarchen – der bis in groteske Einzelheiten nach Zügen Friedrich Wilhelms II. gebildet ist – nur der eigens für solche Eventualitäten angestellte »Besänftiger« erlösen, und zwar durch Papagenos Glockenspiel.

Der Besänftiger tritt mit einem Klockenspiele auf, das er sogleich spielt.

| KÖNIG: | Wie ist mir? – *Weinend:* Ach, ich habe schon wieder meinen Zufall gehabt. – Schafft mir den Anblick des Kaninchens aus den Augen. – *Er legt sich voll Gram mit dem Kopf auf den Tisch und schluchzt.*[52] |

An sich, bemerkt Tieck, ist die Schwerkraft des Charakters nicht komisch, sie kommt auch dem »ernsthaften« Charakter zu. Das bloß Flüchtige der »Hinübersetzung« ist es ebensowenig, wenn es das Band, das es an die seelische Disposition zurückbindet, einfach durchschneidet, wie es bei den »witzigen« Figuren, etwa der Beatrice aus »Viel Lärm um Nichts«, der Fall ist. Im Kommentar zu diesem Stück bemerkt Tieck:

Dieser Witz läßt sich leichter mit ernsthaften Begebenheiten verschmelzen, als das eigentlich Komische, denn er ist an sich schon über das Komische erhaben, und jenes Phlegma, das dem Komischen so unentbehrlich ist, steht der Verbindung im Wege: Der Witz ist an sich flüchtiger, er fesselt auch das Interesse nicht so, als die vis comica der Charaktere.[53]

Witzig sind oft die Narren (etwa in Tiecks »Blaubart«); der Spaß, den ihre Reden erregen, ist mit der Ernsthaftigkeit ihres Charakters durchaus verträglich, so, wenn der arme, verkrüppelte Narr Claus witzig, aber keineswegs lächerlich, über den Wert seines vom Blaubart bedrohten Lebens räsoniert:

> Was ist denn also das Leben für mich? Nichts als der
> große Fettschweif des Indianischen Schafs, es ist mir
> nur zur Last: ich bin nicht fröhlicher, als wenn ich vergesse, wer ich bin, ich diene dazu, andre zum Lachen zu
> bringen, und zwinge mich selbst zum Lachen, ich bin
> eine Medizin für verdorbene Mägen, ein Verdauungsmittel, die Hunde sehn mich von der Seite an, und ich
> habe es noch nie dahin gebracht, daß mich einer geliebt
> hätte. Aus welcher Ursache, meint Ihr nun wohl, sollte
> ich das Leben lieben? Und was ist denn das Leben
> selbst? Eine beständige Furcht vor dem Tode, wenn
> man an ihn denkt, und ein leerer, nüchterner Rausch,
> wenn man ihn vergißt, denn man verschwendet dann
> einen Tag nach dem andern, und vergißt darüber, daß
> die Gegenwart so klein ist, und daß jeder Augenblick
> vom nächstfolgenden verschlungen wird. Jeder
> Mensch wünscht alt zu werden, und wünscht damit
> nichts anders, als mit tausend Gebrechen, mit tausend
> Schmerzen in Bekanntschaft zu treten. Da schleichen
> sie denn ohne Zähne und ohne Wünsche, mit leerem
> zitternden Kopfe, mit Händen und Armen, die ihnen
> schon längst die Dienste aufgekündigt haben, und die
> nur noch als abgeschmackte Zieraten von den Schultern verwelkt herunter hängen, ihrem Grabe keuchend
> und hustend entgegen, dem sie auf keine Weise entlaufen können. Wer würde sich die Mühe nehmen, mich
> zu bedienen, mich zu trösten? Nein, gnädiger Herr, laßt
> mich immer frisch hängen, Ihr habt ganz Recht, das
> wird wohl der beste Rat sein.[54]

Tieck hat schließlich, als dritte Möglichkeit des Komischen, die vollkommene Verdunstung der Charaktersubstanz in ihre Entwürfe vorgesehen: so, wenn, in der »Verkehrten Welt«, der eben noch in verzweifelten Lyrismen
sich ergehende Seelmann sein Robinson-Schicksal auf
einer öden Felsklippe im weiten Meer übergangslos als

Abwesenheit von Leihbibliotheken, Maskeraden und Bällen und eine zu große Entfernung vom Souffleur charakterisiert.[55] Man könnte vom komischen Vergessen sprechen. So mault der Zuschauer Müller im »Gestiefelten Kater«: »[...] der König bleibt seinem Charakter gar nicht getreu. [...] Das Ganze ist ausgemacht dummes Zeug, der Dichter vergißt immer selber, was er den Augenblick vorher gesagt hat.«[56] Das Publikum vergißt freilich nicht und reagiert auf den aller Charakter-Psychologie aufkündigenden Poeten ungünstigenfalls mit Pochen und Pfeifen, günstigenfalls mit Lachen. Die Aufkündigung der Charakter-Psychologie ist nun freilich kein Versehen, sondern Ausdruck einer Einsicht in die Freiheit der Menschenseele, die, wie Schelling schrieb, nicht eine Eigenschaft ist, die der Mensch hätte, sondern die sein Wesen selbst ist.[57] Ist Freiheit das Wesen des Menschen, dann ist Mensch-Sein eben das, was Tieck das Sich-über-sich-Hinwegsetzen nennt. Siegt in diesem Überstieg einer der Pole über den anderen, so ergibt sich ein komischer Kontrast. Die Unentschiedenheit, die Tiecks beste Dramen auszeichnet, ist nicht mehr rein komisch: hier ist die Freiheit als ein Sein-in-Möglichkeiten poetischer Stil geworden. In der Flüchtigkeit jeder Charakterzeichnung und Motivation spricht kaum hörbar die Einsicht mit, daß ein jeder von uns auch anders sein und anders handeln könnte. Durch diese implizite Relativierung der Endgültigkeit und Eindeutigkeit jedes Wortes, jeder Geste, jeder Kausalverknüpfung entsteht jene Tiecks Sprache eigene Heiterkeit und Schwerelosigkeit, jener »Aethergeist«, der dem Dichter die größte Freiheit über seinen Stoff sichert und den die Frühromantik »Ironie« nannte.[58]

Wie der Witz tut auch sie nicht notwendig die Wirkung des Lächerlichen. Darum hat die berühmte »romantische Ironie« auch nie den Weg ins Herz der Deutschen gefunden, die den herben Kontrast und die drastische Geste bevorzugen. In der Germanistik des Dritten Reichs wurde Tiecks Ironie als »zersetzend«, als etwas »Intellektualistisches« und »Jüdisches« identifiziert,[59] zumal Heinrich

Heine den Dichter »den wirklichen Sohn des Phöbus Apollo« genannt hat:

> [...] wie sein ewig jugendlicher Vater führte er nicht bloß die Leier, sondern auch den Bogen mit dem Köcher voll klingender Pfeile. Er war trunken von Lust und kritischer Grausamkeit, wie der delphische Gott. Hatte er, gleich diesem, irgendeinen literarischen Marsyas erbärmlichst geschunden, dann griff er, mit den blutigen Fingern, wieder lustig in die goldenen Saiten seiner Leier und sang ein freudiges Minnelied.[60]

Welche Bewandtnis hat es mit dieser unbeliebten (und von Hegel über Kierkegaard bis zu Gundolf und Emil Staiger gescholtenen) Ironie? Zunächst hat sie nichts zu tun mit der gemeinen oder rhetorischen Ironie, der einfachen »Umkehrung der Sache, daß das Schlechte gut, und das Gute schlecht genannt wird, wie [bei] Swift und andere[n]«[61]. Gedacht ist auch nicht an die Selbstverlachung der in ein Gedicht investierten Sentimentalität, wie in Brentanos *Godwi*, wo der Held im 18. Kapitel auf einen Teich zeigt und sagt, das sei derselbe, in den er auf Seite 143 des ersten Teils falle; oder wie in Heines Versen vom lang und bang seufzenden Fräulein am Meere, die »so sehre« vom Sonnenuntergang gerührt wird und der der Dichter zuruft: »Mein Fräulein! sein Sie munter, / Das ist ein altes Stück; / Hier vorne geht sie unter / Und kommt von hinten zurück.« In diesen Beispielen haben wir eine Position zugunsten einer anderen dem Gelächter preisgegeben. Die romantische Ironie ergreift dagegen beide Pole und führt so zu einer abgründigeren Relativierung.

Ironie ist die Einstellung, mit der das romantische Subjekt auf die Erfahrung seiner bodenlosen Selbst-Transzendenz reagiert. Damit ist schon klar, daß in den Texten der Frühromantik mit dem Ausdruck »Subjekt« nicht mehr jenes »cogito« assoziiert werden darf, das seit Descartes und Leibniz für ein unerschütterbar gewisser Stützpunkt des Wissens gegolten hatte und bei Kant und Fichte durch überzeitliche Identität ausgezeichnet war. Im Selbstbewußtsein wird vielmehr eine elementare Widerspruchs-Erfahrung ausgetragen. Die Zweiheit der Form, durch die wir die im Gedanken des Selbst beschlossene Einheit artikulieren (in der Reflexion, also in der bewußten Rückwendung auf uns selbst, trennen wir uns ja in ein gewahrendes Subjekt und ein gewahrtes Objekt) – die Form dieser Trennung, sage ich, widerspricht der vermeinten Einheit ihres Inhalts –, ja, sie verhindert dessen Erscheinung. Soll beiden Elementar-Erfahrungen Raum gegeben werden, so muß Selbstbewußtsein vorgestellt werden als abkünftig aus einer gründenden Identität, die das Band um die beiden Pole der Einheit und des Gegensatzes schlingt, aber in Denkverhältnisse nicht mehr übersetzbar ist. Die Frühromantiker sprachen vom »Seyn«.

Dieses Sein wird der Reflexion nun zu einem unausdeutbaren Rätsel, weil sie es nicht bearbeiten kann, ohne seine stets vorausgesetzte Einheit zum Verschwinden zu bringen. »Das eigentlich Widersprechende in unserem Ich«, sagt Friedrich Schlegel, »ist, daß wir uns zugleich endlich und unendlich fühlen.«[62] Beide, Endlichkeit und Unendlichkeit, können wir nicht in Einem Bewußtsein repräsentieren. So finden wir uns als Wesen, die, ohne je im Unendlichen anzukommen, dennoch nie in den Grenzen der Endlichkeit Halt finden. Was aber im Nu als Kontradiktion sich darstellt, kann in der Zeit auf verschiedene Phasen verteilt werden: Losgelöst von einer immer schon verlorenen Identität, die zur Vergangenheit geworden ist, strebt das Subjekt durch seine Entwürfe, stets vergeblich, nach deren Wiederaneignung in der Zukunft. Die drei Zeitdimensionen sind nur dreifach nuancierter Ausdruck einer wesenhaften »Unangemessenheit« unseres Wesens an unsere Wirklichkeit.[63]

Es ist wohl unübersehbar, daß wir damit dem Grundmerkmal des Lächerlichen wiederbegegnet sind: Eine Sache ist komisch, wenn Wesen und Wirklichkeit inkongruent sind. Dies Auseinanderklaffen ist aber jetzt verständlich gemacht nicht aus einem Zug der Sache, sondern aus der ekstatischen Verfassung des zeitlichen Selbst, das im Abstand zu sich existieren und so seine Entwürfe in einen (möglicherweise) komischen Kontrast zu seinem Sein bringen muß. Dabei kann das zeitlich-zerrissene Selbst entweder den Aspekt überwiegender Einheit oder seine Tendenz aufs Unendliche ins Licht stellen. Das erste geschieht im *Witz*, dessen punktuelles Zünden Schlegel als Aufscheinen der absoluten Einheit im Endlichen selbst interpretiert. Die überraschenden Synthesen des witzigen Einfalls lenken gleichsam die Bindekraft des undarstellbaren Absoluten ins Endliche ab, aber eben um den Preis, die Unendlichkeit zu verlieren. Auf diesen Verlust reagiert die *Allegorie*, die das Einzelne ans Unendliche rückverweist und als mißlungene Manifestation des undarstellbaren Ganzen deutet.

Allegorie und Witz sind also die Blick- und Wende-Punkte der Reflexion, die nie zugleich bezogen werden können: Das Hin- und Her-Zucken des Gesichtspunkts, der bald einigt, bald auflöst, ist das Werk der sogenannten romantischen Ironie. Sie verlacht das Endliche, weil es endlich ist. Aber auch das Unendliche entgeht nicht ihrem lachenden Dementi, weil es, wie Novalis sagt, das identische Reine gar nicht gibt;[64] es ist »ein leerer Begriff [...] – eine nothwendige Fiction«[65].

Um sich selbst faßlich zu werden, muß sich das Reine eingrenzen (so entstehen die überraschenden Synthesen des Witzes); die Grenze widerspricht aber seiner wesentlichen Unendlichkeit; also muß es die selbstgesetzte Grenze immer auch wieder überschreiten, sich neu begrenzen, auch diese Grenze wieder überschreiten und so immer weiter (darin kommt die allegorische Tendenz aufs Unendliche zum Austrag). Die Ironie, resümiert Schlegel,

enthält und erregt ein Gefühl von dem unauflöslichen Widerstreit des Unbedingten und des Bedingten, der Unmöglichkeit und Notwendigkeit einer vollständigen Mitteilung. Sie ist die freieste aller Lizenzen, denn durch sie setzt man sich über sich selbst weg; und doch auch die gesetzlichste, denn sie ist unbedingt notwendig. Es ist ein sehr gutes Zeichen, wenn die harmonisch Platten gar nicht wissen, wie sie diese stete Selbstparodie zu nehmen haben, immer wieder von neuem glauben und mißglauben, bis sie schwindlicht werden, den Scherz gerade für Ernst, und den Ernst für Scherz halten.[66]

Etwas von diesem Schwindel kann uns ein hintersinnig-leichtes Liedchen von Tieck vermitteln:

> Mit Leiden
> Und Freuden
> Gleich lieblich zu spielen
> Und Schmerzen
> Im Scherzen
> So leise zu fühlen,
> Ist wen'gen beschieden.
> Sie wählen zum Frieden
> Das eine von beiden,
> Sind nicht zu beneiden:
> Ach gar zu bescheiden
> Sind doch ihre Freuden
> Und kaum von Leiden
> Zu unterscheiden.[67]

Die Freuden, näher besehen, verlieren ihr distinktives Merkmal und werden ihrem Gegenteil, den Leiden, ähnlich, für die wieder das gleiche gilt. Es gibt also durchaus Bestimmtheit und Unterschiedenheit; die werden aber poetisch so behandelt, daß sich ihre Setzung geheimnisvoll überdeterminiert durch die Aufhebung des Gesetzten: dessen Überschreitung auf das hin, was es nicht ist. Der Überstieg, der stets aufs neue sich hinwegsetzt über jene Selbstzusammenziehung, die die unendliche Tätigkeit im Witz vollzieht, macht sich zur Allegorie des Unbegrenzten; er öffnet Aussichtsfluchten, »échappées de vue ins Unendliche«[68]. So wird die Ironie inmitten der endlichen Welt und angesichts der offenbaren Beschränktheit unserer Ausdrucksmittel »ἐπίδειξις [Aufweis, Anzeige] der Unendlichkeit«[69].

Dieser Aufweis ist freilich – und da unterscheidet sich die romantische Ironie von der gemeinen – mit einer bodenlosen Relativierung verbunden: Nichts Bestimmtes hält stich, und auch das Unbestimmte liefert keine gangbare Alternative. So bringen sich die beiden Pole der Relation in die Schwebe. Das ist gar nicht immer komisch, wenn auch jederzeit vertrackt. Aber die romantische Ironie *kann* auch lustig sein – so in jener Szene des »Gestiefelten Katers«, da der Hanswurst und der Hofgelehrte sich darüber streiten, ob »ein neuerlich erschienenes Stück: der gestiefelte Kater«, ein gutes Stück sei.[70] Jener verneint das entschieden, dieser behauptet es um so energischer und zieht sich endlich auf folgende These zurück: »So ist, wenn ich auch alles übrige fallenlasse, das Publikum gut darin gezeichnet.« Worauf unter den (zum Stück selbst gehörenden) Zuschauern folgendes Gespräch entsteht:

FISCHER: Das Publikum? Es kommt ja kein Publikum in dem Stücke vor!

HANSWURST: Noch besser! Also kömmt gar kein Publikum darin vor?

MÜLLER: Je bewahre! Wir müßten ja doch auch darum wissen.

In der Fiktion des Stücks scheitert »Der gestiefelte Kater« an der Stupidität des Publikums. Man neigt – selbst nach kurzer Bekanntschaft mit diesem Publikum – dazu, die satirische Absicht des Autors Tieck so zu fixieren, daß man das Verhältnis umkehrt und sagt: Das gilt nur für die Fiktion des Stücks; das in der Schlußszene eigentlich Durchgefallene ist (vor dem imaginären Appellations-Gremium des wahren, erleuchteten Publikums) das Publikum im Stück, das aus Borniertheit unfähig ist, auf seine Involviertheit in die Handlung zu reflektieren. Diese Satire wird aber durchkreuzt durch die doppelte Ironie, mit der Tieck das Stück im Stück selbst ausgestattet hat. Das taugt nämlich selbst nichts, und insofern hat der Hanswurst ganz recht. Ist das aber der Fall, dann kann man – wie so oft geschehen – die Absicht Tiecks nicht darauf reduzieren, die in die Märchen der Kindheit verliebte Romantik gegen die Döflichkeit eines sich aufgeklärt dünkenden, von den einfältigsten Kindervorurteilen und Kitschvorlieben dahingerafften Publikums auszuspielen. Beide Positionen neutralisieren einander durch die vollkommen doppelbödige Ironie des Stücks, für dessen Grundhaltung in der Tat Solgers Rede von der überm Ganzen schwebenden, alles vernichtenden und alles überschauenden Heiterkeit ausgezeichnet paßt.[71] Kurz: *Der gestiefelte Kater* ist eine Illustration romantischer Ironie darin, daß er Position und Gegenposition zueinander in ein negatives Verhältnis bringt und eins durchs andere sich vernichten läßt. Für ein auf den Schulkanon der Klassiker konditioniertes Publikum ist das ein Übelstand – denn die »Aussage, die »Botschaft« des Stücks ist, daß in ihm das Publikum gut gezeichnet ist: dasjenige, das erbaut und moralisch aufgerüstet nach Hause gehen wollte und mit einer Handvoll Nichts abziehen muß. – Aber leichter als an solch inhaltsbezogenen Beispielen läßt sich die romantische Ironie an Stil-Zügen aufweisen: an jenem gewichtlos-anmutigen Reden, das, indem es etwas Bestimmtes sagt, durch die Flüchtigkeit seiner Geste zugleich sich wieder aufhebt und so zeigt, daß alles Endliche eigentlich haltlos ist, das heißt – bei Lichte besehen – sich selbst zerstört. Ein hoher Aufwand führt zu nichts, ja bricht in nichts zusammen.

Mit dieser Struktur zweier negativ aufeinander bezogener, miteinander unverträglicher und darum sich wechselseitig vernichtender Positionen setzen sich immer aufs neue auch die Fragmente der Novalis und Friedrich Schlegel auseinander. Schon ihre Form liefert ebenso viele Beispiele romantischer Ironie:

> Es ist gleich tödlich für den Geist, ein System zu haben, und keins zu haben. Er wird sich also entschließen müssen, beides zu verbinden.[72]

Geist besteht aus durchgängigen Widersprüchen.

Alles geht nach Gesetzen und nichts geht nach Gesetzen.[74]

Das eigentliche Philosophische System [muß] Freyheit und Unendlichkeit, oder, um es auffallend auszudrücken, Systemlosigkeit, in ein System gebracht seyn.[75]

(...) das im gemeinen Leben gebräuchliche und darum durch die Erfahrung gelehrte Prinzip, daß das Leben und überhaupt alles auf *Widersprüchen* beruhe, und durch Gegensätze bestehe.[76]

Da die Natur und die Menschen sich so oft und so schneidend widersprechen, darf die Philosophie es vielleicht nicht vermeiden, dasselbe zu tun.[77]

Alles widerspricht sich.[78]

Jeder Satz, jedes Buch, so sich nicht selbst widerspricht, ist unvollständig.[79]

Der Mensch ist (...) nichts Bestimmtes – Er kann und soll etwas Bestimmtes und Unbestimmtes zugleich seyn.[80]

Sehnsucht, Vielschichtigkeit, Ungeborgenheit, Inkonsequenz, Widersprüchlichkeit, Verworrenheit sind die Leitmotive der Romantik. »So ist der Mensch«, ruft Theodor in den »Phantasus«-Gesprächen von Ludwig Tieck aus, »nichts als Inkonsequenz und Widerspruch!«[81] In den von Rudolf Köpke, Tiecks Eckermann, mitgeteilten Gesprächsäußerungen aus den letzten Lebensjahren findet sich folgende Bemerkung:

Einer der widerstrebendsten Gedanken ist für mich der des Zusammenhanges. Sind wir denn wirklich im Stande ihn überall zu erkennen? Ist es nicht frömmer, menschlich edler und aufrichtiger, einfach zu bekennen, daß wir ihn nicht wahrzunehmen vermögen, daß unsere Erkenntnis sich nur auf Einzelnes bezieht, und daß man sich resigniere?[82]

Damit sind erschreckend zeitgemäße Erfahrungen formuliert. Musils »Mann ohne Eigenschaften« macht aus ihnen ein Erzählerprinzip. Seine Figuren spüren die Indeterminiertheit ihrer Handlungen, die unzureichende Kohärenz zwischen Lebensereignissen und die Inkonsequenz zwischen Gedanken.[83] Sie zittern vor der Unbestimmtheit eines psychischen Zustands, der seine »Identität« verliert, noch während er dauert.[84] »Ein feiner Riß« spaltet ihren von Zweifeln angefressenen Glauben[85] und macht ihn, der ganz und gar Glaube sein will, zu einem »bloßen Glauben«, dem die »volle Überzeugung«, das letzte »Wissen« fehlt.[86] Eine unstillbare Unruhe »befällt den Geist«, dem »eine letzte Überzeugung fehlt«.[87] Darauf reagiert die Angst, die in entscheidenden Augenblicken oder besser: in Augenblicken der Entscheidung Musils Helden in eine Art Möglichkeitstaumel hineinreißt: beispielsweise als »panischer Schreck« vor dem »nicht-fest«-Sein der Dämme des Ich,[88] als »eine Ahnung von Andersseinkönnen«[89], als »Schwindeln«: »vielleicht eine Ahnung von menschlicher Unsicherheit, vielleicht ein Bangen vor sich, vielleicht nur ein unfaßbares, sinnloses, versuchendes […] Herbeiwünschen«[90]; vielleicht ein Gefühl »dieser wehen, ungeschützten Gebrechlichkeit der innersten Menschenmöglichkeiten, die kein Wort, keine Wiederkehr festhält und in den Zusammenhang des Lebens ordnet«[91]; eine »ungeheure Angst […] vor dem Unbestimmten«[92], und eine peinigende Beunruhigung über die Tatsache, daß, was man auch tut, »ohne einen festen Grund tut«[93]. Wir sind »vom Gesetz der Notwendigkeit, wo jedes Ding von einem anderen abhängt, befreit«, mit der Folge, daß wir »keinen festen Halt [finden] in der Welt«[94] und an ihr buchstäblich irre werden. Denn für den Schüler Ernst Machs gilt (auch für die physische Welt, den Gegenstand der Naturwissenschaften): »Nichts ist fest. Jede Ordnung führt ins Absurde.«[95] Darum läßt Ulrich, der Mann ohne Eigenschaften, »dem Vorgefundenen nur hypothetische Geltung. Die Ordnung ist nicht so fest, wie sie sich gibt, kein Grundsatz ist sicher, alles in einer nie ruhenden Umwandlung begriffen, das Unfeste hat mehr Zukunft als das Feste.«[96] – So und nicht heiterer ist die Erfahrung, die zur ironischen Einstellung führt.

In der Tat ertappt man uns gern beim Lachen, wenn wir Zeuge werden, wie jemandem die Stütze aus der Hand geschlagen wird, wie unter ihm der Grund wankt, wie er sich fallend an einen Strohhalm klammert, den wir brechen sehen – vorausgesetzt natürlich, das alles passiert nicht uns selbst. Um noch einmal dem Olympier die Begründung zu überlassen: »Weil im Bild man gern genießt, / Was im Leben uns verdrießt.« Die Seife, die in Dick-und-Doof-Filmen unweigerlich auf dem Weg liegt und zu einer ungewollten Gleitpartie führt oder sich, im Waschbecken ausgepackt und kräftig eingerieben, als ein halbes Pfund Butter herausstellt – das sind Illustrationen für unser schadenfrohes Amüsement über prätendierte Sicherheiten, die sich dann als grundlos herausstellen. Das Lachen ist die Kehrseite unserer Unsicherheit und Unfestgelegtheit: es kann uns (als Wesen, die sich ständig selbst überschreiten) jederzeit alles mögliche zustoßen. Das Lachen, welches die höhere Ironie erregt, stellt sich ein, wenn wir der Grundlosigkeit unseres Tuns innewerden und die Unverläßlichkeit unserer Erwartungen ins Auge fassen. Solcherlei Lachen antizipiert die Enttäuschung über das Ausbleiben einer Begründung und wendet sie ins Grundsätzliche. Mit Kant gesprochen: Eine hochgespannte Erwartung bricht in nichts zusammen: die nämlich, unser Leben könnte einen tieferen Zweck haben. Dies jedenfalls war eine der tiefsten Überzeugungen der Tieckschen Dichtung. Im 17. Kapitel der 1797 geschriebenen »Sieben Weiber des Blaubart« findet sich folgender Dialog zwischen Peter Berner (dem Blaubart) und seinem Förderer Bernard:

Wenn Ihr es überlegt, daß im ganzen Menschenleben kein Zweck und kein Zusammenhang zu finden ist, so werdet Ihr es gern aufgeben, diese Dinge in meinem Lebenslauf hineinzubringen.

Wahrhaftig, du hast Recht, sagte Bernard, und du bist wirklich verständiger, als ich dachte.

Ich bin vielleicht klüger als Ihr, sagte Peter, ich lasse mir nur selten etwas merken.

So wäre also, sagte Bernard tiefsinnig, das ganze große Menschendasein nichts Festes und Begründetes? Es führte vielleicht zu nichts und hätte nichts zu bedeuten, Thorheit wäre es, hier historischen Zusammenhang und eine große poetische Composition zu suchen, eine Bambocchiade oder ein Wouvermanns drückten es vielleicht am richtigsten aus.[97]

Ludoviko sagt (im »Sternbald« von 1798), man könne »seinen Zweck nicht vergessen [...], weil der vernünftige Mensch sich schon so einrichtet, daß er gar keinen Zweck hat. Ich muß nur lachen, wenn ich Leute so große Anstalten machen sehe, um ein Leben zu führen, Das Leben ist dahin, ehe sie mit den Vorbereitungen fertig sind.«[98]

Aus dieser abgründigen Laune erwächst die romantische Ironie. Sie wettet darauf, daß wir auf keine Weise und durch keinen Trick zu rechtfertigende Wesen sind, und gewinnt die Wette durch den Nachweis, daß das eigentlich hochkomisch, ja zum Totlachen ist. Und zu dieser Einsicht sollte uns der Ausgang von der Frühromantik schließlich führen.

(1992)

WOODY ALLEN

Meine Ansprache an die Schulabgänger

Deutlicher als je in der Geschichte steht die Menschheit an einem Kreuzweg. Der eine Weg führt in Verzweiflung und äußerte Hoffnungslosigkeit, der andere in die totale Vernichtung. Beten wir um die Weisheit, die richtige Wahl zu treffen. Ich spreche übrigens ohne jedes Gefühl der Sinnlosigkeit, vielmehr in der panischen Überzeugung von der absoluten Bedeutunglosigkeit des Daseins, was leicht als Pessimismus mißverstanden werden könnte. Es ist keiner. Es ist bloß die heilsame Sorge um die kritische Situation des modernen Menschen. (Der moderne Mensch wird hier als jede Person definiert, die nach Nietzsches Ausspruch »Gott ist tot«, aber vor dem Schallplattenhit »I Wanna Hold Your Hand« geboren wurde.) Diese »kritische Situation« kann als eine von zwei Möglichkeiten bezeichnet werden, allerdings reduzieren sie gewisse Linguistikprofessoren lieber zu einer mathematischen Gleichung, da kann sie leicht gelöst und sogar in der Brieftasche herumgetragen werden.

Auf seine einfachste Form gebracht, lautet das Problem so: Wie ist es möglich, in einer begrenzten Welt einen Sinn zu finden, wenn ich nur von meiner Taillenweite und Hemdengröße ausgehe? Das ist eine sehr schwierige Frage, wenn wir uns vor Augen führen, daß uns die Wissenschaft enttäuscht hat. Sicher, sie hat viele Krankheiten besiegt, den genetischen Kode entschlüsselt und sogar Menschen auf den Mond gebracht, und dennoch: Wenn ein Achtzigjähriger mit zwei achtzehnjährigen Cocktail-Serviererinnen in einem Zimmer allein gelassen wird, passiert gar nichts. Denn die wirklichen Probleme ändern sich nie. Kann man schließlich die menschliche Seele durch ein Mikroskop sehen? Mag sein – aber man brauchte ganz ohne Frage ein sehr gutes mit zwei Okularen. Wir wissen, daß der modernste Computer der Welt kein so hochentwickeltes Gehirn hat wie eine Ameise. Klar, das könnten wir auch von vielen unserer Verwandten sagen, aber mit denen müssen wir ja bloß bei Hochzeiten oder besonderen Gelegenheiten auskommen. Die Wissenschaft ist etwas, wovon wir ständig abhängig sind. Wenn ich Schmerzen in der Brust bekomme, muß ich mich röntgen lassen. Aber wenn die Strahlung der Röntgenaufnahme mir größere Scherereien einträgt? Ehe ich's mich versehe, liege ich schon beim Chirurgen auf dem Tisch. Während sie mir Sauerstoff verabreichen, muß sich natürlich ein Assistenzarzt eine Zigarette anstecken. Als nächstes wird mir klar, daß ich im Bettzeug über das Welthandelszentrum fetze. Ist das Wissenschaft? Sicher, die Wissenschaft hat uns gelehrt, wie man Käse pasteurisiert. Und das kann natürlich in gemischter Gesellschaft großen Spaß machen – aber wie steht's mit der H-Bombe? Haben Sie mal gesehen, was passiert, wenn so ein Ding zufällig von einem Schreibtisch fällt? Und wo ist die Wissenschaft, wenn man über die ewigen Rätsel nachdenkt? Wie ist der Kosmos entstanden? Wie lange treibt er sich schon rum? Begann die Materie mit einer Explosion oder durch Gottes Wort? Und wenn durch dieses, hätte Er da nicht einfach zwei Wochen eher anfangen können, um ein bißchen Nutzen aus dem wärmeren Wetter zu ziehen? Was meinen wir eigentlich, wenn wir sagen, der Mensch ist sterblich? Ein Kompliment ist das offensichtlich nicht.

Zum Unglück hat uns ja auch die Religion im Stich gelassen. Miguel de Unamuno schreibt wohlgemut von der »ewigen Dauer des Bewußtseins«, aber das ist kein kleines Kunststück. Besonders, wenn man Thackeray liest. Oft denke ich, wie erfreulich das Leben doch für den ersten Menschen gewesen sein muß, denn er glaubte an einen mächtigen, gütigen Schöpfer, der sich um alles kümmerte. Man stelle sich seine Enttäuschung vor, als er sah, daß seine Frau Fett ansetzte. Der Mensch von heute hat natürlich keinen solchen Seelenfrieden. Er befindet sich mitten in einer Glaubenskrise. Er ist, wie wir das modisch nennen, »entfremdet«. Er hat die verheerenden Auswirkungen des Krieges gesehen, er hat Naturkatastrophen erlebt, er ist in Singlebars gewesen. Mein guter Freund Jacques Monod sprach oft von der Zufälligkeit des Kosmos. Er glaubte, alles im Leben ereigne sich durch puren Zufall, abgesehen möglicherweise von seinem Frühstück, von dem er das sichere Gefühl hatte, seine Wirtin mache es. Natürlich schenkt der Glaube an eine göttliche Intelligenz Gelassenheit. Aber das befreit uns nicht von unseren menschlichen Verpflichtungen. Bin ich meines Bruders Hüter? Ja. In meinem Fall teile ich diese Ehre interessanterweise mit dem Zoo im Prospect Park. Im Gefühl, ohne Gott zu sein, haben wir die Technik zum Gott gemacht. Aber kann die Technik denn wirklich die Lösung sein, wenn ein nagelneuer Buick, den mein Teilhaber Nat Zipsky steuert, im Fenster vom »Brathähnchentraum« landet und Hunderte von Kunden veranlaßt, sich in alle Winde zu zerstreuen? Mein Toaster hat in vier Jahren noch kein einziges Mal richtig funktioniert. Ich richte mich nach der Gebrauchsanweisung und schiebe zwei Scheiben Brot in die Schlitze, und Sekunden später kommen sie wieder rausgeschossen. Einmal haben sie einer Frau, die ich von ganzem Herzen liebte, das Nasenbein gebrochen. Wollen wir uns auf Schrauben und Muttern und auf die Elektrizität verlassen, um unsere Probleme zu lösen? Ja, das Telefon ist eine gute Sache – und der Kühlschrank – und das Klimagerät. Aber nicht jedes Klimagerät. Das von meiner Schwester Henny zum Beispiel nicht. Ihres macht einen Riesenlärm und kühlt trotzdem nicht. Wenn der Mann rüberkommt und es repariert, wird's noch schlimmer. Entweder das, oder er sagt ihr, sie brauche ein neues. Wenn sie sich beschwert, sagt er, sie solle ihn in Ruhe lassen. Dieser Mann ist wirklich entfremdet. Und er ist nicht nur entfremdet, er kann auch nicht aufhören zu lächeln.

Der Kummer ist, unsere politischen Führer haben uns nicht ausreichend auf eine mechanisierte Gesellschaft vorbereitet. Unglücklicherweise sind unsere Politiker entweder unfähig oder korrupt. Manchmal beides am selben

Tag. Die Regierung stellt sich nicht auf die Bedürfnisse des kleinen Mannes ein. Unter fünfsieben ist es unmöglich, seinen Abgeordneten ans Telefon zu kriegen. Ich will damit nicht bestreiten, daß die Demokratie immer noch die beste Regierungsform ist. In einer Demokratie werden wenigstens die Bürgerrechte geachtet. Kein Bürger kann willkürlich gefoltert, eingesperrt oder gezwungen werden, sich bestimmte Broadwayshows von Anfang bis Ende anzusehen. Und das ist noch immer weit von dem entfernt, was sich in der Sowjetunion abspielt. In ihrer Form des Totalitarismus wird jemand, der bloß beim Pfeifen geschnappt wird, zu dreißig Jahren Arbeitslager verurteilt. Wenn er nach fünfzehn Jahren immer noch nicht aufgehört hat zu pfeifen, wird er erschossen. Neben diesem brutalen Faschismus finden wir seinen Spießgesellen, den Terrorismus. Zu keiner Zeit in der Geschichte hat der Mensch solche Angst gehabt, sein Kalbskotelett anzuschneiden, aus Furcht, es könne in die Luft gehen. Gewalt zeugt neue Gewalt, und man hat vorausgesagt, daß 1990 die Kindesentführung die verbreitetste Art gesellschaftlichen Umgangs sein wird. Die Überbevölkerung wird die Probleme bis zum äußersten verschärfen. Die Zahlen sagen uns, daß es schon heute mehr Menschen auf der Erde gibt, als wir gebrauchen können, um selbst das schwerste Klavier zu heben. Wenn wir der Bevölkerungsexplosion nicht Einhalt gebieten, wird es im Jahr 2000 keinen Platz geben, wo einem ein Essen serviert werden kann, es sei denn, man ist bereit, den Tisch unbeteiligten Leuten auf den Kopf zu stellen. Sie müßten sich dann eine Stunde lang nicht rühren, während wir essen. Natürlich wird die Energie knapp sein, und jedem Autobesitzer wird nur so viel Benzin zugestanden, daß er ein paar Zentimeter zurücksetzen kann.

Statt diesen Herausforderungen ins Gesicht zu sehen, geben wir uns Ablenkungen wie Drogen und Sex hin. Wir leben in einer viel zu freizügigen Gesellschaft. Nie zuvor war die Pornographie so zügellos. Und diese Filme sind so miserabel beleuchtet! Wir sind ein Volk, dem es an klaren

Zielen fehlt. Wir haben nie zu lieben gelernt. Uns fehlen politische Führer und klare Programme. Wir haben keinen geistigen Mittelpunkt. Wir treiben allein im Universum herum und fügen einander aus Enttäuschung und Schmerz ungeheure Gewalt zu. Zum Glück aber haben wir nicht unser Gefühl für das rechte Maß verloren. Alles in allem wird deutlich, daß die Zukunft große Chancen bereithält. Sie enthält auch Fallstricke. Der Trick dabei wird sein, den Fallstricken aus dem Weg zu gehen, die Chancen zu ergreifen und bis sechs Uhr wieder zu Hause zu sein.

(1975)

Spiel und Zeit

1

Sommer, Nacht, Traum. Der Leibgardist vom Tower in London rüttelt mich wach. »Warum Theater?« will er wissen. »Warum nicht?« Und er hackt mir den Kopf ab. Iwan, der schreckliche ungarische Karrierist, rasselt mit den Schlüsseln. »Einer für jedes Arschloch, das du lecken möchtest«, erklärt er mir, »damit du reich, jung und berühmt wirst.« – »Ich war nie eine gute Nutte«, protestiert mein Kopf. In einer Ecke des Gewölbes wird der alte Mann aus der »Hexenjagd« langsam von einem Mühlstein zu Tode gequetscht; wir sitzen alle auf ihm – er soll seine Mutter verraten. »Mehr Gewicht«, stöhnt er. Mein Sohn Kris, elf Jahre alt, probt Macbeth, zündet ein Streichholz an. »... erzählt von einem Tropf«, rezitiert er und pustet das Streichholz aus, als, gottseidank, W. C. Fields durch eine Bühnentür gefegt kommt und brüllt: »Wo ist die Bühne, und welche Witze sind heute dran?« Ich erwache im heißen Manhattan, zur Mitternacht, die von heulenden Notarztsirenen durchbohrt wird.

2

Memento mori. Ein Mann, den wir kennen, hält sich fit, indem er seinen Tod probt. »Besser als Jogging oder täglich Sex«, erklärt er. »Funktioniert so: die nekromantische Muse, die in meinem Hinterkopf sitzt, sendet kleine Sterbeszenen nach vorne aus. Sie lassen den Fluß des Lebens erstarren wie Standbilder in einem Film. Ich nenne sie meine Schatten; sie fallen und fassen Tritt und folgen mir auf allen Wegen. An einem guten Tag tauchen sie zwei- bis dreihundertmal auf. Nachts tanzen sie durch meine Träume. Ich gebe Ihnen ein Beispiel. Beim Frühstück bücke ich mich, um meine Schnürsenkel zu binden, und peng! werde ich von einem Schädelschlag gefällt, ich will schon erblindet nach meinem Grab greifen – da ist alles vorüber, das war's, ich schnüre die Senkel zu Ende, als sei nichts geschehen. Nur ein Spiel, aber Spiele sind ein Training fürs Leben, wie Kinder und Katzen bezeugen können. Ich bin fit wie eine Fiedel und auf alle möglichen Notfälle gefaßt, eine nützliche Fertigkeit für Theatermacher. Nichts kann mir geschehen, was nicht schon in meinem Kopf geschehen wäre, und ich brauche mich nicht zu quälen mit der Bedeutung von Spiel und Sein. *Meinungen, Hemingway, sind noch keine Literatur,* so viel habe ich von Miss G. Stein gelernt, also sammle ich keine Meinungen mehr von den Großen Shitting Bulls meiner Jugend. Nehmen sie Freund A., der hoffte, das Theater sei der schnellste Weg zur Bank, wo Ruhm und Reichtum liegen, der Beweis, daß Erfolg das einzige Kriterium für Qualität ist. Oder Bruder B., für den das Theater der einzige Ort war, wo er für seinen Spaß noch bezahlt wurde, während Meister C. auszog, alle Schauspielerinnen des Ensembles unter achtzig zu pimpern. D. andererseits strampelte sich ab für den längsten Lacherfolg im Showbiz, E. für die heißesten Tränen, der arme F. wollte eigentlich die Welt verändern, begnügte sich aber damit, den Mächtigen auf ewig den Schlaf zu rauben, G., heruntergekommen durch Suff, Droge und Katholizismus, brauchte seine tägliche Dosis an Applaus, H. erwartete nach jeder Premiere, daß alle ihn anrufen, und J. suchte Errettung von seiner kranken Seele, ganz zu schweigen von seiner Furunkulose, im Ordnen des Chaos, undsoweiter undsofort. Ich sitze still, bis zum Kinn im Kompost, und lächle, schon wieder ein glücklicher Tag, die kommende Spielzeit kümmert mich nicht. Was ich auch machen werde, den ›Zigeunerbaron‹ oder ›Warten auf Godot‹, meine Schatten werden fallen und jede witzige oder klagende Todesanzeige mit schwarzem Rand rahmen und die Würde des Todes verkünden. Sterbende wie Sokrates oder John o'Gaunt oder ich brauchen die Konsequenzen der Wahrheit nicht zu fürchten. Bereitschaft oder Reife waren nie genug, Glaubwürdigkeit ist alles, sollen andere glauben machen, mir soll man glauben, auch wenn ich lüge. Und Sie hören sicher gern, daß in Anbetracht des Heißen Herbstes, der durch die Präsenz von Eisbergen in Wirklichkeit sehr kühl werden wird, sich mein Todesbewußtsein auf die ganze Menschheit ausgedehnt hat. Meine Schatten kriegen eine soziale Ader, und was ich in diesem meinem letzten Sommer probe, ist nicht so sehr meine persönliche Auslöschung als die Apokalypse als solche. Sie werden mir zugeben – eine moralische Verbesserung. Ich heule und schwimme weiter, aber die See kocht, und die nächste Küste ist mit toten Schildkröten überschwemmt. Ich gebe Ihnen ein anderes treffendes Beispiel. Ich gehe die Hauptstraße von Bochum entlang, kaue an einer Banane und träume von Cressidas Spalt. Plötzlich erhellen Tausende von Sonnen den Himmel, ein schrecklicher Donnerschlag erschüttert das Theater, die Sparkassen, den Parkplatz, die Pizzeria – Autos, Bäume, Schauspieler wirbeln pulverisiert umher, ihr Staub schwebt feingemahlen über verwüstetem Land, und ich, der einzige Überlebende, kann die Toten nur beneiden, denn mein zerfetztes Fleisch ist wie verbranntes Schaschlik, aber dann ist es vorüber, das war's, ich beiße noch einmal von der Banane ab und kraule Branko Samarowskis Hund, als sei nichts geschehen. Was die Dummköpfe angeht, die mich morbid nennen, sollen sie sich doch mal das Gaunergrinsen auf den gelifteten Präsidentenvisagen betrachten. Die Morbidität liegt in der Leugnung des Todes, nicht in seiner Bejahung, denn wir alle müssen bereit sein, zum Staub unserer Anfänge zurückzukehren: dies ist unser einziges Prinzip Hoffnung, während wir unsere Verzweiflung auskosten. Wir leben im Jahrhundert der Spießer, und die Spießer gewinnen immer, außer im Theater, trotz offiziellen Drängens, daß wir die Menschen dazu verführen sollen, ihre Sorgen durch das harmloseste Programm zu vergessen. Woraufhin sie nach Hause torkeln, in den Spiegel blicken und schreien, wenn sie ihre Ängste durch das Nichts, das sie zwischen 20 und 23 Uhr beglotzt haben, vervielfacht sehen. Im Gegenteil – wir müssen ihnen derart monströse Mythen bieten, daß sie, wenn sie das Theater verlassen, am liebsten ihre eigenen Fürze als Zeichen des Lebens feiern wollen. Dies ist unsere wahre Tradition, zu ›spreizen und knirschen den Pfad des stäub'gen Todes‹. Das Tragische ist niemals lachhaft, eher umgekehrt, und unsere besten Witze gründen sich aufs Desaster. Großes Theater bedeutet immer schlechte Nachrichten: Der erblindete König tastet seinen Weg ins Exil, ein Sohn weidet seine Mutter aus, einem Vater werden seine eigenen Säuglinge in Form einer Zuppa Romana als Nachtisch serviert, und eines schrecklichen Nachts erscheint Godot. *Die Kunst darf alles,* besonders im Theater, wo das Undenkbare gedacht, das Unsagbare gesagt wird – so wenn Hamlet die Qualen des Seins wie des Nichtseins aufzählt, zurückgeblieben mit nichts als nichts, und Nichts ist das äußerste Grauen mit seiner Abwesenheit von Zeit. Auf der Bühne bewohnen wir eine gesegnete Bleibe, die die Zeit gerinnen machen kann und in ein unsterbliches Jetzt rahmt, das nie aus den Fugen gerät, das so lange dauert, wie wir willens sind, das ›Morgen und morgen, und dann wieder morgen‹ zu ignorieren wie im Liebesakt. Sagen wir doch wie Becketts Winnie, während sie ihre Ein-Mann-Zuhörerschaft auf sich zukriechen sieht, mit einem Lächeln: Dies ist ein glücklicher Tag. Es ist fünf vor zwölf, und während ich auf meinen nächsten Schatten warte, will ich es mir leisten, meinen erwählten Beruf dafür zu feiern, daß er den peinlichen Riß zwischen der Göttlichkeit meiner Phantasien und dem lächerlichen Verfall meines Körpers heilt. Ich bin wie Sie, mein Herr, ein Gott mit einem stinkenden Arschloch und das einzige passende Thema für einen Dichter über 35. Daher gestatten Sie mir eine altersgemäße Linderung der Resignation und meine Verachtung für Zyniker. Während Mitternacht näherrückt, ist es Zeit, meinen eigenen Nachruf zu verfassen: *Ich freue mich, Ihnen anzuzeigen, daß ich Sonntagnacht starb, wie ich geboren wurde, nur anders herum, in den Armen und Beinen meiner gesegneten Cordelia, mit einem Krampf zurückkehrend in den intimsten aller*

Familienkreise, steckengeblieben wie ein Hund, aber entstöpselt im Leichenschauhaus, auf daß ich verbrannt werde, eine alte Familientradition, verstreut nicht in Auschwitz, sondern auf irgendeiner passenden Bühne, um keine einzige Vorstellung zu versäumen.«

3

Sprechstunden. Ein anderer uns bekannter Mann hat es mit der Medizin. Er sieht das Theater nicht als Schule an, als Bordell, als Musentempel, als Supermarkt, sondern als eine Art Fitness-Center für Krüppel. Anders als der erste Mann ist dieser chronisch depressiv, ein Zustand, den er zweifellos genießt. »Wir sind nicht die Ärzte«, hört man ihn gern zitieren, »wir sind die Krankheit.« Und befindet sich in einigermaßen guter Gesellschaft. Benn, Brecht, Büchner, der abscheuliche Céline, Tschechow natürlich, Moreno, wenn Sie wollen, und der Mitverfasser der besten aller Dramen, der Heilige Dr. Lukas, sie alle bewohnen dieses Grenzland zwischen Bühne und Klinik. Diese uns gemeinsame Neigung ist nicht so bizarr, wie sie klingen mag. Wir alle sind krank, auf beiden Seiten des Rampenlichts, leiden an jeder nur erdenklichen Krankheit, besonders an affektiver Atrophie und der schizoiden Gier nach Verdinglichung. Jeder flüchtige Blick auf Theatermacher oder Theatergänger wird die Diagnose bestätigen. Die meisten von uns, besonders der kopflastige Klugscheißer, feiern die Tiefkühltruhe als idealen Aufenthaltsort und das Ferngespräch als geeignetste Form der Kommunikation. Wir winden uns bei Berührungen und flüchten beim ersten Zeichen von Wärme. Es ist meine hippokratische Aufgabe, unser Sensorium aufzutauen, indem ich uns helfe, besser zu sehen, zu hören, zu riechen und zu fühlen. Der Job ist ganz schön hoffnungslos. Nicht so sehr die Schauspieler, sondern vielmehr die Zuschauer brauchen Proben, aber es gibt keine gültigen Rezepte, und der Fortschritt ist minimal. Wie die meisten Ärzte bin ich Melancholiker. Da das Leben eine unheilbare Krankheit ist, sterben alle meine Patienten entweder zur rechten Zeit oder alle auf einmal, wenn der nächste Krieg kommt. Inzwischen sitze ich hier fest, um anderen zu helfen. Ich tue mein Bestes, was nicht gut genug ist, um einen Krampf, eine Zuckung zu lindern, aber das Beste, was ich bieten kann, ist eine Art pastoraler Hilfe. Ich bin bescheiden, eine besonders widerwärtige Form der Eitelkeit. Wie Astrow hantiere ich mit Baldriantropfen. Oder wie Macbeths Arzt schlage ich demütig vor, daß die Patienten sich am besten selber helfen, indem sie den Geistlichen aufsuchen und nicht den Arzt. Ich glaube nicht an Sedativa, außer in der Endphase, die wir vielleicht schon erreicht haben. Fast alle meine Palliativa sind primitiv; ein gutes Abführmittel, das heißt ein gutes Lachen, ein gutes Weinen, selbst ein gutes Gähnen. Manchmal heißt man mich einen Scharlatan oder Dilettanten. Ich kann mir schlimmere Kränkungen denken; siehe die beiden Flüchtlinge in »Godot«, die sich Kretin und Kritiker nennen. Schönheit und ihre Theorien sind eine Frage des Geschmacks und interessieren mich nicht besonders. Krankheit ist nicht eben hübsch. Unsere Eingeweide, auch in bestem Zustand, sind kein Augen- und Nasenschmaus. Es sei denn auf Photographien, am besten in Farbe. Apropos Photographie, noch ein Grund, warum ich beim Theater bin. Wie die großartige Miss Sontag zeigt, ist ein Photographie, beweglich oder unbeweglich, entgegen ihres besonderen Anspruchs auf Wahrhaftigkeit ein falscher Spiegel: unweigerlich verschönt, das heißt verfälscht sie die Welt; was immer ihr Objekt ist, ein Leichnam oder ein Haufen Scheiße, die ästhetische Erfahrung herrscht vor. Außerdem ist ein Schnappschuß immer ein Fragment, aus dem Zusammenhang gerissen, während die Bühne, wie selektiv auch immer, eine Ganzheit nahelegt, und wie sehr auch unsere Ästheten sie zu hübschen suchen, sie wird ihrer Aufgabe, unserer vergifteten Natur den Spiegel vorzuhalten, treu bleiben. In dieser unserer computerisierten Kultur, die alles mechanisch reproduzieren kann, von Mozart bis zur Wanderniere, bleibt das Theater unreproduzierbar und deshalb einzigartig, indem es eher das Leben produziert als die Kunst reproduziert;

vielleicht unsere letzte Zuflucht angewandter Menschlichkeit, wo wir unsere schwindende Freiheit, menschlich zu bleiben und uns treu, offenbaren können, nicht als hübsche Schatten in einer Höhle, sondern als dreidimensionale Präsenz, die Galle, Schweiß und Tränen ausschwitzt. Jede gute Geschichte, sic Hemingway, endet mit dem Tod, und bald danach blies er sich die Rübe ab. Ich bin verpflichtet, bei solchen Agonien präsent zu sein. Ich will tun, was ich kann, was wenig ist, und wenn der Krieg kommt, was er wird, werde ich nicht helfen können, außer vielleicht ein brennendes Kind neben mir zu ersticken. Aber ich habe weder Lust noch Zeit zu murren. Die Sprechstunde ist nie zu Ende, aber die Sprache bleibt, wenn sie nicht die Haut durchdringt und einen Schauer das Rückgrat hinunterschickt, ein Gestammel von Blablas. Ich habe zwei Helden, beide sind Frauen, ihr Beispiel muntert mich auf in dieser heißen Nacht in Manhattan. Die erste arbeitet mit einer autistischen schwarzen Frau, deren Miene sich fünfzehn Jahre nicht verzogen hat, aber neulich öffnete sie die Augen und lächelte. Das muß wie ein Blitz gewesen sein. Die andere Heldin arbeitet in einer Sterbeklinik für kleine Kinder, die sich alle bald im Todeskampf winden werden. Doch egal, wie alt sie sind – sie alle wissen, worum es geht, wenn zum Beispiel ein Kinderbett leer geworden ist und es aus dem Keller stinkt. Sie hilft, aber wie? Es ist eine Art Performance. *Ich halte Deine Hand, ich erzähle Dir ein Märchen. Es war einmal … Wann? … Jetzt.*

4

Der springt noch auf. Der dritte Mann will, trotz seines fortgeschrittenen Alters, immer noch Agit mit oder ohne Prop. »Wir sind wie Skorpione, vom Feuer umringt / Was können wir anderes tun, als uns zu Tode zu stechen!« Ich sage Ihnen, was wir tun können. Uns neben eine Raketenrampe setzen und uns die Fressen einschlagen lassen. Wenn die Straßen besseres Theater bieten als das Theater, dann ist etwas faul mit beiden. Wir sind keine Skorpione, und Shelleys romantische Todesphantasien langweilen mich unsäglich; obwohl er konsequent genug war, jung zu sterben. Was die Besten von uns für gewöhnlich tun. Unterdessen leiden wir, die Überlebenden, an Übersättigung. Kapitalismus als Krebs. Daher alle diese Blählaute. Wir brauchen eine radikale aristotelische Katharsis. Wir tun zu viel, und wie Miss Stein sagt: Jemand, der nichts tut, ist interessanter als jemand, der etwas tut. Verstopft und zwanghaft produzieren wir Kunst, als wäre es eine Wurst. Wenn es Herbst wird, heiß oder feucht, verschwinden wir in diesen muffigen Proberäumen, tauchen nach zwanzig oder mehr Premieren im Sommer wieder auf, total erschöpft von Krisen, Intrigen, Rivalitäten und Liebhabern, die unauffällig unsere Kissen verlassen haben. Wir haben absolut nichts geleistet, als den immer gleichen Scheiß mit einer anderen Brühe oder Soße neu anzurichten, und alle diese Klagen, diese Wut, wofür? Ein bißchen Macht, eine gelegentliche Eitelkeitssalbung, und alles im Namen der Kunst. Wann haben wir zuletzt mit einem Kind oder einer Katze gespielt? Das Theater ist dafür da, Leben zu produzieren, nicht Kunst zu reproduzieren. Wir würden das Leben nicht mal erkennen, wenn wir es sähen, und wenn doch, würden wir Deckung in irgendeiner platonischen Höhle suchen. Kein Wunder, daß wir immer weiter mit der Verzweiflung und der Impotenz flirten und alle diese flotten Antworten auf dämliche Fragen geben. Vielleicht erzählen wir Märchen, erzählt von einem Tropf, aber wenn wir sie laut und deutlich erzählen, könnten wir uns selbst befreien zu einem Amoklauf gegen die Prophezeiung der Hexen. Das Theater ist keine Göttin, reif für Entzauberung oder Ritualmord. Diejenigen, die es für tot erklären, wünschen nur, es wäre tot; ihre Furcht ist ein Zeichen unserer Stärke. Das Theater ist weder Klinik noch Leichenschauhaus. Es kann einige Dinge ganz gut und gewiß besser als, sagen wir, die Medizin oder die Soziologie, ganz zu schweigen von der Ganovenkunst der Politik. Verständlich, daß diese Disziplinen aus der Zauberkiste unserer Kunst stibitzen. Wenn

Schwachköpfe und Spießer die Impotenz des Theaters beweinen, nur weil seine Wirkung nicht gemessen werden kann wie die von Gewehren oder Abführpillen, tun mir diese blinden armen Schweine leid. Selbstverständlich können wir die Welt ändern, haben es immer getan, was nicht viel heißt, denn sie ist veränderbar zum Guten wie zum Schlechten. Und wenn man uns als so harmlos hinstellt, wie kommt es dann, daß die Geschichte der Kunst auch die Geschichte der Verfolgung der Künstler ist? Wann immer die Zeit der Verbrennung kommt, der Erschießung, der Folterung und Vertreibung von Menschen – unsere engsten Kollegen, von Euripides herunter bis Biermann, standen immer ziemlich weit oben auf dieser ehrenwerten Liste. Die Zahl der Zensoren oder Polizisten hat sich seit Dantes Flucht nicht verringert. Wenn unsere Gesänge den Gaunern da oben keine schlimmen Träume bereiten, warum dann dem chilenischen Gitarristen die rechte Hand abhacken? Was immer wir schreien, Mordio oder Mitleid, wie banal oder mittelmäßig wir sind, wir bieten jede Nacht einen winzigen Augenblick der Freiheit, der die Heilige Regel bricht. Und wenn der Patriotismus die letzte Zuflucht von Schurken ist, kann im Theater sogar ein Schurke die berechtigte Liebe zu seinem Land zurückgewinnen, einem Land, liebenswert nicht durch seine verfluchten Insignien der Macht, sondern allein durch seine Sprache, gesungen, geschrieben, geflüstert oder gesprochen, die unserer Liebe eine Bleibe gibt und einen Namen. Wir stecken wieder bis zum Kinn im Die-da-ismus, »jene« und »andere« sirren umher wie Moskitos und vergiften die Luft mit denkfaulen Abstraktionen – die Juden, die Araber, die Deutschen, die Amis, die Roten, die Schwarzen, die Jugendlichen, die Frauen – bösartig denkfauler Schwachsinn. Im Theater ist die Wahrheit immer konkret, man kann keine kollektiven Substantive oder Abstraktionen 3. Grades spielen, auch wenn sie sich noch so hübsch auf dem Papier ausnehmen; da gibt es nur einen, diesen Faust, nur eine, diese Medea, nur den einen Du und Ich. Es war schon immer schwerer, einen Menschen zu töten als dreißigtausend. Vielleicht ein letzter Weg, den nächsten Holocaust, der uns alle zu Juden machen würde, zu verhindern oder zu verzögern, könnte der sein, die Killer zu erinnern, daß auf der anderen Seite des Sprengkopfes der Kopf eines Kindes ist, das vielleicht Talent zum Singen hat. Ich werde jetzt an meine Pflichten durch das Beispiel – und nur solche Beispiele können uns retten – eines Miklós Radnóti erinnert, eines Poeten, eines guten Poeten, keines großen, außer am Ende. Ein Klassiker, ein zum Katholizismus konvertierter Jude, was nicht viel half, er wurde nach Bor geschickt, ins Arbeitslager; da er nicht zum Sklaven taugte, wußte er, daß er nicht lange überdauern würde, tat er auch nicht, er wurde erschossen, in ein Massengrab geworfen, ausgegraben; seine letzten Gedichte, in wunderschöner Schrift geschrieben, wurden aus der Tasche seines schlammigen Regenmantels geborgen.

> *Ich stürzte neben ihm. Sein Körper spannte sich*
> *Stramm wie eine Saite, bevor sie zerspringt.*
> *Getroffen im Hinterkopf, du bist der Nächste,*
> *Sagte ich mir. Ruhig Blut, und bald*
> *Blüht der Tod aus dieser Geduld.*
> *»Der springt noch auf«, eine deutsche Sitmme über mir,*
> *Blut und Schlamm trocknen in meinem Ohr.*

Wann hat er das geschrieben? Prophetisch die Nacht zuvor? Zwischen dem ersten Schuß, der ihn verfehlte, und dem nächsten, der ihn traf? Egal, er erhob seine Stimme gegen eine Stille, die sein Land in ein Land von Taubstummen verwandeln sollte. Wenn ich im kommenden Herbst »Godot« mache, würde ich gern wissen, wer jede Nacht Estragon oder den Jungen, der die Ziegen hütet, verdrischt.

(1983)

MAX FRISCH

Fragebogen V

1.

Wenn Sie jemand dazu bringen, daß er den Humor verliert (z.B. weil Sie seine Scham verletzt haben), und wenn Sie dann feststellen, der betroffene Mensch habe keinen Humor: finden Sie, daß Sie deswegen Humor haben, weil Sie jetzt über ihn lachen?

2.

Wie unterscheiden sich Witz und Humor?

3.

Wenn Sie spüren, daß Ihnen jemand mit Antipathie begegnet: was gelingt Ihnen dann eher, Witz oder Humor?

4.

Halten Sie's für Humor:

a. wenn wir über Dritte lachen?

b. wenn Sie über sich selbst lachen?

c. wenn Sie jemand dazu bringen, daß er, ohne sich zu schämen, über sich selber lachen kann?

5.

Wenn Sie alles Lachen abziehen, das auf Kosten von Dritten geht: finden Sie, daß Sie oft Humor haben?

6.

Woran merken Sie es zuerst, wenn Sie in einer Gesellschaft alle Sympathie verspielt haben: verschließt man sich Ihrer ernsten Argumentation, Ihren Kenntnissen usw., oder kommt einfach die Art von Humor, die Ihnen eigen wäre, nicht mehr an, d.h. daß Sie humorlos werden?

7.
Haben Sie Humor, wenn Sie allein sind?

8.
Wenn Sie von einem Menschen sagen, er habe Humor: meinen Sie damit, daß er Sie zum Lachen bringt oder daß es Ihnen gelingt, ihn zum Lachen zu bringen?

9.
Kennen Sie Tiere mit Humor?

10.
Was gibt Ihnen unversehens das Vertrauen, daß Sie sich mit einer Frau intim verstehen könnten: ihre Physiognomie, ihre Lebensgeschichte, ihre Glaubensbekenntnisse usw. oder ein erstes Zeichen, daß man im Humor übereinstimmt, wenn auch keineswegs in Meinungsfragen?

11.
Was offenbart Affinität im Humor:
a. Gleichartigkeit des Intellekts?
b. daß zwei oder mehrere Menschen übereinstimmen in ihrer Fantasie?
c. Verwandtschaft in der Scham?

12.
Wenn Ihnen bewußt ist, daß Sie im Augenblick tatsächlich keinen Humor haben: erscheint Ihnen dann der Humor, den Sie zuweilen haben, als ein oberflächliches Verhalten?

13.
Können Sie sich eine Ehe ohne Humor vorstellen?

14.
Was versetzt Sie eher in Eifersucht: daß die Person, die Sie lieben, eine andere Person küßt, umarmt usw. oder daß es

dieser andern Person gelingt, Humor zu befreien, den Sie an Ihrem Partner nicht kennen?

15.
Warum scheuen Revolutionäre den Humor?

16.
Können Sie einen Menschen oder eine Gesellschaftsschicht, die Sie aus politischen Gründen hassen, mit Humor sehen (nicht bloß mit Witz), ohne dabei den Haß zu verlieren?

17.
Gibt es einen klassenlosen Humor?

18.
Wenn Sie ein Untergebener sind: halten Sie es für Humor, wenn der Vorgesetzte über Ihre ernsten Beschwerden und Forderungen lächelt, d. h. für einen Mangel an Humor, wenn Sie nicht auch lächeln, oder lachen Sie dann, bis der Vorgesetzte seinen Humor einstellt, und womit erreichen Sie noch weniger?

19.
Kommt es vor, daß Sie sich im Humor als ein anderer entpuppen, als Sie gerne sein möchten, d. h. daß Sie der eigene Humor erschreckt?

20.
Entsteht Humor nur aus Resignation?

21.
Gesetzt den Fall, Sie haben die Gabe, jedermann zum Lachen zu bringen, und Sie gebrauchen diese Gabe in jeder Gesellschaft, so daß Sie nachgerade als Humorist bekannt sind – was versprechen Sie sich davon:
a. Kommunikation?
b. daß Sie's mit niemand verderben?

c. daß Sie eine Infamie loswerden und nachher sagen können, es sei Humor gewesen, und wenn der Betroffene keinen Humor verstehe usw.?

d. daß Sie sich selber nie langweilen?

f. daß Ihnen in einer Sache, die mit Argumenten nicht zu vertreten ist, die Lacher trotzdem recht geben?

22.
Was ertragen Sie nur mit Humor?

23.
Wenn Sie in der Fremde leben und erfahren müssen, daß Ihr eigentlicher Humor sich nie mitteilt: können Sie sich damit abfinden, daß es eine Verständigung nur im Ernst gibt, oder werden Sie sich dadurch selber fremd?

24.
Verändert im Alter sich der Humor?

25.
Wie meinen Sie im Humor zu sein:

a. versöhnlich?

b. frei von Ehrgeiz?

c. angstlos?

d. unabhängig von Moral?

e. sich selbst überlegen?

f. kühner als sonst?

g. frei von Selbstmitleid?

h. aufrichtiger als sonst?

i. lebensdankbar?

26.
Gesetzt den Fall, Sie glauben an einen Gott: kennen Sie ein Anzeichen dafür, daß er Humor hat?

(1969)

NACHBEMERKUNG

> Leben
> ist Brückenschlagen
> über Ströme,
> die vergehn.
>
> *Gottfried Benn*

1

Wie entgeht man Katastrophen, wenn ihnen schon nicht zu entfliehen ist? Wer sich von einer solchen Lebens- und Bewußtseinssituation nicht sogleich lähmen läßt und sich nach seinem »lutherisch Apfelbäumchen« umsieht, wird bald ins Lachen kommen.

Denn das Lachen ist (kann sein) eine Reaktion des Anderen der Vernunft – *des Leibhaftigen* – angesichts paradoxaler Gemengelagen, vor denen die Vernunft zunächst stilliegt. Der Leib, der Körper, die Physiologie übernimmt hier die Antworten auf Fragen, worauf der Geist keine Antworten hat.

Stimulieren kann man den Körper zu solchen Antworten auch – und darauf hatte schon Walter Benjamin aufmerksam gemacht – wenn man ihn z. B. auf »chemischen Wegen« in künstliche Paradiese führt [und Paradiese scheinen immer nur via Katastrophe erreichbar]; was dort u. a. geschieht, ist dies: »Das Denken gestaltet sich nicht zum Wort, die Situation kann von so bezwingender Heiterkeit werden, daß der Haschischesser minutenlang zu nichts fähig ist als zum Lachen …«[1]

Also: *Lachen rettet vor Wahnwitz.*

2

Zu den aus der Kindheit des Menschengeschlechts kommenden Reverien zählen solche der Versöhnung, des Glücks, des Heils.

1 W. Benjamin, Haschisch in Marseille. Gesammelte Schriften, ed. R. Tiedemann, Frankfurt a. Main 1972, Bd. IV, 1, S. 409 f.

Gerade auch der eben verschwundene Proklamations-Sozialismus verbreitete starke Erlösungsvermutungen; die waren verbunden mit der Lebensform einer nicht-kapitalorientierten (eben »sozialistischen«) Warengesellschaft, ein im übrigen klassisches Oxymoron [und es war dies auch beileibe keine Utopie – sowenig es das Projekt einer sauerstofffreien Atmung wäre].

Der Zerfall (eine Implosion) wurde von manchem sogleich als komischer wahrgenommen, der zum Lachen reizte; ist dies ja eben gerade jener Affekt, der entsteht, wenn wir – und Immanual Kant hat es als erster so empfunden – »der plötzlichen Verwandlung einer gespannten Erwartung in nichts«[2] beiwohnen. Das heißt, eben befand man sich noch an der Spitze des »Weltprozesses« [wo immer das auch war], kannte man die »Vernunft der Geschichte«, wollte ihr parieren, und schon ist man ein Sozialfall …

Also: *Lachen erleichtert Abschiednehmen.*

3

Das Lachen ist aber nicht nur das bloße Konstatieren einer Verschwindenserfahrung, es schärft bzw. konstituiert geradezu auch das »Bewußtsein, womit man seinen Mängeln nachsieht, mit seinen Irrtümern scherzt und ihnen … Raum und Lauf läßt«[3].

Es gehört so das Lachen zur Hygiene der Vernunft.

Deren maßgebliche Kompetenz sollte es z.B. sein, Widersprüche und Paradoxa denk- und handhabbar zu machen, denn auch gerade in ihnen ist doch »eine Wahrheit«, so Rahel Varnhagen, »die bloß noch keinen Raum findet, sich darzustellen, die häufig gewaltsam

---

2 I. Kant, Kritik der Urteilskraft. Werke, ed. E. Cassirer, Berlin 1914, Bd. 5, S. 409.
3 J. W. von Goethe, Werke. Hamburger Ausgabe, München 1976, Bd. 14, S. 175.

in die Welt dringt und mit einer Verrenkung hervorbricht«[4].

Hiermit ist ein kognitives Potential im Lachen angedeutet, das mit dem verbunden ist, daß der Lachende bislang Ausgeschlossenes als Zugehöriges bemerkt; und daß zu dem, was wir erklären und/oder verstehen können, auch zugleich ein zunächst Unbestimmbares mitgehört. Das Denken und Erkennen sollte sich also selber immer als Unabgeschlossenes verstehen lernen, als kritisches Selbstverhältnis, als Neugier.

In »Fröhlicher Wissenschaft« – wie Philosophie sein sollte – ist demnach Erkennen und Skepsis noch ganz verbunden.

Also: *Lachen ist zweifeln, um nicht zu verzweifeln.*

4

Als Zerstörung von Schein, von Illusion und Vorurteil ist das Lachen, der Witz, die Ironie nahezu ein Organon der Philosophie als Selbstkritik, das zu aktivieren wäre, sobald sie sich affirmativ und nicht mehr kritisch zur Welt verhält. Und das kommt auf den »Holzwegen« der Philosophie immer wieder vor.

Wie anders als mit Ironie ist z. B. auch das Paradox auszuhalten, das Friedrich Schlegel einmal so formuliert hat: »Es ist gleich tödlich für den Geist, ein System zu haben und keins zu haben. Er wird sich also wohl entschließen müssen, beide zu verbinden.«[5]

Es folgt nun daraus für das Denken qua Lachen, daß zweierlei leichter möglich wird, nämlich sowohl der Aufbruch zu immer neuen Horizonten des Denkens als auch ein Innehalten, d. i. ein Infragestellen des Wegs durch Selbstreflexion.

4 R. Varnhagen an K. A. Varnhagen v. Ense, 19. Februar 1809. Briefwechsel zwischen R. Varnhagen und K. A. Varnhagen v. Ense, Leipzig 1874, S. 296.
5 F. Schlegel, Fragmente. Athenäum, 1. Bd., 2. St., Berlin 1798, S. 15.

Innovationsvorgänge sind also auf solche Weise auch als ironische begreifbar, ja sie erfordern nahezu eine Methodologie der Ironie, sie sind fast dem Witz verschwistert, der auch überraschend konfrontiert, was herkömmlicherweise noch nie in einem Konnex gesehen wurde (und wodurch neue Konstellationen erkannt werden).

Das Lachen und die Ironie sind mentale Formen des Umgangs mit Prozessen des »Stirb und Werde«.

Also: *Lachen tötet die Macht der Vergangenheit.*

Marburg, 20. Mai 1993   *Steffen Dietzsch*

1 Das Häßliche, das zugleich humorlos ist, fällt leicht ins Lächerliche. So ist der Pedant zugleich humorlos und lächerlich. Alle Pedanterie entspringt der Angst. Wer Menschen beobachtet hat, die später geisteskrank wurden, der wird unter ihnen immer solche gefunden haben, die in ihrem ganzen Gehaben eine pedantische Enge und Abhängigkeit zeigten. In der Art, in der sie eine kleinliche, peinliche Ordnung halten und sich hinter Vorschriften verschanzen, zeigt sich eine mühsame Fassung, eine tiefe Angst vor allem Regellosen und Ungeordneten, die einem freien, großdenkenden Menschen lästig und widrig ist. Der Pedant hat Angst vor der Freiheit. Er bedarf der Formalien als Kranker und hält es für vermessen, an ihnen zu zweifeln. Weil sie für ihn da sind, weil er nicht wagt, ihre Grenzen nachzuprüfen, deshalb kommt er mit dem einzelnen Fall unvermeidlich in Streit und wird durch sein humorloses Streben lächerlich.

2 Die bekannten Verse des Ben Johnson:

> As when some one peculiar quality
> doth so possess a man, that it doth draw
> all his affects, his spirits and his powers,
> in their constructions all to run one way,
> this may be truly said to be a humor

kennzeichnen einen leidenschaftlich-kräftigen Humor, den man zugleich einen exzentrischen nennen kann, wie ja das Verhältnis, aus dem er hervorgeht, ein durchaus exzentrisches ist. Als eine Bestimmung des Humors sind diese Verse nicht gedacht, auch wären sie dafür nicht ausreichend, denn es gibt Humore der wunderlichsten Sorte, und mancher von ihnen sticht gegen den Johnsonschen beträchtlich ab. Johnson bezeichnet indessen deutlich das streitige Verhältnis. Die Provokation liegt darin, daß eine besondere Fähigkeit das gesamte Vermögen eines Mannes beherrscht, ein Mißverhältnis, das dem zu vergleichen ist, bei dem das Pferd mit dem Reiter durchgeht.

3 Der Abbé Galiani bemerkt vor einem seiner Werke: »Es ist höllisch tief, denn es ist hohl und nichts darunter.«

4 In der Tat fehlt dem Vollkommenen jener Reiz, den das Unvollkommene ausübt. Im Unvollkommenen wird uns ein Mangel bewußt, dem wir in Gedanken abzuhelfen versuchen, eine Beschäftigung, die den Geist aufmuntert, da sie mit dem Bewußtsein der Überlegenheit geübt wird. Lächerlich ist es aber, diesen Mangel als einen Vorzug des unvollkommenen Dinges auszulegen, da wir doch nur damit beschäftigt sind, diesen »Vorzug« zu beseitigen.

5 »Der Humor ist eins der Elemente des Genies, aber sobald er vorwaltet,nur ein Surrogat desselben; er begleitet die abnehmende Kunst, zerstört, vernichtet sie zuletzt.« Goethe.

6 »Hat nicht auch«, sagte ich, »der Mephistopheles dämonische Züge?« – »Nein«, sagte Goethe, »der Mephistopheles ist ein viel zu negatives Wesen, das Dämonische aber äußert sich in einer durchaus positiven Tatkraft.«

An einer anderen Stelle der Gespräche mit Eckermann bemerkt Goethe: »daß der Mephistopheles gegen den Homunkulus in Nachteil zu stehen kommt, der ihm an geistiger Klarheit gleicht und durch seine Tendenz zum Schönen und förderlich Tätigen so viel vor ihm voraus hat«.

7 Proudhons »Bekenntnisse eines Revolutionärs« enden mit einer begeisterten Lobrede auf die Ironie, die als Herrin der Wahrheit, als wahre Freiheit, als süße Ironie angesprochen wird. »Süße Ironie! Du allein bist rein, keusch und wahr, du verleihst Anmut der Schönheit und Reiz der Liebe« – Sätze, die den zugleich hitzigen, scharfen und sich überstürzenden Geist Proudhons kennzeichnen. Die Ironie ist mit dem Schönen unvereinbar, und eine ironische Liebe gleicht dem hölzernen Eisen oder jenem berühmten Messer, das weder Klinge noch Griff hat. Wer liebt, der ist von aller Ironie weit entfernt. Bemerkenswert ist, daß diese Apologie im Gefängnis Sainte-Pélagie zu einem Zeitpunkt geschrieben wurde, als das politische Programm Proudhons durch den Bonapartismus vernichtet war.

8 Auf die älteren und neueren Versuche einer physiologischen Erklärung des Lachens (Darwin, Hecker, Bell, Cannon, Carr) kann hier nicht eingegangen werden. Sie müssen notwendigerweise vor dem Problem seiner welthaften Bedeutung versagen.

9 Rocca Cocles, Physiognomiae et Chiromantiae Compendium, 1533.

10 Ribot, Psychologie des sentiments, Paris 1896.

11 Unter den neueren Untersuchungen zum Komischen geht auch Friedrich G. Jünger: Über das Komische, Berlin 1938, vom »Konflikt« aus. Das Komische entwickelt sich in dem Verhältnis des regelmäßig Schönen zum Unregelmäßigen. J. hält sich dabei aber völlig von derartigen Versuchen einer psychologischen Festlegung der Komik frei. Auch bei ihm ist das Problem wesentlich ein welthaftes, und das zeichnet diese Arbeit philosophisch aus, die an die besten Traditionen der deutschen Klassik anknüpft (Lessing, Lichtenberg u. a.).

12 Not nennt's der Grollende,
   Der Narr nennt's Spiel.
   Weltspiel das herrische
   Mischt Sein und Schein.
   Das Ewig Närrische
   Mischt uns hinein.

   (Nietzsche, Lieder des Prinzen Vogelfrei)

13 Vgl. Aristoteles, Ars Poet c. 5.: τὸ γὰρ γελοῖόν τι ἐστι ἁμάρτημά τι καὶ αἰσχρος ἀνώδυνον καὶ οὐ φθαρτικόν, auf dieser Linie auch Lessings Begriff der »unschädlichen Häßlichkeit« (Laokoon 23).

14 Vgl. Ästhetik, S. 104, und Erwin, S. 252.

15 Zum humoristischen Problem des Don Quijote vgl. u. a. M. Kommerel in: Neue Rundschau, Jg. 49, H. 3, 1938.

16 Unter diesem Gesichtspunkt hat W. Krauß in einer tiefgreifenden Arbeit Molière interpretiert (Molière und das Problem des Verstehens in der Welt des 17. Jahrhunderts, in: Zs. f. Deutsche Geisteswiss. 1, 2, S. 142 ff., 1938). Was diese Untersuchung auszeichnet, ist das Verständnis für den totalen Sinn des Komischen. Molière, heißt es da, »führt den Natürlichkeitsanspruch der Gesellschaft in seinen Voraussetzungen ad absurdum und bahnt ... die Einsicht an, daß eine auf Reflexion gegründete Gesellschaft unnatürlich ist«. Das Ausweichen in die Reflexion ist das notwendige Verhalten einer solchen Gesellschaft und zugleich das Element ihrer Substanzlosigkeit, das in der Komik ausgespielt wird. Damit trifft das Komische über die Erscheinungen des reflektierten Daseins die Substanz der Lebenswelt selbst. Molière konnte diese Substanzlosigkeit und Nichtigkeit verstehen, weil er selbst nicht in sie eingefügt war und in einer Gemeinschaft des »Einvernehmens« den Hintergrund fand, gegen den sich das vordergründige Wesen der Gesellschaft überhaupt in der Weise des komisch Nichtigen abheben konnte. Auf diese Arbeit sei ganz besonders nachdrücklich verwiesen.

17 Die Rolle, die für die Erinnerung in diesem Sinn dem Grotesken zufällt, hat R. Petsch sichtbar gemacht (Das Groteske, in:
Bl. f. D. Ph. VII, H. 5, 1933).

18 Ewald Hecker, *Die Physiologie und Psychologie des Lachens und
des Komischen*, Berlin, 1873, hat dem Mechanismus des Kitzels
eingehende Betrachtung gewidmet. »Es zeigte sich, daß das
Lachen infolge des Kitzels einerseits … auf einer weisen Vor-
sorge der Natur beruhend, bestimmte materielle Aufgaben er-
fülle, andererseits aber auch das Lachen über komische Vorstellungen mit derselben Notwendigkeit eintreten müsse,
indem das Komische bei seiner Einwirkung auf unser Gemüt
(psychologisch nachweisbar) dieselben organischen Veränderungen hervorruft wie der Kitzel. Ganz Ähnliches gilt vom Weinen (resp. Schreien), sofern es durch körperlichen Schmerz
und psychische Rührung, vom Gähnen, sofern es durch körperliche Abspannung und Langeweile entsteht« (S. 6). Dieselben organischen Veränderungen sieht Hecker in Schwankungen des Blutdrucks im Gehirn, die nach seiner Meinung zu
einer Gefahr für dessen normales Funktionieren werden könnten, wenn nicht der zweckmäßige Reflex des Lachens durch
dessen rhythmische Ausatmungsbewegungen die Druck-
schwankungen kompensierte. Ausgehend von der These, die
intermittierende Hautreizung des Kitzels habe eine intermittierende Sympathicusreizung, diese eine intermittierende
Kontraktion der Gehirngefäße mit entsprechenden Druck-
schwankungen im Gehirn zur Folge, sucht Hecker im »Komischen«, dem anderen Auslösungsmoment des Lachens, eine
analoge Struktur. Er sieht sie in dem gleichzeitigen Ausgelöst-
werden gleich starker angenehmer und unangenehmer Gefühle. Gestützt auf das bekannte Phänomen des Wettstreits der
Sehfelder und des Glanzes – als eines sehr beschleunigten Wettstreits – glaubte er sich zu dem Satz berechtigt (S. 80): »Das
Komische ist ein Mischgefühl eigentümlicher Art; wie beim
Glanze kommen die einzelnen Komponenten in so schnellem
Wechsel hintereinander zur Wirkung, daß wir scheinbar ein
einheitliches Gefühl vor uns haben.« So gewinnt er den Anschluß an die Kant-Vischersche Auffassung vom Wesen des
Lächerlichen als einem schnellen Hin- und Herschwanken zwischen Lust und Unlust, um schließlich das Komische (als den
Inbegriff des »Lächerlichen«) als eine intermittierende, rhyth-
misch unterbrochene, freudige Gefühlserregung anzuspre-
chen, die – überraschend eintretend – eine intermittierende

Sympathicusreizung erwarten läßt und den Schutzmechanismus des Lachens wie beim Hautkitzel rechtfertigt.

Es bietet heute keine Schwierigkeiten mehr, die Unhaltbarkeit der physiologischen und psychologischen Stützen an Heckers Theorie nachzuweisen. Trotzdem verdient sie noch immer unsere Aufmerksamkeit. Denn sie versucht doch zumindest, das Lachen als Reaktion zu begreifen, die Vielfalt ihrer körperlichen und seelisch-geistigen Auslösungsmöglichkeiten vor Augen. Wenn sie dabei den exemplarischen Fehler begeht, die zwangsmäßige Antwortreaktion auf den Kitzelreiz, das Kichern, mit dem echten Lachen zu verwechseln, so sieht sie doch die Frage des durch alle Auslösungsmöglichkeiten hindurchgehenden auslösenden Moments. Auf die sie freilich eine zu direkte und zu konstruierte Antwort gibt. Darüber hinaus ist ihre physiologische Auffassung des Lachens als eines Schutzreflexes auch heute noch des Nachdenkens und der Nachprüfung wert. Bei allem prinzipiellen Bedenken gegen die Auffassung physiologischer Funktionen als zweckmäßiger Reflexe, des Lachens im besonderen: es ist besser, das Phänomen überhaupt in einen sinnvollen Verband zu bringen und irgendeinen Weg zur experimentellen Nachprüfung anzugeben, als sich mit angeblicher Unverständlichkeit zu beruhigen. Vgl. auch J. v. Kries, *Vom Komischen und vom Lachen*, Arch. für Psychiatrie u. Nervenkrankheiten (Festschr. f. A. Hoche), Berlin 1925, S. 241 ff.

19 Die Formel Buytendijks in seinem *Het spel van mensch en dier als openbaring van levensdriften* (deutsche Ausgabe: Wesen und Sinn des Spiels, Berlin 1933), der besten Analyse des Spiels, die wir besitzen.

20 S. Hochfeld, *Der Witz*, Potsdam/Leipzig 1920. Auseinandersetzung mit der Literatur, die man bei Jünger vermißt, findet sich hier überreichlich. Übersichtlicher bei F. Jahn, *Das Problem des Komischen in seiner geschichtlichen Entwicklung*, Potsdam 1904.

21 Als solche behandelt den Witz Andre Jolles in *Einfache Formen*, Halle 1930.

22 Nach der Frankfurter Zeitung vom 13. 8. 1938, Nr. 409.

23 Vgl. K. Fischer, *Über den Witz*, Heidelberg 1889. Einen neuen Versuch zur Ordnung der Witzarten macht Albert Wellek, *Zur Theorie und Phänomenologie des Witzes.*

24 S. Freud, *Der Witz und seine Beziehung zum Unbewußten*, Wien 1905.

25 Th. Reik, *Lust und Leid im Witz*, hat die Freudsche Theorie wei-

ter ausgebaut. Er findet das Wesen des Witzes in einer zweifachen Überraschung: »Wir lachen sowohl darüber, wie er etwas sagt, als auch darüber, was er sagt. Jene zweite Wirkung wird durch die erste ermöglicht« (S. 101). Dieses Prinzip der zweifachen Überraschung gilt auch für den tendenziösen Witz, da die Überraschung beim Wortspiel der Ausdruck eines Staunens über eine ungewohnte Freiheit der Gedanken- und Wortbehandlung darstellt, deren Lustquelle seit unserer Kinderzeit verschüttet ist. Dieser formale Zug des witzigen Ausdrucks begründet jedoch nicht seine volle Wirkung, er bedingt allein die sogenannte Vorlust, während die Endlustwirkung durch den Inhalt der witzigen Aussage bedingt wird. Reik folgt hierin Freud, daß an diesem Punkte die formale Ästhetik und Psychologie versagt, vor allem, wenn sie unter Berufung auf Kant oder Vischer die Überraschung im Witz als eine Enttäuschung ansieht, zustande gekommen durch die plötzliche Verwandlung einer Erwartung in Nichts oder eine Auflösung in ein unendlich Kleines. In der Tat resultiert nach Reik die Lust am Witz aus einer plötzlichen Aufhebung von Hemmungsaufwand. Der Hemmungsaufwand beruht auf dem Tabu bestimmter Gedanken, Vorstellungen, Gefühle, Triebregungen, die nicht ins Bewußtsein kommen sollen, und die Überraschung enthüllt sich als plötzliches Wiedererkennen eines Altbekannten, aber Unbewußtgewordenen. Das Wesentliche der Witzwirkung ist nicht etwa eine Enttäuschung, wie die Ästhetiker dekretieren, sondern geradezu eine Bestätigung einer unbewußten Erwartung. Der Einbruch, den die witzige Aussage durch ihren Inhalt vollzieht, erschreckt den Hörer und weckt damit in ihm die mit dem ursprünglichen Tabu verbundene Angst. »Die Überraschung des Witzes ist also in einem tieferen Sinne, als wir zuerst angenommen haben, eine zweifache: sie hat den Charakter eines doppelten Schocks. Die erste Überraschung bezieht sich auf die endopsychische Wahrnehmung der unbewußten Triebregungen, die im Witz zum Ausdruck gelangen, die zweite auf das Auftauchen jener alten Gewissensangst, deren Wirkung der Gedankenschreck ist. Dem plötzlichen Triebandrang folgt ebenso plötzlich die reaktive Angst, wie wenn es sich um eine Triebgefahr handelte. Die Bewältigung dieser Angst vertieft nun in ungeahnter Art die Befriedigung an dem Triebausdruck, den der Witz darstellt. Wir beginnen hier zu begreifen, wie ernsthaft der Witz ist und wieviel von seiner Lust daher stammt, daß man an einem Abgrund und sozusagen mit heiler Haut vorbeigekommen ist. Es dämmert uns hier eine Ahnung davon, wie sehr alle menschliche Lust durch die Angst gehemmt wird« (S. 112).

Was die Reaktion des Lachens betrifft, übernimmt Reik Freuds Auffassung, daß der Hörer des Witzes mit dem Betrag von psychischer Energie lache, der durch die Aufhebung der Hemmungsbesetzung frei geworden ist. Für ihn ist das Lachen Ausdruck der manischen Stimmung, welche aus der Bewältigung der Angst und dem freien Triebausdruck resultiert, und der Wirkung zu vergleichen, die der Schrecken für den traumatischen Neurotiker hat: »Im Zittern und in den anderen Symptomen bewältigt dieser nachträglich den übergroßen Reizansturm, der im Augenblick den seelischen Apparat überschwemmt hat. Indem diese Neurotiker in ihren Symptomen die übergroße Angst darstellen, holen sie gleichsam ihre Abfuhr nach; sie ›zittern‹ sie ab« (S. 113).

Zweifellos bedeutet die psychoanalytische Theorie gegenüber den Erklärungen nach formalen Prinzipien wie Verblüffung und Erleuchtung (Heymans) oder Stauung und Entladung (Lipps) einen Fortschritt. Doch scheint sie uns in der Berufung auf durchgängig unbewußt gewordene seelische Wirklichkeit bisweilen über das Ziel hinauszuschießen. Unbedingt zuzugeben ist, daß die Stärke der Wirkung von der Stärke der Tendenz und dem Reichtum der Tiefe dessen abhängt, worauf der Witz anspielend zielt. Die Witzigkeit selbst hängt davon nicht ab, wie übrigens gerade Freud und Reik selbst scharf betonen. Will man von psychoanalytischer Seite die Begrenztheit unserer Anschauung darin sehen, daß wir die Wirkung des Witzes auf den Vorlustbereich einschränken, so müssen wir uns damit zufriedengeben, ohne daß wir freilich die wesentliche Bedeutung jener Tabugebiete übersehen, in die er vielfach einbricht. Nur bestreiten wir, daß die Figur des Witzes überhaupt als Anlaß des Lachens aus der Mechanik von Verdrängung usw. zu verstehen ist.

26 Aus der spärlichen Literatur zu dieser Frage vgl. W. Hellpach, *Vom Ausdruck der Verlegenheit. Ein Versuch zur Sozialpsychologie der Gemütsbewegungen*, und H. J. F. W. Brugmans, *Die Verlegenheit, ihre Erscheinungen und ihr konstitutioneller Grund*.

27 G. Ryle, Der Begriff des Geistes. Stuttgart 1969, S. 13 ff., 19 ff., passim.

28 H. Diels / W. Kranz, Die Fragmente der Vorsokratiker. Berlin/Dublin [7]1954, Protagoras 80 A 1, A 4.

29 A. Schopenhauer, Die Welt als Wille und Vorstellung. I. Band, § 13 (= Werke in zehn Bänden, Zürcher Ausgabe [zit.: ZA]. Zürich 1977, I, S. 96.

30 ZA III, S. 111.

31 L.c.

32 L.c., S. 114 f.

33 L.c., S. 109.

34 § 54 der »Kritik der Urteilskraft« von 1790.

35 L.c., B 226 f.

36 Poetik, 1449 a 33 f.

37 Jean Paul, Vorschule der Ästhetik, I. Abteilung, VI. Programm, § 28: »Untersuchung des Lächerlichen«. In: Ders., Werke in zwölf Bänden, hrsg. von N. Miller, München 1975, Bd. 9, S. 109 ff.

38 L.c., S. 114 unten.

39 L.c., S. 110.

40 L. Tieck, Das Buch über Shakespeare. Handschriftliche Aufzeichnungen von Ludwig Tieck, hrsg. von H. Lüdeke, Halle 1920 [zit.: BüSh].

41 Vgl. M. Frank, Das Problem »Zeit« in der deutschen Romantik, 1. Aufl., München 1972, 2. Aufl. München–Paderborn–Wien 1990, S. 300 ff.

42 BüSh, S. 18.

43 Novalis, Schriften, hrsg. von R. Sammel u. a., Stuttgart 1965 ff. II. Band, S. 106, Nr. 2, Z. 4 [zit.: NS].

44 L.c., S. 199, Nr. 282; S. 150, Nr. 98.

45 F. W. J. Schellings sämtliche Werke, hrsg. von K. F. A. Schelling, Stuttgart 1856–1861, Bd. I/5, S. 712 f. [zit.: SW].

46 Das war übrigens auch Henri Bergsons Überzeugung. In »Le rire. Essai sur la signification du comique« (von 1900, Paris: PUF, 1940, S. 80) sagt er: »Ce qu'il y a de risible dans un cas comme dans l'autre, c'est une certaine raideur de mécanique là où l'on voudrait trouver la souplesse attentive et la vivante flexibilité d'une personne.«

47 BüSh, S. 18.

48 L.c., S. 19.

49 L.c., S. 21.

50 Ludwig Tiecks nachgelassene Schriften, hrsg. von R. Köpke, Leipzig 1855, Bd. I, S. 80.

51 Phantasus, hrsg. von M. Frank, Frankfurt a. M. 1985, S. 532.

52 L.c., S. 532/3.

53 BüSh, S. 298.

54 Phantasus (wie Anm. 51), S. 410 f.

55 L. c., S. 642.

56 L. c., S. 510.

57 F. W. J. Schelling, Philosophie der Offenbarung 1841/42, hrsg. von M. Frank. Frankfurt a. M. 1977, S. 65 ff.

58 Phantasus (wie Anm. 51), S. 1188 im Kontext; Ludwig Tiecks Schriften, Berlin 1828–1854, Bd. 6, S. XXVIII f.

59 J. Veldtrup, Friedrich Schlegel und die jüdische Geistigkeit. In: »Zeitschrift für Deutschkunde« 52 (1938), H. 7, S. 409. Vgl. auch W. Linden, Umwertung der deutschen Romantik. In: »Zeitschrift für Deutschkunde« 47 (1933), H. 2, S. 65–91.

60 H. Heine, Die romantische Schule, Zweites Buch, II. Kapitel, 1. Abschn., Kritische Ausgabe, hrsg. von H. Weidmann, Stuttgart 1976, S. 75 f.

61 Ludwig Tiecks Schriften, Berlin 1828–1854, Bd. 6, S. XXVII f.

62 Kritische Friedrich-Schlegel-Ausgabe, hrsg von E. Behler u. a., München–Paderborn–Wien 1956 ff., Bd. XII, S. 334 [zit.: KA].

63 Vgl. KA X, S. 550.

64 NS II, S. 177, Z. 10/11.

65 NS II, S. 179, Z. 17 ff.; vgl. 269 f., Nr. 566.

66 KA II, S. 160, Nr. 108.

67 Ludwig Tiecks Schriften (wie Anm. 61), Bd. 10, S. 96.

68 KA II, S. 200, Nr. 220.

69 KA XVIII, S. 128, Nr. 76.

70 Phantasus (wie Anm. 51), S. 546 f.

71 K. W. F. Solgers nachgelassene Schriften und Briefe, hrsg. von L. Tieck und F. v. Raumer, Leipzig 1826, Bd. II, S. 387.

72 KA, S. 173, Nr. 53.

73 L. c., S. 263, Nr. 74.

74 NS III, S. 601, Nr. 291.

75 L. c. II, S. 288 f., Nr. 648.

76 KA XII, S. 321.

77 L. c. II, S. 240, Nr. 412.

78 L. c., XIII, S. 18.

79 L. c., XVIII, S. 83, Nr. 647.

80 NS III, S. 471, Nr. 1112.

81 Phantasus (wie Anm. 51), S. 81.

82 L. Tieck, Erinnerungen aus dem Leben des Dichters, Leipzig 1855, Bd. 2, S. 250.

83 R. Musil, Gesammelte Werke, hrsg. von A. Frisé, Reinbek bei Hamburg 1978, Bd. 2, S. 650; 5, 1936.

84 L. c. 4, S. 1129, 1198.

85 L.c. 6, S. 300.
86 L.c. 6, S. 306.
87 L.c. 6, S. 393.
88 L.c. 5, S. 1664.
89 L.c. 6, S. 330.
90 L.c. 6, S. 172.
91 L.c. 6, S. 190.
92 L.c. 5, S. 1745.
93 L.c. 4, S. 1025; vgl. 3, S. 956 f.
94 L.c. 5, S. 1748 f., vgl. S. 1767.
95 L.c. 5, S. 1834.
96 L.c. 5, S. 1879.
97 Ludwig Tiecks Schriften (wie Anm. 61), Bd. 9, Berlin 1828, S. 193.
98 L.c. Bd. 16, Berlin 1843, S. 336.

ZU DEN AUTOREN

Allen, Woody (Allen Stewart Konigsberg; geb. 1.12.1935 in New York): Schauspieler, Schriftsteller und Filmregisseur (seit 1969); u.a. »Wie du dir, so ich mir« (1971, dt. 1978) und Filme wie »Bananas« (1970), »Manhattan« (1979), »The Purple Rose of Cairo« (1985).

Bergson, Henri (18.10.1859 Paris – 4.1.1941 Paris): Professor für Philosophie am Collège de France (seit 1890); u.a. »Zeit und Freiheit« (1889, dt. 1911), »Das Lachen« (1900; dt. 1914), »Die zwei Quellen der Moral und der Religion« (1932, dt. 1933).

Dietzsch, Steffen (geb. 21.8.1943 in Chemnitz): Professor für Philosophie Berlin (1989), seit 1991 Marburg; u.a. »Dimensionen der Transzendentalphilosophie« (1990)

Dürrenmatt, Friedrich (5.1.1921 Konolfingen bei Bern – 14.12.1990 Neuchâtel): einer der bedeutendsten Prosaschriftsteller und Dramatiker deutscher Sprache; u.a. »Der Besuch der alten Dame« (1956), »Die Physiker« (1962), »Justiz« (1985), »Minotaurus« (1987), »Werkausgabe« (30 Bde., 1980 ff.), »Gesammelte Werke in sieben Bänden« (1988).

Frank, Manfred (geb. 22.3.1945 in Wuppertal): Professor für Philosophie in Genf (1981) und Tübingen (seit 1986); »Der kommende Gott« (1982), »Einführung in die frühromantische Ästhetik« (1989), »Stil in der Philosophie« (1992), »Conditio moderna« (1993).

Frisch, Max (15.5.1911 Zürich – 3.4.1991 Zürich): Architekt (seit 1942) und freier Schriftsteller (seit 1955); u.a. »Stiller« (1954), »Homo Faber« (1957), »Andorra« (1961), »Mein Name sei Gantenbein« (1964), »Gesammelte Werke in zeitlicher Folge« (7 Bde., 1976 ff.).

Jünger, Friedrich Georg (1.9.1898 Hannover – 20.7.1977 Überlingen am Bodensee): Schriftsteller und Essayist, Bruder von Ernst Jünger (geb. 1895); u.a. »Über das Komische« (1936), »Perfektion der Technik« (1946), »Spiegel der Jahre« (1958), »Werke« (4 Bde., 1985 ff.).

Marquard, Odo (geb. 26. 2. 1928 in Stolp): Professor für Philosophie in Gießen (seit 1965), 1982/83 Fellow am Wissenschaftskolleg in Berlin, 1991/92 Vorsitzender der Kommission für Philosophie zur Neuordnung der Hochschulen im Land Thüringen; u. a. »Schwierigkeiten mit der Geschichtsphilosophie« (1974), »Apologie des Zufälligen« (1986), »Aestetica und Anaesthetica« (1989).

Nietzsche, Friedrich (15. 10. 1844 Röcken bei Lützen – 25. 8. 1900 Weimar): Professor für Philologie in Basel (1869–1879), dann Privatgelehrter auf Reisen (Schweiz, Oberitalien, Südfrankreich, gelegentlich Thüringen), seit 1889 manifeste Psychose; u. a. »Menschliches, Allzumenschliches« (1878/80), »Morgenröthe« (1881), »Die fröhliche Wissenschaft« (1882), »Also sprach Zarathustra« (1883/91), »Der Fall Wagner« (1888), »Ecce homo« (1888, ed. 1908), »Werke. Kritische Gesamtausgabe« (8 Abt., 1967 ff.), »Briefwechsel. Kritische Gesamtausgabe« (3 Abt., 1975 ff.), »Sämtliche Briefe« (8 Bde., 1986), »Sämtliche Werke« (15 Bde., 1988).

Plessner, Helmut (4. 9. 1892 Wiesbaden – 12. 6. 1985 Göttingen): Professor für Philosophie in Köln (1921–1933), Emigration nach Groningen/Niederlande (1934–1952), danach Göttingen (bis 1962); »Die Stufen des Organischen und der Mensch« (1928), »Das Schicksal deutschen Geistes in Ausgang der bürgerlichen Epoche« (1935; erw. Neuausgabe u. d. T. »Die verspätete Nation« 1959), »Lachen und Weinen« (1941), »Gesammelte Schriften« (10 Bde., 1980 ff.).

Ritter, Joachim (3. 4. 1903 Geesthacht – 3. 8. 1974 Münster): Professor für Philosophie in Kiel (1943), Münster (seit 1946) und Istanbul (1953/54); »Historisches Wörterbuch der Philosophie« (1971 ff.), »Subjektivität« (1974).

Tabori, George (geb. 24. 5. 1914 in Budapest): Schriftsteller und Theaterregisseur, 1946–1970 USA, 1971–1986 Berlin, seitdem Wien; u. a. »Mein Kampf« (1987), »Betrachtungen über das Feigenblatt« (1991).

Valentin, Karl (Valentin Ludwig Fey; 4. 6. 1882 München – 9. 2. 1948 München): Schriftsteller, Kabarettist und Filmemacher, seit 1913 gemeinsam mit Lisl Karlstadt; »Sämtliche Werke in 8 Bdn.« (1991 ff.).

WEITERFÜHRENDE LITERATUR

Die Titel des Quellenverzeichnisses sind hier nicht noch einmal aufgeführt.

Allemann, B., Ironie und Dichtung, Pfullingen 1956.

Bachtin, M., Literatur und Karneval. Zur Romantheorie und Lachkultur, München 1969.

Baudelaire, Ch., Vom Wesen des Lachens [1855]. In: Sämtliche Werke/Briefe. In acht Bänden, hrsg. von F. Kemp und Cl. Pichois, München 1977, Bd. 1, S. 284–305.

Behler, E., Klassische Ironie, romantische Ironie, tragische Ironie. Zum Ursprung dieser Begriffe, Darmstadt 1972.

Bohrer, K. H., Über die Rettung der Ironie. In: die tageszeitung 15 (1993) vom 20. 3. 1993.

Borew, J., Über das Komische, Berlin 1960.

Breton, A., Anthologie des Schwarzen Humors [1940], München 1971.

Brüggemann, F., Die Ironie als entwicklungsgeschichtliches Moment, Jena 1909.

Brummach, J., Zu Begriff und Theorie der Satire. In: Deutsche Vierteljahrsschrift f. Literaturwissenschaft und Geistesgeschichte [abgek.: DVjs] 45 (1971), S. 275–377.

Caysa, V., Die Hermeneutik des Anderen beruft ihre Existentiale. I. Das Lachen – Ein anderer Bericht an eine Akademie. In: Zeitschrift der Leipziger Gesellschaft für Philosophie und Kultur 2 (1991), Nr. 2, S. 4–15.

Deuchler, F., Ironie als Gestaltungsprinzip [zu Lyonel Feininger]. In: Neue Zürcher Zeitung (1992) vom 5. 6. 1992, Fernausgabe Nr. 128.

Dierkes, H., Ironie und System [zu Friedrich Schlegel]. In: Philosophisches Jahrbuch 97 (1990), S. 251–276.

Dietzsch, St., ›Nichts geht doch über das Lachen‹ [zu den Nachtwachen des Bonaventura]. In: Weimarer Beiträge 38 (1992), H. 3, S. 419–429.

Dietzsch, St., Von der Rückseite des Werdens oder: Die Komik des Zerfalls. In: spectrum 21 (1990), H.12, S.46.

Ernst, F., Die romantische Ironie, Zürich 1915.

Ferguson, K.E., Politischer Feminismus und Dekonstruktionstheorien. In: Das Argument 34 (1992), H.6 [d.i. Nr.196], S.873–885.

Fraenger, W., Komische Bibliothek, hrsg. von I.Baier-Fraenger, Amsterdam 1992.

Freud, S., Der Witz und seine Beziehung zum Unbewußten, Wien 1905.

Gönner, G., Vom ›Wahr-Lachen‹ der Moderne [zu Karl Valentin]. In: Deutsche Zeitschrift f. Philosophie 38 (1990), H.12, S.1202–1210.

Greco-Kaufmann, H., Kampf des Karneval gegen das Fasten. In: Euphorion 86 (1992), S.319–332.

Groys, B., ›Die Welt in der wir leben ist viel, viel ironischer als alle Witze, die wir denken können‹. Interview mit Boris Groys. In: kritische berichte 21 (1993), H.1, S.7–17.

Hirsch, S.R., Die jüdische Heiterkeit [1856]. In: Gesammelte Schriften, Frankfurt a.Main 1902, Bd.1, S.471–480.

Homann, U., Der Witz als Waffe. [Zur jüdischen Tradition]. In: Tribüne 32 (1993), H.126, S.179–187.

Hübl, M., Versuch über den Humor in der Schweizer Kunst. In: Kunstforum, Bd.121 [Kunst & Humor II], 1993, S.148–158.

Japp, U., Theorie der Ironie, Frankfurt a.Main 1983.

Jaspersen, M., Über allem ein Hauch von Sake [zum Lachfest in Japan]. In: Die Zeit, Nr.6 vom 5.2.1993, S.67.

Jocks, H.-N., Das amerikanische Lachen oder vom Nutzen und Nachteil der Komik für das Leben. In: Kunstforum, Bd.121, a.a.O., S.64–121.

Joël, K., Wandlungen der Weltanschauung, Tübingen 1928 [bes. S.649ff.].

Kamper, D., und Ch.Wulf; Lachen – Gelächter – Lächeln. Reflexionen in 3 Spiegeln, Frankfurt a.Main 1986.

Kierkegaard, S., Über den Begriff der Ironie mit ständiger Rücksicht auf Sokrates [1841], hrsg. von E. Hirsch und H. Gerdes, Gütersloh 1991.

Das Komische. Hrsg W. Preisendanz und R. Warning, München 1976 [Poetik und Hermeneutik VII].

Kraetke, R., Schopenhauer lacht. In: prima philosophia 6 (1993), H. 2, S. 195–204.

Kundera, L., Versuch, Charlie Chaplin zu loben. In: Sinn und Form 13 (1961), S. 471–474.

Kunnas, T., Nietzsches Lachen, München 1982.

Laforgue, J., Moralités Légendaires [1887], deutsch u. d. T.: Sagenhafte Sinnspiele, Berlin/Stuttgart/Leipzig 1905, und Hamlet oder Die Folge der Sohnestreue, Frankfurt a. Main 1981.

Lec, St. J., Alle unfrisierten Gedanken, hrsg. von K. Dedecius, Frankfurt a. Main, Wien, Olten 1983.

Moser, D.-R., Lachkultur des Mittelalters? Bachtin und die Folgen seiner Theorie. In: Euphorion 84 (1990), S. 89–111.

Musa iocosa. Arbeiten über Humor und Witz, Komik und Komödie der Antike. Andreas Thierfelder zum 70. Geburtstag, hrsg. von U. Reinhardt und K. Sallmann, Hildesheim/New York 1974.

Müller, J., Das Wesen des Humors, Leipzig 1896.

Neunzig, H. A., Lache, Bajazzo. In: Frankfurter Allgemeine Zeitung. Magazin, Nr. 593 vom 12. 7. 1991.

Oesterle, G., Das Komischwerden der Philosophie in der Poesie [zu Büchner]. In: Büchner-Jahrbuch, Bd. 3 (1983), S. 200–240.

Paulsen, Fr., Das Ironische in Jesu Stellung und Rede. Anhang zu Fr. P., Schopenhauer, Hamlet, Mephisto, Stuttgart 1900, S. 261–284.

Paulos, J. A., Ich lache, also bin ich, Frankfurt a. Main und New York 1988.

Pirandello, L., Der Humor. Essay, Mindelheim 1986.

Preisendanz, W., Das Komische. In: Historisches Wörterbuch der Philosophie, hrsg. von J. Ritter und K. Gründer, Basel/Stuttgart 1976, Bd. 4, Sp. 889–893.

Raap, J., Der Hang zum Skurrilen. Humor in der belgischen und niederländischen Kunst. In: Kunstforum, Bd. 121, a. a. O., S. 136–147.

Ritzel, W., Kant über den Witz und Kants Witz. In: Kant-Studien 82 (1991), H. 1, S. 102–109.

Rommel, O., Die wissenschaftlichen Bemühungen um die Analyse des Komischen. In: DVjs 21 (1943), S. 161–193.

Rorty, R., Kontingenz, Ironie und Solidarität, Frankfurt a. Main 1989.

Scheier, C.-A., Klassische und existentielle Ironie: Platon und Kierkegaard. In: Philosophisches Jahrbuch 97, a. a. O., S. 238 bis 250.

Schmiedinger, H. M., Ironie und Christentum. In: Philosophisches Jahrbuch 97, a. a. O., S. 277–296.

Schmitz-Stevens, G., Heiterkeit kontra Metaphysik [zu Boris Blacher]. In: Der Tagesspiegel, Nr. 14 432 vom 8. 1. 1993.

Seibert, R., Satirische Empirie, Würzburg 1981.

Spencer, H., The Physiology of Laughter [1860]. Essays, Bd. 2, London 1901.

Stern, A., Philosophie des Lachens und Weinens, Wien/München 1980.

Villon-Lechner, A., Der Witz der Ohnmacht [zu Dorothy Parker]. In: Neue Zürcher Zeitung (1991) vom 27. 9. 1991, Fernausgabe Nr. 223.

Voeltzel, R., Das Lachen des HERRN. Über die Ironie in der Bibel, Hamburg 1961.

Wefel, Cl., Geometrie und Ironie [zu Francois Morellet]. In: Frankfurter Allgemeine Zeitung vom 9. 4. 1991, Nr. 82.

QUELLEN- UND RECHTSNACHWEIS
(in der Abfolge der Texte)

Friedrich Nietzsche, Aphorismen zum Lachen. In: F. N., Sämtliche Werke, Kritische Studienausgabe in 15 Bänden, hrsg. von Giorgio Colli und Mazzino Montinari, München 1988 [abgek. KSA], und F. Nietzsche, Sämtliche Briefe, Kritische Studienausgabe in 8 Bänden, hrsg. von Giorgio Colli und Mazzino Montinari, München 1986 [abgek. KSB]
Nr.1 (KSA, Bd.11, S.432), Nr.2 (KSA, Bd.2, S.157f.), Nr.3 (KSA, Bd.2, S.174), Nr.4 (KSA, Bd.2, S.259), Nr.5 (KSA, Bd.2, S.330), Nr.6 (KSA, Bd.2, S.466), Nr.7 (KSA, Bd.2, S.548f.), Nr.8 (KSA, Bd.2, S.626), Nr.9 (KSA, Bd.2, S.646), Nr.10 (KSB, Bd.7, S.127), Nr.11 (KSA, Bd.3, S.345f.), Nr.12 (KSA, Bd.3, S.371f.), Nr.13 (KSA, Bd.3, S.506), Nr.14 (KSA, Bd.12, S.156f.), Nr.15 (KSA, Bd.3, S.504), Nr.16 (KSA, Bd.4, S.202), Nr.17 (KSA, Bd.4, S.364), Nr.18 (KSA, Bd.4, S.367f.), Nr.19 (KSA, Bd.10, S.422), Nr.20 (KSA, Bd.10, S.435), Nr.21 (KSA, Bd.5, S.157), Nr.22 (KSA, Bd.6, S.66), Nr.23 (KSA, Bd.10, S.576f.), Nr.24 (KSA, Bd.11, S.540), Nr.25 (KSA, Bd.11, S.571), Nr.26 (KSA, Bd.13, S.417), Nr.27 (KSA, Bd.13, S.532f.), Nr.28 (KSB, Bd.8, S.82), Nr.29 (KSB, Bd.8, S.577), Nr.30, (KSA, Bd.10, S.629), Nr.31 (KSA, Bd.10, S.449). Die Orthographie wurde geltenden Regeln behutsam angeglichen.

Henri Bergson, Das Lachen, 1. Kap. © 1972 by Verlags AG Die Arche, Zürich.

Friedrich Georg Jünger, Über das Komische, Hanseatische Verlagsanstalt, Hamburg 1936, S. 59–86.
© Vittorio Klostermann, Frankfurt am Main 1948.

Joachim Ritter, Über das Lachen. In: J. R., Subjektivität. BS 379, © Suhrkamp Verlag Frankfurt am Main 1976, S. 62–92.

Helmut Plessner, Anlässe des Lachens, aus: Lachen und Weinen. In: H. P., Gesammelte Schriften, hrsg. von G. Dux, O. Marquard und E. Ströker, Bd. 7, © Suhrkamp Verlag Frankfurt am Main 1984, S. 277–332.

Karl Valentin, Der Zufall. In: K. V., Gesammelte Werke in einem Band, hrsg. von M. Schulte, © Piper Verlag München, Zürich 1986, S. 316–319.

Friedrich Dürrenmatt, Cop (Freiheit als ironischer Begriff) und Selbstgespräch. In: F. D., Gesammelte Werke in sieben Bänden, hrsg. von F. J. Görtz, Bd. 7, © Diogenes Verlag, Zürich 1988, S. 264–269 und S. 701–704.

Manfred Frank, Vom Lachen. In: Einem Phänomen auf der Spur, Attempto, Tübingen 1992, S. 211–231.

Woody Allen, Meine Ansprache an die Schulabgänger. In: W. A., Nebenwirkungen, © Rogner und Bernhard, München 1981, S. 71–77.

George Tabori, Spiel und Zeit. In: G. T., Betrachtungen über das Feigenblatt. Carl Hanser Verlag München 1989, S. 13–23.

Max Frisch, Fragebogen V. In: M. F., Fragebogen, © Suhrkamp Verlag Frankfurt am Main 1992, S. 37–42.

ZU DIESER AUSGABE

Wie gehen wir mit unseren Obsessionen um? Daß wir sie je los würden, ist kaum zu erwarten; höchstens wechselt der Gegenstand der Begierde.

Also: man versuche – natürlich nur, wer just sich betroffen fühlt – seine Schwächen zu begreifen und mit ihnen, nicht gegen sie, zu leben.

Die vorliegenden Texte geben dazu – je verschieden – Denkhilfe; dies nun mündet bei allen, so unterschiedlich immer die Logik ihrer Rede sein mag, ein ins *Lachen*.

Das aber scheint mir einen Umgang [kein »Aufarbeiten«!] mit Geschichte, d. i. mit den ganz verschiedenen Erinnerungen und Geschichten zu ermöglichen, ohne daß wir wieder im Blick auf je konkretes Menschenleben, z. B. dem Personalakten-Wahn eines »Wissen-wie-es-mit-UNS-eigentlich-gewesen-sei«, obliegen. Kurz: daß wir uns nicht länger nach jener ominösen »objektiven Wahrheit« sortieren lassen in die Redlich-Reinen (die das von sich selber glauben) und die anderen (die daran glauben sollen), denn: »Das Kollektiv der Lacher parodiert die Menschheit« (Max Horkheimer/Theodor W. Adorno, Dialektik der Aufklärung).

Unsere Auswahl präsentiert – aus der Sicht des Herausgebers – bemerkenswerte, nicht repräsentative, *Texte zum Lachen* und zum *Verstehen des Lachens*. Dabei werden nur Texte aus unserer Gegenwart (seit Nietzsche) berücksichtigt; der Grund dafür: die Inkongruenzen (z. B. zwischen dem Glücksanspruch des Menschen und seiner Lebenswelt), die seit Thomas Hobbes viele Lachtheorien reflektiert haben, werden in unserem XX. Jahrhundert durch einen beschleunigten *Sog des Verschwindens* nachhaltig verstärkt – Paul Virilio hat dies eindringlich beschrieben.

Diese – dominante – Verschwindens-Erfahrung ist – glaube ich – eine besondere Herausforderung für unsere heutige Lach-Praxis und des Nachdenkens darüber. Dazu soll die Erinnerung an diese Texte beitragen.

Alle, die an dieser Zusammenstellung beteiligt waren – in Leipzig und in Gedanken – sind dem Lächeln Umberto Ecos verpflichtet, das uns – wörtlich und zweideutig – über die Wahrheit zum Lachen bringen will. Ceterum censeo ... wir sollten jetzt beginnen, von Salomo Friedlaender [Mynona] zu sprechen ...

St. D.